111 GRÜNDE, DEN FC ST. PAULI ZU LIEBEN

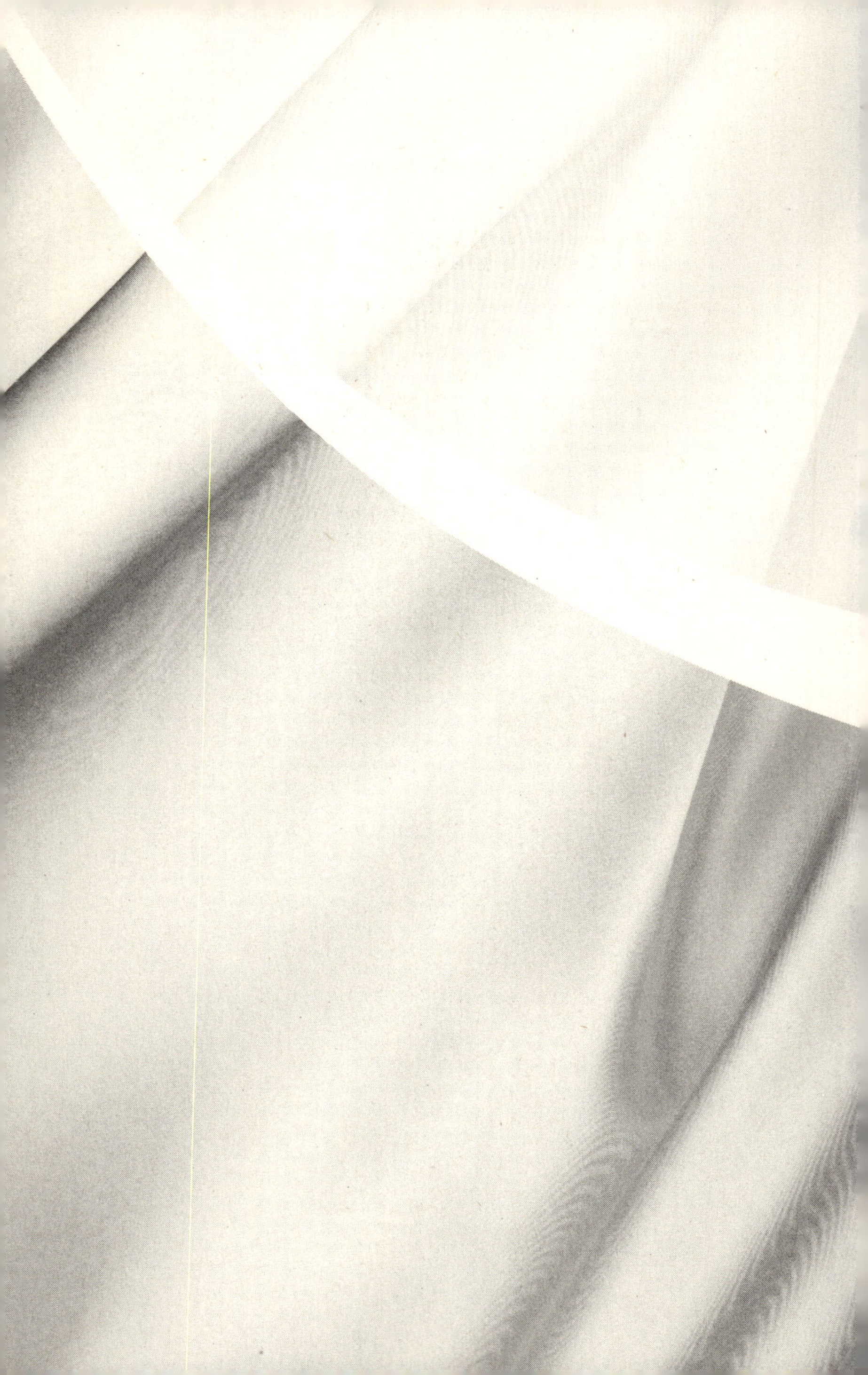

Sven Amtsberg

111 GRÜNDE, DEN FC ST. PAULI ZU LIEBEN

Eine Liebeserklärung an den großartigsten Fußballverein der Welt

Aktualisierte und erweiterte Neuausgabe mit elf Bonusgründen

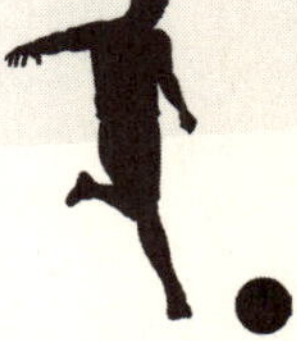

WIR SIND DER ZWÖLFTE MANN, FUSSBALL IST UNSERE LIEBE!

Vorwort zur erweiterten Neuausgabe

Hallo Muppel,

ich freue mich, dass du dieses Buch nun in deinen Händen hältst. Ja, dass du es überhaupt einmal in eine Buchhandlung geschafft hast. Deine Freunde stehen draußen und trinken Dosenbier, während du gesagt hast, du würdest dir nun ein Buch kaufen gehen. Alle haben gelacht. Doch du bist wirklich gegangen und nun gleich bis ganz nach hinten durchgelaufen. Bis kurz vor die Personaltoiletten. Die älteren Damen in den dunkelblauen Kostümen haben ganz schön geguckt. Schnell hast du dir wahllos ein Buch gegriffen. Ich bin froh, dass es meins ist, und dass wir nun die Möglichkeit haben, uns besser kennenzulernen.

Es ist ein gutes Buch, das gleich mal vorweg. Ein Buch, das dein Freund, dein ständiger Begleiter werden könnte. Bist du das T, ist dieses Buch das KKG. Kannst du hören, wie es wispert: »Nimm mich mit. Ich möchte dein Freund sein.«

Wäre das nicht schön, einen Freund zu haben? Einen wirklichen Freund, der immer bei dir ist, neben dir auf dem Nachttisch schläft und mit dir ins Stadion geht? Wie ein Hund, nur ohne Fell, sei so ein Buch, soll ein bekannter Autor mal gesagt haben.

Wie ein Hund kann auch ein Buch gut zuhören. Aber so ein Buch weiß oft auch noch Rat, und gerade dieses Buch ist nur vordergründig ein Fußball-Buch. In Wahrheit ist es vergleichbar mit der Bibel, und du kannst aus dem hier Geschriebenen Gleichnisse für dein eigenes Leben ableiten. Auf fast alle Fragen weiß es Antworten, und wenn du einmal ganz unsicher bist, kannst du sämtliche Buchstaben ausschneiden und mittels Gläserrücken die Geister befragen. Und wenn du einmal bedenkst, dass dich dieses Buch nur 12,99 kostet, dann solltest du es jetzt mitnehmen. Denn im Vergleich zu einem Hund ist das sehr günstig. Und das Buch frisst nichts und muss auch nicht ständig raus. Und guck mal, die Damen schauen schon. Gerade ist eine auf dem Weg zu dir, um dich zu ermahnen. »Nicht nur gucken, auch kaufen«, wird sie gleich so laut sagen, dass du ihr Zäpfchen sehen kannst. Möchtest du das wirklich? Kaufe lieber schnell das Buch.

Du bist nicht der erste. Einige haben es schon getan, und dir sei gesagt, dass ihr Leben danach ein anderes geworden ist – zumindest gehe ich davon aus. Und es kommen immer mehr und kaufen dieses Buch. Die dritte Auflage ist das jetzt, und ein Ende ist nicht abzusehen. Sag ich mal. Da dieses Buch nicht altbacken sein möchte, sondern fresh oder wie auch immer die Zielgruppe das jetzt nennt, wird es ständig aktualisiert, und als wäre das allein nicht schon genug, gibt es nun sogar auch noch Bonusgründe. Es passiert ja einfach zu viel. Ständig passiert irgendwas, und im Grunde müsste ich mit dem Buch neben deinem Nachttisch oder auf dem Gäste-WC sitzen und immer wieder, wenn etwas passiert ist, das Buch aktualisieren – aber das wollen wir sicher beide nicht wirklich.

2013 erschien die erste Auflage dieses Buches, wir beide waren da auf alle Fälle jünger, auch wenn man uns das nicht ansieht. Und seitdem sind erstaunliche Dinge geschehen – etwa der Umstand, dass Holger Stanislawski derzeit kein Trainer mehr ist, sondern gemeinsam mit einem ehemaligen HSV-Spieler einen Supermarkt in Hamburg betreibt. Hätte ich das damals vorausgesagt, man hätte mich vermutlich der Lüge bezichtigt. Auch der Umbau des Millerntor-Stadions, der damals, während ich an dem Buch schrieb, gerade in vollem Gange war, ist nun schon eine ganze Weile abgeschlossen. Und 2014 dann begann die Ära Lienen, ohne die ein Buch über den FC St. Pauli einfach nicht existieren kann. 2017 sollte Philipp Lahm zum FC St. Pauli kommen. Ist er vielleicht längst da und spielt unter Pseudonym und mit Perücke? Über all das wird nun in diesem Buch gesprochen, ebenso wie über den neuerlichen Reichtum des

FC St. Pauli. Selbst Karl-Heinz Rummenigge hat es in diese dritte Auflage geschafft. Man glaubt es kaum.

2013 ließ ich mich dazu hinreißen zu behaupten, Wahrsager-Tiere hätten dem FC St. Pauli den Meistertitel für 2020 prophezeit, nun ja, ich muss gestehen, es könnte nun etwas eng werden. Aber immerhin ist der FC St. Pauli 2017 Deutscher Meister im Blindenfußball geworden, ich denke auch das könnte zählen. Und wie jeder weiß, ist der FC St. Pauli immer wieder für Überraschungen gut, und wenn wir 2019 aufsteigen und uns dann ranhalten, kann es durchaus noch klappen mit dem Meistertitel. Die Hoffnung war ja schon immer der zwölfte Mann beim FC St. Pauli und wird es sicher auch in Zukunft sein. Und vielleicht ist dieses Buch der dreizehnte Mann oder der vierzehnte. Wie auch immer. Bring das Ding nach Hause und viel Spaß damit.

Viele liebe Grüße, auch an die Mutter,
Sven Amtsberg

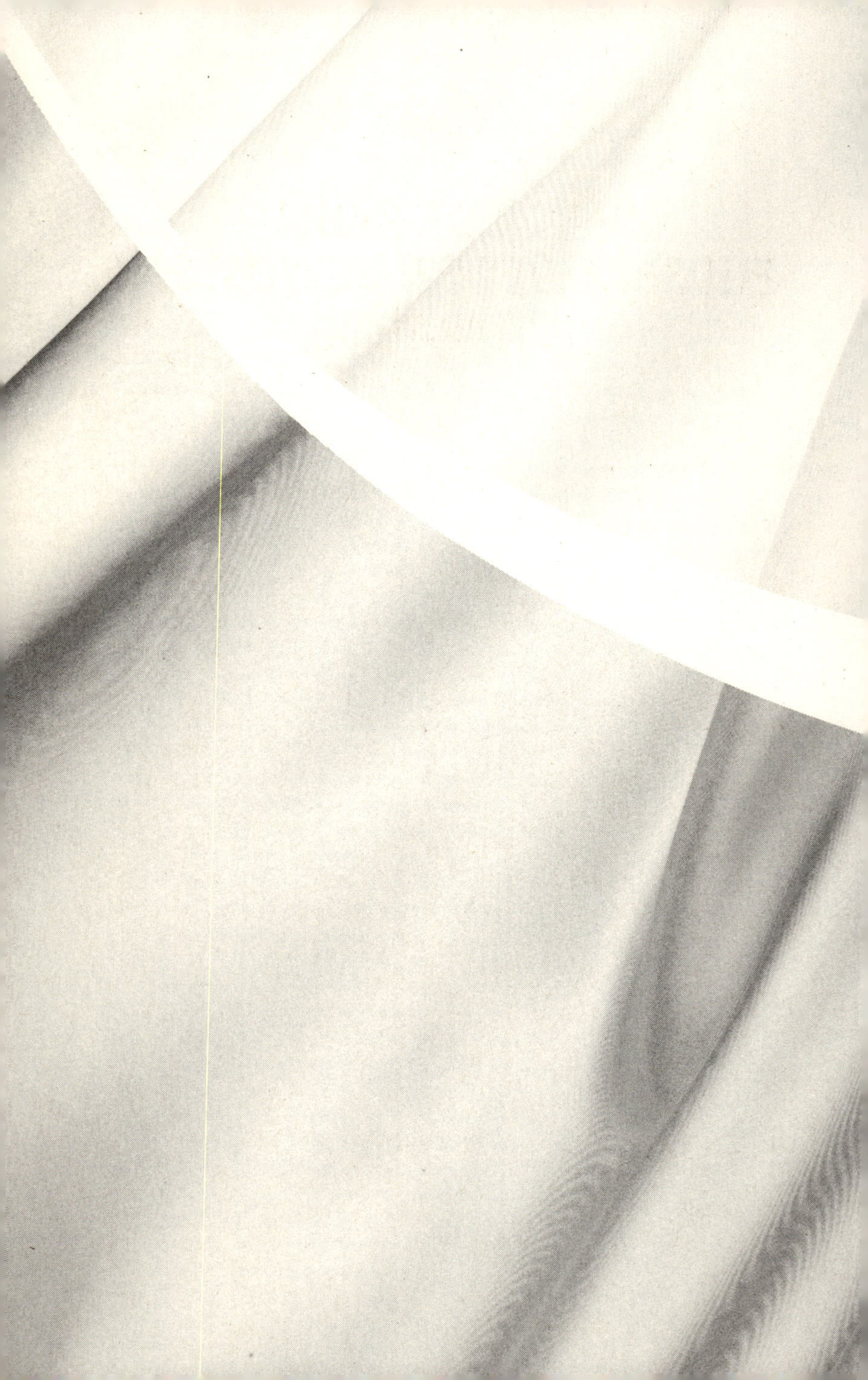

1. KAPITEL

DER FC ST. PAULI – FUSSBALLVEREIN GEWORDENE SYMPATHIE

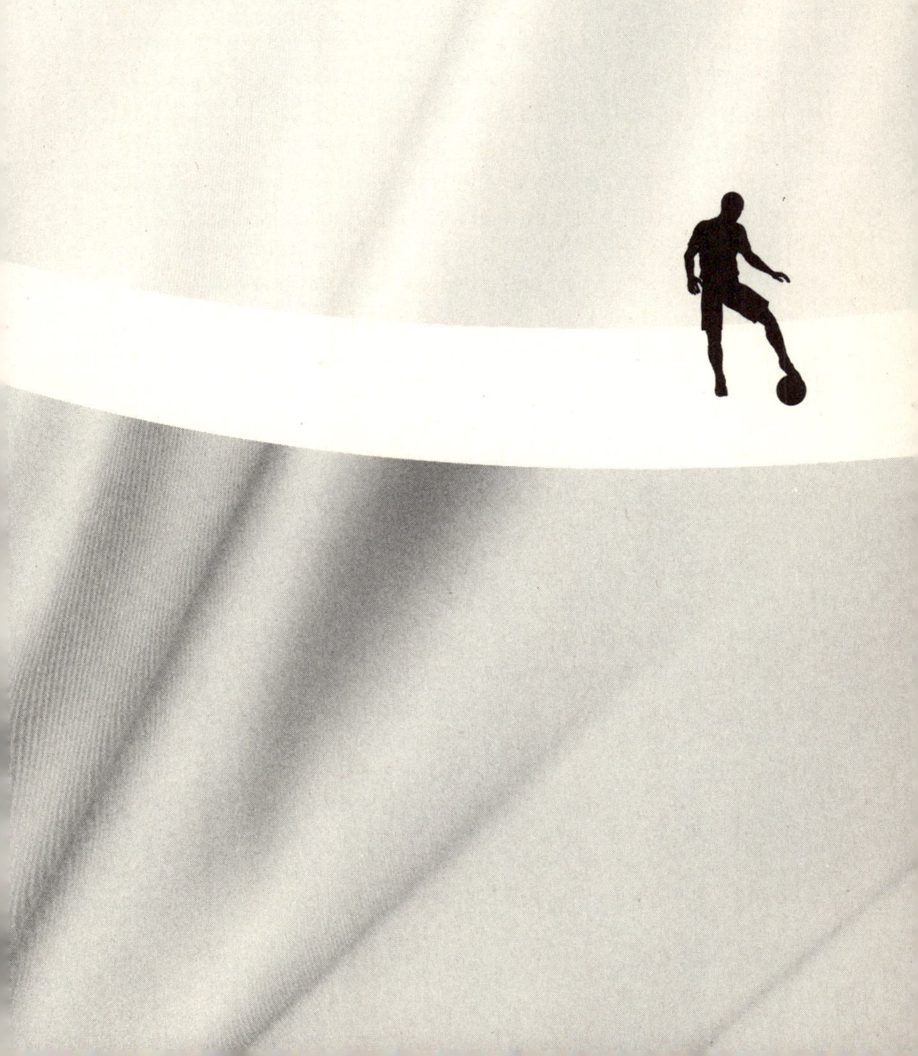

1. GRUND

Weil der FC St. Pauli einfach die schönsten Vereinsfarben hat

»Braun-weiß ist die Haselnuss / braun-weiß bin auch ich / braunweiß soll mein Mädel sein / gerade so wie ich«, heißt es, glaube ich, in einem bekannten Volkslied, das so oder so ähnlich recht erfolgreich wurde. Denn Braun und Weiß, das war schon immer, um es unglücklich zu formulieren, der Arsch und der Eimer der Farbenwelt. Braun-Weiß ist eine klassische Farbkombination, die so richtig eigentlich nie aus der Mode gekommen ist. Noch heute erscheinen jedes Jahr Kollektionen führender Modedesigner, die genau dieses Farbkombination gewordene Multikulti wieder aufgreifen, und sieht man sich einmal in Trendmodehäusern um, es fällt einem sofort die Fülle an braunen und/oder weißen Kleidungsstücken ins Auge. Dass uns ausgerechnet diese beiden Farben in Kombination miteinander so gut gefallen, liegt an unseren Genen und den Informationen, die, geprägt durch unsere Vorfahren, in ihnen gespeichert sind. Denn Braun und Weiß, das ist eine Kombination, die so zuvor nur in der Natur vorkam. Überleg mal, was in der Natur ist braun und weiß? Genau, das Reh etwa, oder das Wildschwein, die Feldmaus. Es handelt sich dabei um Tiere, die unsere Vorfahren gern gegessen haben und deren Anblick deshalb in ihnen ein wohliges Gefühl in der Magengegend auslöste. Unsere Vorfahren dachten beim Anblick eines Rehs beispielsweise: »Fleisch«. Und Fleisch das war das Glück der Vorzeit.

Dieses Glück, das unsere Vorfahren damals empfanden, ist heute noch immer in unseren Genen gespeichert, und wann immer wir die Farbkombination aus Braun und Weiß sehen, schüttet unser Körper Endorphine aus. Es ist tief in uns verwurzelt, in jedem Menschen, und es erklärt die große Sympathie, die dem FC St. Pauli allerorten entgegenschlägt. Auch vielleicht von Leuten, die das erst einmal nicht wollen. Aber es sind Urinstinkte. Da ist man machtlos. Das ist wie Durst oder Hunger.

Mit diesem Wissen versuchte man sich immer wieder im Laufe der Geschichte diese Farbkombination zunutze zu machen, um beispielsweise Produkte einzuführen, von denen man sich erhoffte, sie würden von der Gesellschaft gut aufgenommen werden, gäbe man ihnen ebendiese Farben. Man denke hier nur an schönen Bohnenkaffee mit Milch und Zucker, der vermutlich in einer anderen Farbkombination nie diesen weltweiten Siegeszug angetreten hätte, den er angetreten hat. Eine Welt ohne Kaffee und Latte macchiato ist ja heute kaum noch vorstellbar. Andere Beispiele: Himmel und Äd, Döner im Fladenbrot oder etwa köstlicher Hackbraten mit gekochtem Ei darin. Noch heute wundert man sich, warum ausgerechnet der FC St. Pauli sich Braun als Vereinsfarbe ausgesucht hat. Diese Farbe, die es, um es einmal vorsichtig zu formulieren, in der Vergangenheit nicht immer leicht gehabt hat und oft zu Zwecken missbraucht wurde, die die Farbe Braun eigentlich nicht verdient hat. Doch der FC St. Pauli suchte sich die Farbe bereits 1910 aus, als das Braun noch jungfräulich und unbelastet war. Erst die Nazis versuchten, auf den braunen Zug aufzuspringen und sich diese »Farbe der Sympathie« zunutze zu machen. Was leider Gottes auch gelang. Nazis in Blau, Grün und Violett, jeder hätte den Mist gleich durchschaut, und der Welt wäre vieles erspart geblieben. Ein weiterer Grund, warum St. Paulis Wahl auf diese Farbe fiel, war anscheinend auch der Umstand, dass brauner Trikotstoff sehr günstig war. Es leuchtet ein: Denn jede Farbe kombiniert mit einer anderen ergibt am Ende ja doch immer Braun. Wir kennen das Prinzip aus dem Tuschkasten und vom menschlichen Körper. So war es also anscheinend auch schon ganz am Anfang so, dass das Geld beim FC St. Pauli oft ausschlaggebend für eine Entscheidung war. Viel geändert hat sich daran nicht.

2. GRUND

Weil 1910 einfach das beste Gründungsjahr ist, das man sich für einen Fußballverein überhaupt vorstellen kann

Ein Zufall ist es ganz sicher nicht, dass sich der FC St. Pauli ausgerechnet im Jahr 1910 gründete. Einem Jahr, das äußerst bedeutend für die Zukunft war und noch heute von Jahresforschern für eins der wichtigsten Jahre aller Zeiten gehalten wird. Fast scheint es, als habe der FC St. Pauli absichtlich so lange gewartet, um dann durch seine Gründung mit diesem bedeutenden Jahr 1910 zu verschmelzen.

Nicht nur, dass die Quersumme von 1910 elf ist, und dieses Jahr somit prädestiniert als Gründungsjahr für einen Fußballverein ist, nein, 1910 ist auch das Jahr, in dem Karl Mays letzter vollendeter Roman *Winnetou IV* erschien – und das, obwohl Winnetou, wie wir alle wissen, eigentlich seit *Winnetou III* schon längst tot war. Doch wie der FC St. Pauli ist auch Winnetou ein zäher Hund, dem so leicht nichts etwas anhaben kann und der sich auch von so ein bisschen Totsein nicht wirklich einschüchtern lässt.

Doch nicht nur für Winnetou ist das Jahr wichtig, auch Inge Meysel, dieses große Vorbild für jeden, aber insbesondere für die Spieler des FC St. Pauli, erblickte am 30. Mai 1910 das Licht der Welt – eben an jenem Tag, in den man 100 Jahre später hineinfeierte, mit Bands wie Slime, Kettcar oder Fettes Brot, die damals mit ihren Gedanken, so bin ich mir sicher, auch bei Inge Meysel waren. Denn »Die Mutter der Nation« setzte sich, ebenso wie der FC St. Pauli, gegen Sexismus und Homophobie ein.

Ebenfalls 1910 wird in Portugal der König Manuel II. gestürzt, in Mexiko bricht eine Revolution gegen den Präsidenten Porfirio Díaz aus, und es kommt zu Revolten in mehreren Kolonien Afrikas, Asiens und Ozeaniens.

All das ist ein Zufall, glaubst du also noch immer? Eine Laune der Geschichte? Nein, das glaube ich nicht. Und es wird noch unfassbarer: Denn in München wird 1910 der Bauernschwank mit dem Titel *Erster Klasse* des Schriftstellers Ludwig Thoma uraufgeführt. 50 Jahre später wird am 3. Februar Jogi Löw geboren, 100 Jahre später gewinnt Lena Meyer-Landrut den Eurovision Song Contest.

Und solltest du mal jemandem begegnen, der ein braunes T-Shirt mit dem Slogan »Winnetou und Inge Meysel und der FC St. Pauli« trägt – nun, dann weißt du, was es damit auf sich hat.

3. GRUND

Weil der FC St. Pauli doch irgendwie Deutscher Meister ist

Man kann es drehen und wenden, wie man will, aber so wirklich Deutscher Meister war der FC St. Pauli eigentlich noch nie. Bislang jedenfalls noch nicht. Doch immerhin stand der FC St. Pauli einmal auf dem ersten Tabellenplatz der 1. Bundesliga. Und zwar am 12. August 1995, dem ersten Spieltag der Saison. Man hatte 1860 München mit 4:2 besiegt und fand sich nun mit einem Mal auf dem ersten Platz der Tabelle wieder. Und mal angenommen, die Saison würde nur genau einen Tag dauern, dann wäre der FC St. Pauli 1995 Deutscher Meister geworden. Auf Platz zwei stand der FC Bayern München, weshalb die *Hamburger Morgenpost* titelte: »St. Pauli gejagt von Bayern München«.

Noch heut geht das Gerücht, viele Fans hätten sich die Tabelle dieses ersten Spieltages auf den Rücken tätowieren lassen, wenn nicht sogar auf die Brust, und der Fanladen soll, laut *Spiegel Online*, die Ansage seines Anrufbeantworters für diese eine Woche umgeändert haben in: »Hallo, Sie sprechen mit dem Fanladen des derzeitigen Tabellenführers der 1. Fußball-Bundesliga, FC St. Pauli«.[1]

Doch der Ruhm währte nicht lange, und mit jedem Spieltag rückte die Meisterschaft in weitere Ferne. Obwohl man am zweiten

Spieltag noch gegen den SC Freiburg mit 2:0 siegte, rutschte man auf den zweiten Tabellenplatz ab, da Bayern München den Karlsruher SC mit 6:2 besiegt hatte. Am Ende der Saison war man vom ersten auf den 15. Tabellenplatz gefallen.

Aber vielleicht muss es ja nicht unbedingt um Fußball und um Männer gehen. Denn was die Männer nicht schaffen, machen die Frauen wett. Etwa die Rugby-Frauenmannschaft des FC St. Pauli, die zwischen 1995 und 2008 acht Mal Deutscher Meister geworden ist.

Und es ist schließlich doch gelungen: 2017 ist der FC St. Pauli erstmals Deutscher Meister im Blindenfußball.

4. GRUND

Weil wir ja alle irgendwie Retter sind

Geld brauchte und braucht der FC St. Pauli eigentlich immer. Und vermutlich gibt es keinen anderen Fußballverein, der bei der Geldbeschaffung so kreativ vorgeht wie der FC St. Pauli. Manchmal scheint es sogar so, als gäbe es kaum noch Maßnahmen und Ideen, die noch nicht umgesetzt worden sind. So verkaufte man etwa Rasenpatenschaften, versteigerte das Bedienen der hölzernen Anzeigetafel beim Pokal-Halbfinale gegen den FC Bayern München ebenso wie das Fahrrad des damaligen Trainers Andreas Bergmann oder das Handy vom damaligen Präsidenten Corny Littmann.

Geld wird immer dringend benötigt, doch so dringend wie 2003 brauchte der Verein es nur selten. Der DFB wollte bis zum 11. Juni 2003 einen Liquiditätsnachweis, wie das heißt, über die lächerliche Summe von 1,95 Millionen Euro haben. Dies war die Auflage für die Zulassung zur Regionalliga, und hätte St. Pauli diese Summe nicht aufbringen können, hätte der direkte Abstieg in die Oberliga gedroht. Natürlich hatte der Verein das Geld nicht, und so war guter Rat teuer. Woher sollte man solch eine Summe nehmen?

Nun zeigte sich, was in der Geschichte eines Fußballvereins vermutlich einmalig ist, denn Fans und Vereinsleitung versuchten gleichermaßen mit immer ideenreicheren Aktionen, die geforderte Summe aufzubringen. Und wenn etwas das Gerede um den Mythos FC St. Pauli befeuert hat, dann die unzähligen Aktionen von 2003. Die bekannteste Aktion ist ganz sicher die mit den »Retter-T-Shirts«, von denen mehr als 100.000 Stück verkauft worden sein sollen – so viele, dass am Ende braune T-Shirts auf dem europäischen Markt knapp wurden. Selbst Uli Hoeneß soll hundert T-Shirts davon gekauft haben, die er heute wohl noch regelmäßig zum Schlafen anzieht. Doch nicht nur das, im Sommer kam er mit dem FC Bayern München ans Millerntor, um mit einem »Retterspiel« bei der Geldbeschaffung behilflich zu sein. Die kompletten Einnahmen des Spiels gingen an St. Pauli.

Es gab viele Aktionen. Etwa das große, von Sven Brux organisierte Benefiz-Open-Air, auf dem Bands wie Tomte, Kettcar oder Turbonegro auftraten und auf ihre Gage verzichteten. Man soff für den FC St. Pauli, eine Solidaritätsaktion der Bars und Kneipen in St. Pauli, und Prominente verkauften Dauerkarten, darunter auch das HSV-Aushängeschild Uwe Seeler.

Am Ende schien der Verein so im Geldrausch zu sein, dass er vor kaum etwas noch zurückschreckte. So ging er sogar eine Kooperation mit der Imbissbudenkette McDonald's ein, sowie mit dem damaligen Hamburger Bürgermeister Ole von Beust von der CDU, der einen halben Tag lang ebenfalls Dauerkarten verkaufte. Dies veranlasste die Anhänger des Fußballvereins Altona 93 – zu Altona 93 gehen die, denen der FC St. Pauli zu kommerziell ist – zu skandieren: »St. Pauli, McDonald's und die CDU«.

5. GRUND

Weil der FC St. Pauli einfach Fußballverein gewordene Sympathie ist

Nur mal angenommen, in der Bundesliga würde es weniger um Tore, Punkte und Siege gehen, sondern über Aufstieg, Abstieg und Meisterschaft würde die Sympathie entscheiden. Ein Telefon-Voting, wie wir es etwa von sympathischen Formaten wie *Ich bin ein Star – Holt mich hier raus!* oder *Deutschland sucht den Superstar* kennen, wäre denkbar. Dann wäre auf alle Fälle gewiss, dass der FC St. Pauli seit Jahren schon in der 1. Bundesliga spielen würde. Und vermutlich wäre er auch schon einige Male Deutscher Meister geworden und nicht nur Weltpokalsiegerbesieger, sondern eben auch Weltpokalsieger. Denn kaum ein Fußballverein hat mehr Sympathisanten als der FC St. Pauli. Elf Millionen sollen es allein in Deutschland sein, dazu kommen noch viele mehr auf der ganzen Welt – und das bei sportlichen Leistungen, die nicht immer herausragend sind. Mal angenommen, nur mal angenommen, das oben genannte Prinzip ließe sich umsetzen, sprich man sieht sich das Spiel an und stimmt anschließend per Telefonanruf oder SMS darüber ab, welche Mannschaft für einen ganz subjektiv die bessere war, so liegen die Vorteile doch klar auf der Hand: Zum einen nimmt man als Fan noch aktiver am Geschehen teil, als man das ohnehin schon tut. Zum anderen würde eine demokratische Entscheidung über Sieg und Niederlage gewährleisten, dass sich am Ende mehr Menschen über den Ausgang der Partie freuen als ärgern. Und auch nicht zu verachten: Bei RTL kostet ein Anruf, glaube ich, so etwa 49 Cent. Würde man diesen Preis zugrunde legen, so kann man sich leicht ausrechnen, wie viel Geld das in knappe Vereinskassen spülen würde. Also würde so für alle Beteiligten eine Win-win-Situation, wie wir das in linken Kreisen nennen, entstehen. Vielleicht lohnt es sich also doch, darüber nachzudenken.

6. GRUND

Weil Real bei Ajax kauft und wir bei Real

Für mich eine der schönsten Werbekampagnen für den FC St. Pauli war die »Starclub-Kampagne« der Werbeagentur Nordpol von 2000, in der man bewusst mit dem Underdog-Image des Vereins spielte. Dazu gab es verschiedene Plakate, die überall im Viertel hingen. Auf einem davon waren etwa unzählige Totenschädel zu sehen, dazu der Spruch: »Früher oder später wird jeder unser Fan«. Auf einem anderen sah man unter dem Slogan »Unser Fußballinternat hat internationale Klasse« eine Gruppe Kinder in einem Hinterhof in St. Pauli posieren, denen diese Internationalität unschwer anzusehen ist. Ein weiteres Plakat zeigte das Motiv »Forever No. 1«, auf dem man einen Fan sah, der sich anscheinend die Tabelle des zweiten Spieltags der Saison 2000/01 auf den Rücken hat tätowieren lassen, in der der FC St. Pauli auf dem ersten Platz steht.

Mein Lieblingsplakat dieser Reihe ist jedoch das mit der Headline »Real kauft bei Ajax, wir kaufen bei Real«. Auf dem Foto dazu sah man Zeugwart Claus Bubke vor der gleichnamigen Supermarktkette ernst einen Einkaufswagen durchs Motiv schieben.

Die Agentur Nordpol erhielt zu Recht Preise für diese Kampagne, für die sie, laut *Hamburger Abendblatt*, nur den Selbstkostenpreis berechnete, sodass der FC St. Pauli mit einem Werbeetat von 100.000 DM einen Werbeeffekt von über einer halben Million Mark erreichte. Anscheinend waren die Werber dabei teilweise so übermotiviert bei der Sache, dass sie vom damaligen Präsidenten Weisner gestoppt werden mussten. Etwa als diese ein Motiv entwarfen, auf dem ein FC-St.-Pauli-Fan zu sehen war, der sich einen Joint drehte. Der passende Slogan dazu: »Wir haben die besten Techniker der Liga.«[2] Im Mai 2001 kündigte der FC St. Pauli dann den Vertrag mit der Werbeagentur. Der Aufstieg stand kurz bevor, und es hieß, der Verein wolle nun weg von dem dort propagierten Underdog-Image.

7. GRUND

Weil der FC St. Pauli schon einige Flüche bezwungen hat

Beim FC St. Pauli spricht man schnell von einem Fluch, und es gab in der Geschichte des Vereins nicht nur einen Fluch, mit dem belegt zu sein man glaubte, sondern eine Vielzahl. So gab es etwa den Auswärts-Fluch, den Derby-Fluch, den Erstrunden-Fluch und eben auch den Ostfluch, der die Mannschaft nach der Wiedervereinigung ereilte.

Kurz nach der Wiedervereinigung löste sich der Deutsche Fußball-Verband der DDR auf und wurde zum NOFV, dem Nordostdeutschen Fußballverband, der dem DFB beitrat. Ab der Saison 1991/92 spielten dann auch Vereine der ehemaligen DDR in der 1. und 2. Bundesliga mit. In der 1. Bundesliga spielten in dieser Saison erstmalig auch Hansa Rostock und Dynamo Dresden mit, und vorübergehend spielte man mit 20 Vereinen, von denen vier am Ende absteigen mussten. In der 2. Bundesliga erhöhte sich die Zahl der Vereine noch deutlicher: Sechs neue Clubs wurden in diese Liga aufgenommen, sodass man nun mit einem Mal 24 Vereine hatte. Diese teilte man in zwei Staffeln Nord und Süd mit jeweils zwölf Vereinen auf.

Am Ende der Saison stiegen dann insgesamt fünf Mannschaften in die Oberliga ab, aus der wiederum drei aufstiegen. Doch da man ja vier Absteiger aus der 1. Liga hatte, waren in es in der nächsten Saison wieder 24 Mannschaften in der 2. Bundesliga. Auf Wunsch der Vereine schaffte man die Nord/Süd-Unterteilung ab, und so spielten in der Saison 1992/93 24 Vereine an 46 Spieltagen gegeneinander. Am Ende stiegen sieben Vereine aus dieser Liga ab und drei stiegen aus den Oberligen auf, sodass in der Saison darauf nur noch 20 Vereine in der 2. Bundesliga gegeneinander antraten, in der Saison darauf waren es dann schließlich 18.

Vielleicht war es der st. paulianische Versuch, Aufbauarbeit zu leisten, doch anfangs siegte man einfach nie gegen einen Verein aus dem Osten. Das erste Spiel nach der Wiedervereinigung am 8. September 1991 gegen BSV Stahl Brandenburg verlor man sogar mit 0:4, und so sollte es auch weitergehen. Laut dem Buch *FC St. Pauli. Alles drin.* gewann man zwei Jahre lang nicht ein einziges Spiel gegen ein Ost-Team, und erst am 8. Mai 1993 bezwang man den Fluch und besiegte Carl Zeiss Jena mit 1:0. Die erste Zeit nach der Wiedervereinigung war auch sonst nicht einfach. Immer wieder kam es vor, dass Fans des FC St. Pauli bei Auswärtsspielen in Ostdeutschland von Rechtsradikalen angegriffen wurden, sodass schließlich einige Fanclubs sogar zu einem sogenannten Ostboykott aufriefen.

Es verwundert also nicht, dass seit dieser Zeit die Angst vor einem erneuten Ausbrechen des Ostfluchs groß ist. Und wann immer man doch gegen ein Team aus dem Osten verliert – wie etwa 1996, als man im DFB-Pokal gegen den damaligen Drittligisten Energie Cottbus ausschied –, ist die Angst davor, der Fluch könne wieder vorn vorne beginnen, groß. Und das obwohl Holger Stanislawski den Ostfluch 2010 für beendet erklärte, nachdem man mehrere Teams aus dem Osten hintereinander geschlagen hatte. Doch so ganz beruhigt scheint man trotzdem noch immer nicht zu sein …

8. GRUND

Weil kaum ein Verein so viele weibliche Fans hat wie der FC St. Pauli

Fußball gilt noch immer nicht wirklich als Frauendomäne, ohne dass sich ganz klar sagen lässt, warum das eigentlich so ist. Die Gene? Geschlechterrollen? Prägung durch das Elternhaus? Vielleicht wäre vieles besser im Fußball, oder sagen wir noch besser, würden mehr Frauen sich für diesen Sport begeistern.

Der FC St. Pauli geht da mit gutem Beispiel voran, denn kaum ein Fußballverein hat so viele weibliche Fans wie Pauli, und das macht sich im Stadion deutlich bemerkbar. Erst einmal riecht es hier wesentlich besser als in anderen Stadien, wo an warmen Tagen der Schweißgeruch der mit freiem Oberkörper dastehenden Männer oft so drückend ist, dass sich kaum atmen lässt. Oft müssen Feuerwerkskörper entzündet werden, um den Geruch erträglicher zu machen, und der Anblick von Fans, die sich ob des Geruchs Mund und Nase vermummen, ist dort an der Tagesordnung. Testosteron liegt in der Luft, und Hooliganisten auf der ganzen Welt führen das enorme Gewaltpotenzial größtenteils darauf zurück. Am Millerntor dagegen kommt es fast nie zu Ausschreitungen. Die Anwesenheit von Frauen, das ist erwiesen, wirkt auf Männer deeskalierend.

Hinzu kommt, dass der Mann, sind Frauen anwesend, sich von seiner besten Seite zeigen will. Das fängt erst einmal mit einem gepflegten Äußeren an. Hinzu kommen gute Manieren – im Millerntor-Stadion wird Frauen aus dem Mantel geholfen, Türen, sofern vorhanden, werden aufgehalten, Würste spendiert, bis der Arzt kommt. Und es setzt sich fort in einer laut zur Schau gestellten Eloquenz, etwa durch das Rufen fremdsprachiger Schlachtrufe, mit denen man einen gewissen Kosmopolitismus zur Schau stellen will. Wird in anderen Stadien einfach nur dumpf der Name des Vereins mehrere Male hintereinander herausgebrüllt, so glänzt der St.-Pauli-Fan mit exotischen Rufen wie etwa: »Aux Armes! Aux Armes! Nous sommes Sankt Pauli! Et nous allons gagner!«

Es sind die männlichen Fans, die diesen Schlachtruf erdachten und ihn nun rufen, um so mächtig Eindruck auf das andere Geschlecht zu machen. Meist mit Erfolg. Viele Paare schon haben sich im Stadion kennengelernt und haben jene Euphorie vom Millerntor mit rüberretten können in die heimischen vier Wände. Anders als in überfüllten Diskotheken und bei depressiven Internet-Kontaktbörsen-Dates kommt man sich beim FC St. Pauli leicht näher. Vorausgesetzt, St. Pauli schießt ein paar Tore, denn dann liegt man sich hier mit Wildfremden in den Armen, Bier regnet auf einen herunter wie warmes Glück und nicht selten werden im Eifer des Gefechts auch noch andere Körperlichkeiten ausgetauscht. Körperlichkeiten, die fast nahtlos in Liebe übergehen.

Sowieso wird die Emotionalität beim FC St. Pauli so groß geschrieben wie bei keinem anderen Verein. »Ein wenig ist das Millerntor-Stadion wie Alkohol aus Beton«, hat mal ein Bekannter von mir gesagt, denn wie unter Alkoholeinfluss können Männer im Millerntor-Stadion ihre Gefühle zeigen. Was sie auch oft tun. Nirgendwo sonst hat man je so viele weinende Männer gesehen wie dort. Spieler wie etwa Holger Stanislawski, die ihren Tränen freien Lauf lassen, oder Fans, die Siege oder Abstiege beweinen. Genau das scheint das Geheimnis zu sein, warum so viele Frauen im Millerntor-Stadion sind wie fast nirgendwo sonst. Denn der FC St. Pauli ist genau das, was Frauen wollen. Denken Sie einmal darüber nach, lieber Herr Hooligan.

9. GRUND

Weil Saufen der Freund des FC St. Pauli ist

Es war das Jahr 2003. Man wurde immer kreativer in den Methoden der Geldbeschaffung für den Verein. Man hatte sogar dazu aufgerufen, für den FC St. Pauli zu saufen. Das tat man ohnehin schon, aber nun sollte man es für den Verein tun, um diesen zu retten. Viele genossen es, dass mit einem Mal das Trinken Sinn bekam. Sie sich fast heldengleich dabei fühlten. Wie »Bierman«, der die Welt durch Saufspiele rettet. Nichtsdestotrotz sollen einige Ehen darüber gescheitert sein, wenn rotgesichtige Männer sich »Robier Hood«-gleich ins Nachtleben stürzten, um dort den Verein mit großen Gesten und Schlucken zu retten. Einige sollen noch heute unterwegs sein. Zumindest sehen sie so aus. Und vermutlich gilt auch für diese Aktion das schöne Ballermann-Motto: »Wer sich dran erinnert, war nicht dabei.«

Es gab zwei Arten, wie man damals durch Biergenuss den FC St. Pauli retten konnte. Zum einen startete unter dem Motto »Astra trinken – St. Pauli retten« der damalige Sponsor, eine Hamburger Brauerei, eine Kampagne, bei der für jede verkaufte Kiste Astra 1,00 Euro dem FC St. Pauli zugute kam. Außerdem verkaufte man noch Astra-Retter-T-Shirts. So sollen laut kiezkicker.de über 120.000 Euro zusammengekommen sein.[3]

Darüber hinaus konnte man ein Wochenende lang trinkend den FC St. Pauli unterstützen, denn in sämtlichen Kneipen auf dem Kiez und im Schanzen- und dem Karoviertel verkaufte man die Knolle Astra mit einem Soli-Aufschlag von 50 Cent, der an den FC St. Pauli ging. So sollen noch einmal, ebenfalls laut kiezkicker.de, 50.000 Euro zusammengekommen sein. Man sieht also: Saufen lohnt sich manchmal doch.[4]

10. GRUND

Weil auch der FC St. Pauli, zumindest ein kleines bisschen, Viva con Agua möglich gemacht hat

Auf eine Art ist das Projekt »Viva con Agua« auch dem FC St. Pauli zu verdanken. Der Gründer ist natürlich der ehemalige FC-St.-Pauli-Spieler Benny Adrion, der dieses Projekt 2005 gemeinsam mit der Welthungerhilfe nach dem Trainingslager in Kuba ins Leben rief. Anfangs war das Ziel, jede kubanische Schule mit Trinkwasser zu versorgen. Nachdem der Verein 2006 Adrions Vertrag nicht mehr verlängerte, beendete dieser seine Karriere als Profifußballer, um sich voll und ganz Viva con Agua zu widmen. Man kann also darüber spekulieren, was sonst geschehen wäre, hätte der FC St. Pauli

Adrions Vertrag verlängert … So jedenfalls dehnte Viva con Agua das Wirkungsgebiet des Projektes weiter auf den afrikanischen Kontinent aus, und heute ist das hehre Ziel des Vereins, Menschen in Entwicklungsländern den Zugang zu sauberem Trinkwasser, sanitären Anlagen und Hygieneeinrichtungen zu ermöglichen. Laut Viva con Agua sollen 783 Millionen Menschen keinen Zugang zu sauberem Trinkwasser haben, und 2,5 Milliarden sollen ohne angemessene sanitäre Basisversorgung leben.

Die Hauptaufgabe Viva con Aguas ist das Fundraising. Und dabei zeigt sich, dass Adrion einiges vom FC St. Pauli gelernt zu haben scheint, denn wie beim FC St. Pauli versucht man auch bei Viva con Agua mit immer kreativeren Aktionen, Geld zu beschaffen. So gibt es seit 2007 alle zwei Jahre die sogenannten »Wassertage«, ein Festival, bei dem Künstler wie zum Beispiel Frittenbude, Sasha oder Bonaparte auftraten. Bands wie Kettcar, Die Ärzte oder Fettes Brot unterstützen Viva con Agua regelmäßig, indem sie zum Beispiel auf Tournee Werbung für die Organisation machen oder zu deren Gunsten Band-Devotionalien versteigern lassen. Darüber hinaus ist Viva con Agua seit einiger Zeit auf vielen großen Festivals vertreten, wo du als Besucher Geld spenden kannst, indem du deinen Pfandbecher nicht abgibst, sondern einem aus der professionellen Pfand-Sammler-Crew des Viva-con-Agua-Teams überreichst. Also denke bitte beim nächsten Festival daran.

Natürlich kannst du auch einfach so was spenden. Alles dazu und noch viel mehr findest du unter: www.vivaconagua.org.

11. GRUND

Weil der FC St. Pauli immer auf dem Weg zur Spitze ist

Zurückhaltend, wie der FC St. Pauli nun einmal ist, ließ er Anfang der Saison 1976/77 überall in der Stadt Plakate mit dem Slogan

»Auf dem Weg zur Spitze« aufhängen. Nicht, dass man es in anderen Spielzeiten nicht wirklich versucht hätte, doch in dieser Saison schien man schon frühzeitig zu spüren, dass der Aufstieg gelingen könnte. Vermutlich rührte daher auch die Idee, dass man Günter Netzer ans Millerntor holen wollte. Doch der sagte ab. Stattdessen holte man Franz Gerber zurück, der bereits von 1972 bis 1974 für St. Pauli gespielt hatte und mit dem man damals Meister der Regionalliga Nord geworden war. Außerdem kam Walter Frosch vom 1. FC Kaiserslautern ans Millerntor. Laut *Vereinsenzyklopädie* musste Frosch Kaiserslautern wegen »unsoliden Lebenswandels« verlassen.[5] Was lag also näher als ein Wechsel nach St. Pauli, wo er dann schnell zur Legende wurde.

Vielleicht lag es an der Großspurigkeit, doch zu Beginn der Saison 1976/77 sah es aus, als wäre der FC St. Pauli überall, nur nicht auf dem Weg zur Spitze. Nach fünf Spieltagen stand man auf dem 15. Tabellenplatz. Einer Niederlage waren vier Unentschieden gefolgt, bevor man dann am 8. September 1976 das erste Mal siegte, und zwar gegen Alemannia Aachen. Am 11. Spieltag stand man mit 11:11 Punkten da, nicht wirklich ein Ergebnis, das Mut machte. Allerdings ahnte da noch niemand, dass die Mannschaft von nun an in einer unglaublichen Serie von 27 Spielen in Folge ungeschlagen bleiben würde. Am Ende stand man so gut da, dass man bereits am 36. Spieltag den Aufstieg perfekt machen konnte. Der Däne Niels Tune-Hansen schoss St. Pauli mit seinem Tor gegen Herford zum ersten Mal in die 1. Bundesliga.

Franz Gerber soll nach dem Aufstieg gesagt haben, die Mannschaft habe sich zur Rückrunde einfach vorgenommen, nie wieder zu verlieren.[6] So einfach ist das manchmal. Vielleicht sollte man sich das heute auch mal wieder vornehmen.

12. GRUND

Weil der FC St. Pauli bald museumsreif sein wird

Verdient hätte er es allemal. Und alt genug ist er eigentlich auch dafür. Seit Langem schon schwirrt die Idee im Raum herum, dass der FC St. Pauli ein eigenes Museum bekommen soll. Doch nun scheint sie allmählich zu reifen. Denn da nun nicht, wie einmal angedacht, die Domwache in die Gegengerade mit einzieht, steht dort nun ein Raum von etwa 650 Quadratmetern zur Verfügung, der gerade groß genug wäre, um Platz für sämtliche Exponate des FC St. Pauli zu bieten. Natürlich, wie alles ist auch das eine Frage des Geldes. In der *Hamburger Morgenpost* sprach man von 1,5 Millionen Euro, die dieses Projekt kosten würde und die erst einmal aufgetrieben werden müssen. Immerhin ist es etwas weniger, als man 2003 im Rahmen der Retter-Kampagne akquirieren musste. Vielleicht sieht man demnächst also auch wieder eine Vielzahl an Menschen in braunen T-Shirts herumlaufen, auf denen »Museum« steht. Zumindest gibt es schon einmal ein Logo und einen Förderverein.

Derzeit betreibt man das Museum als »Museum in Progress«. Dort finden wechselnde Sonderausstellungen statt, während man sich noch immer um eine Finanzierung der Dauerausstellung bemüht.

13. GRUND

Weil der FC St. Pauli Weltpokalsiegerbesieger ist

Oft muss man ja gar nicht gut sein, um zufrieden mit sich selbst zu sein. Oft reicht es ja auch schon, wenn man besser ist. Glück ist eine Relation und fußballerisches Glück sowieso. Das weiß man nirgendwo so gut wie beim FC St. Pauli.

Als der Verein am 6. Februar 2002 in der Rückrunde auf den FC Bayern München trifft, steht man auf dem letzten Tabellenplatz. In 20 Spielen hat man nur zwei Mal gesiegt. Der Klassenerhalt scheint ein schwieriges Ziel zu sein. Der Verein ist nach dem Freudentaumel des Aufstiegs auf dem Boden der Tatsachen und der 1. Bundesliga angekommen. Wie nicht anders zu erwarten war, hat man das Hinspiel gegen die Bayern mit 2:0 verloren, und als man nun in der Rückrunde im Millerntor erneut aufeinandertrifft, da erwartet niemand ein Wunder, weder Fans noch Spieler – und vielleicht ist es ebendieser Umstand gewesen, der letztendlich dann doch dazu führte, dass es eben genau das gab, ein Wunder.

Rückblickend kann man fast glauben, die Mannschaft des FC St. Pauli habe sich die ganze Saison über ihre Kraft und Energie für dieses eine Spiel aufgespart und ganz bewusst in den vorangegangenen Spielen nur auf Sparflamme gespielt. Denn die Mannschaft wirkte wie ausgewechselt, und die Leistung, die man dort auf dem Platz sah, hatte wenig mit dem zu tun, was die Mannschaft bis dahin geleistet hatte. Und so war es fast schon das erste Wunder, dass es zur Halbzeitpause nur 2:0 für den FC St. Pauli stand und nicht mehr Tore gefallen waren als die von Thomas Meggle und Nico Patschinski. Die Bayern erzielten dann noch kurz vor Schluss einen Treffer, doch die Niederlage konnten sie nicht mehr verhindern.

Wer an diesem Abend auf dem Kiez unterwegs war, hätte gut glauben können, der FC St. Pauli wäre aufgestiegen und hätte sich schon im Februar die Deutsche Meisterschaft gesichert. Denn die Fans feierten, als gäbe es kein Morgen mehr. Selten habe ich erlebt, wie ein ganzes Viertel am nächsten Tag kollektiv verkatert war. Ganz egal wo man auch hinging: Bleiche Gesichter und ein saurer Geruch nach Magen und Bier lag in der Luft. Vermutlich gebar man gleich noch in jener Nacht die Idee für die bekannten »Weltpokalsiegerbesieger«-T-Shirts, mit denen der Event dann auch ganz pauliesk vermarktet wurde. Denn kurz zuvor hatte der FC Bayern München den Weltpokal gewonnen, ein Wettbewerb zwischen den

Gewinnern der europäischen Champions League und der südamerikanischen Copa Libertadores, den man bis 2004 jährlich austrug.

14. GRUND

Weil der FC St. Pauli ständig aufsteigt

Schöner als mit einem Aufstieg lässt sich vermutlich das hundertjährige Bestehen eines Vereins kaum feiern. Und man kann nur darüber spekulieren, ob die Mannschaft sich deshalb in der Saison 2009/10 derart anstrengte, zumindest aber machte sie dem Verein sicherlich das schönste Geburtstagsgeschenk.

Bereits zum Anfang der Saison sah es sehr vielversprechend aus – nach dem 5. Spieltag führte der FC St. Pauli die Tabelle mit 13 Punkten an und hatte seit Saisonbeginn kein einziges der Spiele verloren. Kurz glaubte natürlich jedermann, so würde es nun weitergehen. Doch wie es nun einmal mit St. Pauli ist – schon kurz darauf folgten die ersten Niederlagen (1:2 gegen Kaiserslautern, 0:1 gegen Bielefeld). Auch im DFB-Pokal schied man bereits in der zweiten Runde gegen Werder Bremen aus. Es sah fast so aus, als folge der Serie an Siegen nun eine Serie der Niederlagen. Doch, Gott sei Dank, bereits in der am 4. Oktober stattfindenden Begegnung gegen 1860 München gewann St. Pauli wieder mit 3:1 und der September-Fluch (siehe hierzu auch ruhig Grund 7) schien gebrochen. Am Ende der Hinrunde stand man mit 33 Punkten auf dem 2. Tabellenplatz, und das erste Mal machte sich so etwas wie Euphorie breit.

Auch zu Beginn der Rückrunde blieb St. Pauli ungeschlagen und hatte nach dem 22. Spieltag einen komfortablen Vorsprung von fünf Punkten auf Augsburg auf dem 3. Platz erarbeitet und lag mit nur einem Punkt hinter dem 1. FC Kaiserslautern an der Tabellenspitze. Doch wie es dann so ist mit dem FC St. Pauli – Langeweile darf einfach nicht aufkommen –, die nächsten drei Spiele verlor man und rutschte auf den 3. Platz ab, mit nur noch zwei Punkten Vorsprung vor Düsseldorf. Es musste also etwas geschehen, wollte man den Aufstieg in dieser Saison schaffen.

»Ab heute wird die Reset-Taste gedrückt. Wir fangen wieder bei null an. Wir haben 0:0 Tore und null Punkte«, erklärte Stanislawski laut Vereinshomepage der Mannschaft.[7] Scheinbar hatte es nur das gebraucht, denn im nächsten Spiel gewann St. Pauli gegen Oberhausen mit 5:3. Auch die darauffolgenden zwei Spiele endeten mit Siegen für St. Pauli. Am 30. Spieltag stand man dann wieder auf Platz 2 und hatte vier Punkte Vorsprung auf die Verfolger aus Augsburg. Aber in St. Pauli lieben wir es nun einmal spannend, und ein Sieg im nächsten Spiel wäre nun wirklich langweilig gewesen. Man verlor gegen den 1. FC Union Berlin. Gewann dann aber haushoch gegen Koblenz mit 6:1 und sicherte sich so auf alle Fälle am 32. Spieltag schon einmal den Relegationsplatz.

Dann am 33. Spieltag hatte St. Pauli die Möglichkeit, den Aufstieg schon vorzeitig perfekt zu machen. Doch zur Halbzeit lag man mit 0:1 gegen SpVgg Greuther Fürth zurück. Erst in der 51. Minute erzielte dann Deniz Naki, der erst zu Beginn der Saison zum Verein gekommen war, den Ausgleich. Mit einem Kopfball von Marius Ebbers ging man schließlich sogar in Führung. Charles Takyi und Rouwen Hennigs trafen ebenfalls noch und machten den Sieg und somit den fünften Aufstieg perfekt.

Auf dem Kiez begann eine große Party. Laut *Stern* sollen mehr als 10.000 St. Pauli-Fans den Aufstieg gefeiert haben – derart viele, dass man die Reeperbahn für den Verkehr sperren musste.

15. GRUND

Weil nur der FC St. Pauli den FC St. Pauli besiegt

So seltsam es klingt, aber am 26. Juli 1969 spielte der FC St. Pauli tatsächlich gegen den FC St. Pauli und besiegte sich am Ende mit 1:0 selbst. Durch eine ungünstige Auslosung im DFB-Pokal trafen die Profis des Vereins auf die Amateurmannschaft. »Wir waren ein bisschen erschüttert, dass dies überhaupt möglich war. Aber so wurde eben ausgelost«, sagte der damalige Stürmer Kurt Hehl in einem Interview mit NDR 90,3.[8]

1.500 Zuschauer kamen, um diese denkwürdige Begegnung zu erleben. Und hatte manch einer vielleicht einen lauen Kick mit Freundschaftsspielcharakter erwartet, so wurde er überrascht. Denn die beiden Mannschaften kämpften verbissen gegeneinander, und am Ende siegten die Amateure überraschend mit 1:0, nach einem Tor vom kurz zuvor eingewechselten Peter Darsow in der 64. Minute.

Eine herbe Niederlage für die Profis und auch für den Verein, denn niemand glaubte so recht daran, dass es das Amateur-Team noch weit bringen würde in diesem DFB-Pokal – und das, wo der Verein die Zuschauer-Einnahmen doch so dringend benötigt hätte.

Doch so richtig kurios wird es dann im Nachhinein, als der FC St. Pauli tatsächlich Protest gegen die Wertung des Spiels einlegt, mit der Begründung, drei der Amateurspieler seien nicht spielberechtigt gewesen. Doch der Einspruch wurde seitens des DFB abgelehnt. Im nächsten Spiel trafen die Amateure auf Göttingen 05 und verloren leider.

16. GRUND

Weil es den FC St. Pauli schon über hundert Jahre gibt

Sachen, die es über hundert Jahre gibt, können eigentlich nicht so schlecht sein. Denn guck mal, was gibt es alles an schönen Dingen, die über hundert Jahre alt sind: das Rad, das Feuer, das Meer, Fleisch, Bier, um nur einige Beispiele zu nennen.

Was hundert Jahre existiert, muss robust sein und akzeptiert werden von der Menschheit. Vielleicht muss es auch willensstark sein, denn nimm nur einmal den Menschen als Beispiel: Die meisten wollen doch hundert Jahre alt werden, aber den wenigsten gelingt es. Und würdest du nicht auch sagen, dass diejenigen, die etwas wollen, es aber nicht schaffen, auf eine Art schwach sein müssen?

Gilt nicht das, was deine Mutter immer sagt: »Wenn man etwas wirklich will, dann schafft man es auch.« Und wer hundert Jahre alt werden will, muss sich halt etwas anstrengen. Muss sich vor dem Tod verbarrikadieren, in einem Haus der Gesundheit, der Gefahrlosigkeit und des Schutzes. Muss den Tod austricksen, muss gewiefter sein als dieser. Denk mal drüber nach.

17. GRUND

Weil wir Bodo Brandt-Chollé lieben, und Bodo Brandt-Chollé uns

In vielen Wohnzimmern von FC-St.-Pauli-Fans soll ein kleines gerahmtes Foto eines Mannes mit blondierten Haaren, Mittelscheitel und dunklem Schnauzer hängen, der lächelnd in Richtung Sofa blickt. Es ist nicht Walter Frosch, das sei gleich gesagt. Ein Bild Froschs findet sich meist über dem Bett, wesentlich größer, und nicht selten findet sich daneben ein Stickbild mit einem seiner Zitate. Etwa: »Ich würde lieber eine rauchen als vögeln.«

Nein, das Bild im Wohnzimmer ist das Porträt des Schiedsrichters Bodo Brandt-Chollé, der mit dafür verantwortlich ist, dass eine Vielzahl an Fans ihre in der Spielzeit 1995/96 geborenen Kinder Bodo nannten. Auch Mädchen. Der Grund dafür ist, dass auf St. Pauli nicht gerade wenige glauben, dass Brandt-Chollé einen gewissen Anteil am dritten Aufstieg St. Paulis in die 1. Bundesliga hat.

Am 18. Juni 1995, dem letzten Spieltag der Saison, steht der FC St. Pauli kurz davor, zum dritten Mal in die 1. Bundesliga aufzusteigen. Es scheint nur noch eine Frage der Zeit zu sein. Genauer von ein paar Minuten, denn soeben hat Jens Scharping in der 84. Spielminute das 5:0 für den FC St. Pauli geschossen. Es scheint unmöglich, dass der FC 08 Homburg ihnen den Sieg und damit den Aufstieg noch nehmen kann. Sechs Minuten sind es noch, bis die Party steigen und man seiner Euphorie endlich Luft machen kann. Es ist kaum auszuhalten. Einige Fans haben bereits die Absperrungen überwunden, um sofort nach Abpfiff als Erste das Spielfeld zu stürmen. Es ist im Grunde wie Weihnachten kurz vor der Bescherung, mit einem Weihnachtsmann in kurzen Hosen und mit Trillerpfeife. Das Geschenk, das man sich wünscht, ist der erlösende Schlusspfiff.

Die Minuten vergehen mit einem Mal so langsam, dass viele Schwierigkeiten haben, einzuschätzen, wie viel Zeit wirklich noch zu spielen ist. Vermutlich haben das Adrenalin und die Hysterie die meisten schon übermannt, das Bier wird sein Übriges dazu beigetragen haben. Alle stehen da und fiebern dem Ende entgegen.

Dann ist mit einem Mal endlich ein Pfiff zu hören. Augenblicklich ertönt lautes Freudengeschrei und ein riesiger Pulk Fans stürmt sofort auf das Spielfeld und beginnt, die Spieler zu umarmen und sie über den Platz zu tragen. Eine weitere Aufstiegsparty kann beginnen, mag man meinen. Nur das Problem ist, dass wir uns erst in der 87. Minute der Partie befinden und es sich beim vermeintlichen

Abschlusspfiff in Wahrheit um einen Elfmeterpfiff gehandelt hat. Und wer ein wenig mit dem Regelwerk des DFB vertraut ist, weiß, dass bei so einem selbst verschuldeten Spielabbruch das Spiel mit 0:2 als verloren gewertet werden muss. In der Folge wäre St. Pauli also nicht aufgestiegen.

Kein Wunder also, dass Stadionsprecher Rainer Wulff immer wieder versucht, die Fans zu beruhigen und dazu zu bewegen, den Rasen zu verlassen, damit die Partie zu Ende gespielt werden kann. Doch die Euphorie dort unten ist so groß, dass er kaum gehört wird.

Zu diesem Zeitpunkt ist Schiedsrichter Brandt-Chollé bereits unten in den Kabinen. Als Vizepräsident Christian Hinzpeter 20 Minuten später zu ihm kommt, um ihm mitzuteilen, dass man das Spielfeld nun geräumt habe, wirkt dieser überrascht. Er habe das Spiel doch abgepfiffen. Die Partie sei beendet, und der FC St. Pauli habe mit 5:0 gewonnen.

Erst Jahre später gibt Brandt-Chollé zu, dass er in Wahrheit einen Elfmeter gepfiffen habe, doch als er dann sah, wie die Fans das Spielfeld stürmten, habe er seine Hand einfach ein Stückchen weiterbewegt und auf die Kabinen gezeigt, die praktischerweise hinter dem Tor lagen. Als der Schiedsrichterbeobachter ihn darauf aufmerksam machte, dass die reguläre Spielzeit noch gar nicht ganz abgelaufen sei, da habe er ihm einfach seine Uhr gezeigt, die er weiterlaufen lassen und erst in der 91. Minute gestoppt habe, so erzählte Brandt-Chollé Jahre später dem *Hamburger Abendblatt*. Brandt-Chollé habe den Schiedsrichterbeobachter daran erinnert, dass die Uhr des Schiedsrichters letztendlich maßgeblich sei.[9]

Einen guten Eindruck davon, was damals los war, bekommt man in der 100. Folge der Fernsehserie *Großstadtrevier* mit dem passenden Titel *Der Aufsteiger*. Dort sieht man, wie die Fans das Spielfeld stürmen. In der Serie wird so getan, als wäre das Spiel abgepfiffen. Doch das, was man dort sieht, ist die Szene, wie die Fans in der 87. Minute das Spielfeld stürmen.

18. GRUND

Weil kein Verein ein so schönes Vereinswappen hat wie der FC St. Pauli

Ich glaube, ein schöneres Vereinswappen als das des FC St. Pauli gibt es nicht. Punkt.

19. GRUND

Weil der FC St. Pauli doch ein wenig auch wie Kuba ist

Kuba gilt vielen, nicht erst seit dem Buena Vista Social Club, als Land gewordene Relaxtheit. Gelassenheit, so glauben viele, würde hier großgeschrieben, und der Cuba Libre ist nicht nur in Hamburg ein beliebtes Getränk, bei dem man, nach ausgiebigem Konsum, nicht selten glaubt, die heiße Sonne Kubas auf der Haut zu spüren, wenn einem warm der Schweiß den Rücken hinabrinnt, und die Entspannung kann bisweilen so groß werden, dass sie nahtlos in Schlaf übergeht.

Wäre die Bundesliga die Welt, und die Vereine die einzelnen Länder, und würde man sich überlegen, welchem Land der FC St. Pauli vielleicht am ehesten entspräche, so käme Kuba ganz sicher in die engere Wahl. Das schien man auch beim Verein zu spüren, und so stand die Saison 2004/2005 ganz im Zeichen Kubas. Gewohnt großspurig rief man mit dem Slogan »Viva St. Pauli – Kampf der Drittklassigkeit« die eigene Revolution aus. Auf dem zur Kampagne gehörigen Teamfoto sieht man die Mannschaft vor abgewandelten Kubaflaggen in Braun, Weiß und Rot in Che Guevara-T-Shirts und mit erhobener Faust posieren. Passenderweise fand dann auch das winterliche Trainingslager im Januar 2005 in Kuba statt, wo man in zwei Freundschaftsspielen auf die kubanische Nationalmannschaft traf. Das erste gewann St. Pauli mit 3:2, das zweite Kuba mit 3:1.

Trotz dieser Vorbereitung gelang die Revolution leider nicht. St. Pauli blieb drittklassig und sollte das auch noch bis 2007 bleiben.

Im Sommer 2008 revanchierte sich dann die Nationalmannschaft Kubas und besuchte im Zuge der WM-Qualifikation den FC St. Pauli am Millerntor. St. Pauli gewann dieses Spiel mit einem klaren 7:0.

2. KAPITEL

NIEMAND SIEGT AM MILLERNTOR

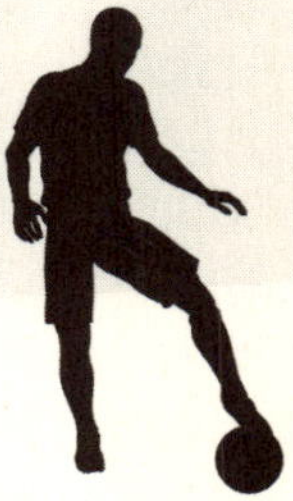

20. GRUND

Weil am Millerntor einfach die beste Stadion-Atmosphäre herrscht

»My drug is called Millerntor«, hat ein bekannter Rockmusiker einmal gesagt, der seine Heimat New York aufgegeben hat, um nach St. Pauli zu ziehen, wo er heute in einer Wohnung mit Blick auf das Millerntor-Stadion lebt.

So wie ihm geht es vielen, denn die Stimmung im Millerntor-Stadion ist einzigartig, und wer einmal dort war, der ist meist sofort mit dem Virus infiziert. Vor allem ist es die Leidenschaft, nicht selten mit Betonung auf Leiden, die die Fans hier verbindet, und die dieses Gefühl von Gemeinschaft entstehen lässt, das vermutlich nirgends so intensiv ist wie hier. Vereint steht man zusammen und feuert seine Mannschaft an. Im Millerntor-Stadion feiert man auch, wenn der FC St. Pauli einmal zurückliegt, und selbst Niederlagen sind oft kein Grund, um anschließend nicht doch noch ein rauschendes Fest zu feiern. Weshalb den FC-St.-Pauli-Fans, ziehen sie nach einem Spiel aus dem Stadion in die umliegenden Kneipen des Viertels, oft nicht anzusehen ist, ob ihr Verein gewonnen oder verloren hat. Meist hat er natürlich gewonnen …

Viele schon haben versucht, diese Stadionatmosphäre einzufangen und zu beschreiben. Bekannte Künstler haben Bilder gemalt, Bands haben Songs über das Millerntor geschrieben, und vermutlich gibt es auch Gedichte wie etwa dieses: »Millerntor, Millerntor / es läuft der Euphoriemotor / Millerntor, Millerntor.«

Die Wohnungen mit Stadionblick sind in Hamburg beliebter als die mit Elbblick, und oft wohnt man dort auf engstem Raum mit vielen Leuten zusammen – Hauptsache, man kann dem Millerntor-Stadion nahe sein und vielleicht bei offenem Fenster die Euphorie spüren, die dieser stattliche Bau selbst an spielfreien Tagen zu versprühen scheint. Manchmal meine ich schon, Leute das

Millerntor-Stadion berühren gesehen zu haben, wie sie sich winzige Partikel davon abschabten und ins Zahnfleisch massierten. Und man munkelt, dass schon Kinder am Millerntor gezeugt worden sein sollen, nachts im Dunkeln, auf dem Mittelpunkt des Spielfelds. Kinder, die heute vermutlich Namen tragen wie etwa Beate-Pauli oder aber Kevin-Pauli und denen man dann wahrscheinlich den Ort ihrer Zeugung ansehen wird. Auch sie werden sicher jene Euphorie und Hysterie verströmen, die man auch aus dem Stadion kennt. Manch ein Arzt würde das sicherlich ADHS nennen.

Derzeit wird das Stadion ständig umgebaut. Man will so mehr Platz schaffen, damit noch mehr Leute Teil dieser einzigartigen Atmosphäre werden können. Überall werden noch Tribünen drangebaut, sowie kleine Emporen mit Stehplätzen und Sitzreihen. Das Stadion wächst und wächst über sich hinaus. Irgendwann einmal soll es das größte Stadion der Welt werden. Genauso wie der FC St. Pauli eines Tages der größte Verein der Welt sein soll – mit Meisterschaft, Champions League und allem Pipapo. Ein bisschen wird das natürlich noch dauern. Aber ich rechne fest damit, dass es spätestens 2020 so weit sein wird. Wirklich. Den Beweis dafür findest du in diesem Buch.

21. GRUND

Weil das Millerntor-Stadion einfach den besten Standort hat

Nicht selten stehen Fußballstadien an Orten der Ödnis und der Tristesse. Man denke hier nur etwa an das andere Hamburger Stadion, das sich in unmittelbarer Nähe zu einer Müllverbrennungsanlage befindet. Oder etwa die Münchner Allianz-Arena, die direkt neben einem Autobahnkreuz errichtet worden ist, sodass das Rauschen der Autobahn oft so laut ist, dass es sich bei Fernsehübertragungen leicht mit Fanjubel verwechseln lässt.

Andere beliebte Standorte für Stadien sind Industriegebiete, Außenbezirke oder aber einfaches Brachland. Und vielleicht sind Fußballfans auch deshalb oft so niedergeschlagen, weil sie jedes zweite Wochenende wieder an diese Orte der Einöde zurückkehren und sich der dort vorherrschenden Depression erwehren müssen. Was oft nur mit Bier gelingt – oder aber eben mit einem Sieg. Bei einer Niederlage ist die Niedergeschlagenheit des Fans an solchen Orten oft so groß, dass er sie nicht selten mit Gewalt zu bekämpfen versucht, entweder durch gelebten Hooliganismus oder aber indem er auf die öde Landschaft einschlägt oder sie mit seinem Urin zu zerstören versucht.

Das Millerntor dagegen steht als einziges Stadion inmitten eines Amüsierviertels, und dann noch im vermutlich bekanntesten der ganzen Welt. An warmen Tagen weht oft der Geruch von nackten Menschen durchs Stadion, und die Luft schmeckt nach Bier. Gelächter schallt einem allerorten entgegen, und jede Pore der Reeperbahn scheint pure Lust zu verströmen. Na ja, so ähnlich zumindest.

Beim FC St. Pauli feiert man nach jedem Spiel, ganz egal wie es auch ausgegangen ist. Böse Zungen behaupten, das läge daran, dass man sonst kaum etwas zu feiern hätte. Das stimmt aber nicht! Aber ein Grund dafür ist sicher auch die Lage. Selbst wenn man wollte, man hätte gar keine Chance, vom Stadion nach Hause zu gelangen, ohne an einer der unzähligen Bars vorbeizukommen, vor der nicht selten als Freunde getarnte Biertiere stehen und einen in die feuchte Höhle der alkoholhaltigen Euphorie hineinzulocken versuchen.

Anders als an Stadien, wo einen beim Verlassen nur ein großer Parkplatz erwartet, die Autobahn oder eben die Müllverbrennungsanlage, wartet vor dem Millerntor-Stadion das pralle Leben auf einen. Fast immer scheint hier Dom zu sein mit Zuckerwattegeruch, blinkenden Fahrgeschäften, schwadronierenden Losverkäufern. Und wenn man diesem Potpourri an Eindrücken doch entkommt, so finden sich unzählige Bars in direkter Stadionnähe, sodass es oft schwerfällt, nicht doch auf ein bis elf Bier dort reinzuschauen, um noch einmal in aller Ruhe das Spiel zu analysieren, die besten Spielzüge mit anderen Gästen nachzustellen, sowie einige Parolen zu skandieren, bevor man sich dann auf allen vieren wieder auf den Weg nach Hause macht.

22. GRUND

Weil das Millerntor-Stadion der einzige Ort der Welt ist, an dem es Bier regnet

Wer hat nicht schon einmal davon geträumt, in einer warmen Sommernacht nackt durch die Stadt zu laufen und plötzlich von einem Wolkenbruch überrascht zu werden. Mit einem Mal beginnt es zu regnen. Gelbe Flüssigkeit, die einem warm und schäumend über die Haut rinnt. Man legt den Kopf in den Nacken und öffnet den Mund, so weit es geht. Versucht, mit seiner schlaffen Bauchdecke wie mit einer Schürze sternentalergleich dies flüssige Gold aufzufangen.

Bierregen ist ein häufiger Männertraum, der, so Traumforscher, in der Männertraum-Rangliste noch vor dem Grillfleischregen kommt, aber doch deutlich nach dem Nackte-Frauen-Regen. (Halte mich bitte nicht für sexistisch, das sind einfach Tatsachen, für die ich nichts kann!)

Wie es mit vielen Träumen ist, so wird auch der des Bierregens für die meisten unerfüllt bleiben. Auch wenn viele das nicht wahrhaben wollen und sich auf heimischem Terrain, so gut es geht, um Ersatz bemühen. Es soll ja Menschen geben, die an der Kellerdecke ihres Mietbungalows Bierdosen befestigen, die sie zuvor geschüttelt haben und die sich dann durch einen wahnsinnig komplizierten Mechanismus gleichzeitig öffnen. Andere wieder sollen im Zoo Elefanten mit Bier füttern, damit diese es anschließend durch ihre Rüssel verspritzen. Es sind die verzweifelten Versuche, seinem Leben auf der Erde Sinn zu geben und sich seine geheimsten Wünsche zu erfüllen.

Am Millerntor regnet es so häufig Bier wie an keinem anderen Ort. Und die Illusion dort ist nahezu perfekt. Fällt ein Tor, schreien Tausende von Menschen gleichzeitig auf, und mundhöhlenwarmes Bier spritzt dabei aus ihren Mündern in die Luft, wo die gelb glitzernden Perlen senkrecht nach oben schießen, bis sie irgendwann die Kraft verlässt und sie dank der Gravitation wieder nach unten fallen, wo du sie dann mit deiner Mundhöhle auffangen kannst. Dazu rufen alle »Huhu« aus. So sehen Momente reinen Glücks aus.

23. GRUND

Weil das Millerntor-Stadion im Grunde der Vorläufer des Internets ist

Heute gibt es, wie du vielleicht weißt, das Internet mit Myspace, Facebook, Youtube und wie das ganze Zeug sonst noch so heißt. Früher hatten wir das alles ja nicht. Oft genügte uns als Unterhaltung ein Bindfaden, den wir, nicht selten stundenlang, hinter uns hergezogen haben. Tagelang konnte ich mein Gesicht einfach nur in feuchte Erde drücken und war fröhlich dabei. Wir hatten ja nichts, und selbst wenn es nach dem Krieg schon Internet gegeben hätte, wir hätten es uns nicht leisten können.

Später dann ging man zu Leuten und hörte sich dort Musik an, zeigte denen seine Lieblingsbilder und sah sich kurze Filme an, die im Grunde selten lustig waren, und gern, obwohl kurz, sehr lang schienen. Meist waren es Filme, die im Urlaub, häufig Dänemark, aufgenommen worden waren, oft ohne Ton, in denen man die Familie, meist ohne den Vater, am Strand, um Natürlichkeit bemüht, entlanglaufen und gute Laune verströmen sah. Dazu gab es irgendwann einen Schwenk über dänische Dünen. Es folgte ein Teil aus dem Ferienhaus, der zu dunkel aufgenommen worden war, sodass man darauf nichts erkannte. Man sah es sich aber trotzdem an. Unterhaltung war damals ein Tropfen auf den heißen Stein, und man bemühte sich, keinen dieser Tropfen zu verschwenden. Man sammelte sie wie ein kostbares Gut, versuchte, auch noch den letzten, den schäbigsten Tropfen zu genießen. Hatte ich es schon gesagt: Wir hatten ja nichts.

Heute ist Unterhaltung zu einem Platzregen geworden, und man findet kaum noch ein Plätzchen, wo man sich unterstellen kann, um nicht nass zu werden. Unterhaltung ist heute überall, sie sucht dich regelrecht und findet dich auch meist. Das Leben gleicht mehr und mehr einem Aufenthalt in einer mallorquinischen Ferienanlage, in der man schon morgens um acht von um gute Laune bemühten Schulabbrechern zu Gruppenspielen animiert wird.

Früher war jegliche Unterhaltung mit viel Aufwand verbunden, und um etwa einen Film erstellen zu können, mussten teure Anschaffungen gemacht werden. Damals hätte man mich für verrückt erklärt, hätte ich erzählt, dass eines Tages eine Zeit kommen wird, in der man das Telefon hochhält und mit dem Telefon Fotos, Musik, ja sogar Filme aufnimmt. Damals war das Telefon wesentlich größer, konnte aber trotzdem wesentlich weniger. Denn viel mehr als Telefonieren ging damit nicht. Und wollte man etwa Filme aufnehmen, so musste man sich für teures Geld eine Kamera kaufen und einen teuren Film, den man, war er voll, an fremde Menschen schickte, um dann Wochen später eine kleine Rolle zurückgeschickt zu bekommen, auf der sich das eigene filmische Machwerk dann in all seiner Pracht fand. Aufwendig konnte man es schneiden. Wobei Schneiden auch noch wirklich Schneiden bedeutete. Doch da Film und Entwicklung teuer waren, ließ man meist den Film, so wie er war.

Und die ganze Internetsache fand damals eher im Privaten statt, und so wie man heute ins Internet ging, ging man früher zu Freunden und sah sich dann dort, so wie heute auf Youtube, ebendiese Filme an.

Die Hamburger Super-8-Gruppe All NIZO perfektionierte dies und veranstaltete am 19. Juni 1999 eine gigantische Super-8-Film-Vorführung im Millerntor-Stadion, zu der über 3000 Zuschauer kamen, und die damit fast so etwas wie die Blaupause für Youtube und Ähnliches war. Und um in diesem Bild zu bleiben, müsste man sagen, wenn diese Super-8-Film-Nacht wie Youtube war, dann wäre das Millerntor-Stadion wie das Internet, und dann müsste man eigentlich auch schlussfolgern, dass das Millerntor-Stadion der Vorläufer des Internets gewesen ist. Und dann, mein lieber FC St. Pauli, kann man sicher auch mal über Tantiemen nachdenken. Bitte, für diesen Hinweis.

24. GRUND

Weil das Millerntor-Stadion im Grunde der romantischste Ort der Welt ist

Fußball hat noch immer mit dem Ruf des Unromantischen zu kämpfen, und demjenigen, der sein erstes Date ins Stadion einlädt, dem prophezeit man nicht gerade die besten Chancen, das Herz desjenigen oder derjenigen zu gewinnen. Noch immer gelten das italienische Restaurant mit seinen Kerzen, den Geigenklängen und anderem italienischen Chichi, oder die Badewanne auf der gepflückte Blätter von einhundert roten Rosen schwimmen als romantischere Ort als beispielsweise die Gegengerade. So ganz kann man es nicht verstehen, denn Gänsehaut und ein Kribbeln im Bauch gibt es ja auch im Stadion regelmäßig, und vermutlich wird sich in keinem italienischen Restaurant der Welt so oft in den Armen gelegen wie im Millerntor-Stadion. Trotzdem hat es noch immer mit seinem unromantischen Ruf zu kämpfen, und dem versucht der FC St. Pauli Abhilfe zu leisten.

Seit 2008 kann man im Millerntor-Stadion heiraten. Dank der Werbeagentur »Jung von Matt«, die ihre Loge in der Südtribüne zu einer Art »St.-Pauli-Kapelle« umbauen ließ. Über das Ergebnis urteilte Thomas Meggle in der *Mopo*: »Der absolute Wahnsinn«.[10]

Vermutlich ist es die einzige Fußballkirche der Welt, die man hier auf 28 Quadratmetern geschaffen hat. Es gibt einen Beichtstuhl, einen Altar, mit einem alten Schuh von André Trulsen, einem Stück Rasen und dem Ball aus dem Pokalspiel gegen Hertha BSC, die man 2006 mit 4:3 im Millerntor bezwang. An den Wänden hängen Ikonen, die Spieler wie Walter Frosch, Holger Stanislawski oder Thomas Meggle stilecht mit Heiligenschein zeigen.

Dort in ebendieser Kapelle kann man sich nun das Jawort geben. Allerdings muss man sich dafür bewerben. Alles Weitere findest du auf der Homepage des Vereins.

25. GRUND

Weil man am Millerntor die Idee des Kinos revolutionierte

Kinos sind oft stickige Orte, an denen gerade bei Horrorfilmen oder Thrillern oder Filmen für Teenager die Körpergerüche kaum zu ertragen sind. Der ganze Saal riecht nach feuchter Handfläche, jeder Kinositz scheint Achsel- und Poritzengeruch auszuströmen, und oft sitzt man dort so eng, dass es fast unausweichlich scheint, dass man einander berührt, sich gegenseitig in den Nacken oder das Ohr atmet, sodass man oft noch Stunden später an diesen Stellen nach fremdem Atem riecht. Häufig ist Kino wie Fliegen, nur dass man nirgends ankommt. Und in Zeiten des Kinosterbens baut man Sitzreihen so eng, um möglichst viel Publikum in den Saal hineinzubekommen, sodass die Thrombose überall lauert, und will man nicht Gefahr laufen, selbst davon betroffen zu sein, so zieht man sich widerwillig die Thrombosestrümpfe über und gibt sich der Lächerlichkeit preis. Alles nur, um einen Film zu sehen, der oft nicht die Entbehrungen wert ist, die so ein Kinobesuch mit sich bringt. Und wenn man sich mal ein Zigarrchen ansteckt, kann man sich sicher sein, dass ein Haufen Spießer zu husten anfängt und sich beschwert.

Oft schon hat man sich doch gefragt, warum Kinos drinnen sein müssen, und wie viel schöner so ein Film sein müsste, wenn man zumindest die Illusion hätte, man sähe ihn allein. Vermutlich ist doch das der Grund, warum das Fernsehen so viel erfolgreicher ist als das Kino. Die meisten sehen allein fern. Im Kino sind immer noch andere, und oft sind es ja Menschen, die entweder gerne Nachos mit Käse überbacken essen, oder welche, die die zwei bis heutzutage oft drei oder vier Stunden nutzen wollen, um mit ihrem filmischen Fachwissen zu glänzen. Und irgendwer hustet immer.

Am Millerntor-Stadion weiß man um die Beschwerlichkeiten eines Kinobesuchs, und kurze Zeit war wohl auch vorm Stadionumbau im Gespräch, ob man nicht ganz auf Kinobetrieb umsatteln wolle. Doch das Vorhaben bekam nicht die nötige Mehrheit, und so beschränkt man sich auf den Sommer, um dann im Millerntor-Stadion Filme zu zeigen. In Zusammenarbeit mit dem Hamburger Kino 3001 zeigt man dort dann Filme wie *Rocker* oder *Iron Sky* und kann sich endlich einmal, dank der frischen Luft, voll und ganz auf den Film konzentrieren, der sich nun mit einem Mal zu voller Pracht entfalten kann.

3. KAPITEL

DER FC ST. PAULI UND DIE TIERE

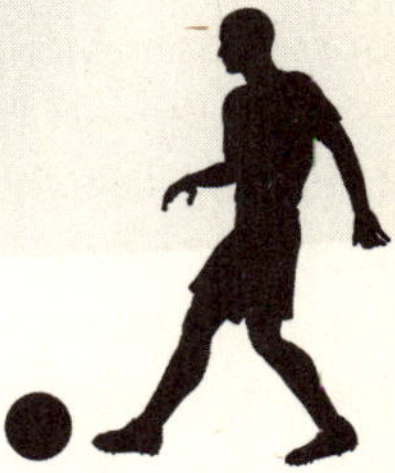

26. GRUND

Weil der FC St. Pauli der tierfreundlichste Verein der Welt ist

Man hat es ja immer geahnt. Es konnte eigentlich gar nicht anders sein. Doch nun ist es endlich auch belegt: Der FC St. Pauli ist der tierfreundlichste Fußballverein, ich sag einfach mal, der Welt. Denn 2010 erhielt das Millerntor-Stadion den »PETA Progress Award« als tierfreundlichstes Fußballstadion, vermutlich auch der Welt. Gründe hierfür seien, so PETA, u.a. die große Auswahl an vegetarischen und sogar veganen Gerichten. So gibt es neben der klassischen Tierbratwurst und den in Tierfett frittierten Pommes frites auch vegane Gemüsefrikadellen, Chinarollen und orientalische Gemüsetaschen. Und wenn vielleicht auch das Fußballspiel nicht immer erstklassig ist, das Essen ist es auf alle Fälle. Man munkelt sogar, manch einer käme nur deswegen ins Stadion. Das würde erklären, warum sich selbst während des Spiels unzählige Menschen im Bauch der Tribüne aufhalten und essen. Liebe, auch die zum Fußball, geht eben doch durch den Magen.

Doch nicht nur das zeichnet den FC St. Pauli als tierfreundlichsten Fußballverein aus. Es ist noch etwas anderes. Etwas, was sich nur schwer erklären lässt. Schwer im Sinne von übernatürlich. Eine Art Aura scheint das Millerntor-Stadion zu umgeben, die eine seltsame Anziehungskraft auf Tiere ausübt. Als Fan hat man sich ja schon oft gefragt, wie es kommt, dass während der Spiele oft riesige Vogelschwärme das Stadion überfliegen und nicht selten bis zum Abpfiff darüber kreisen. Manchmal sind es so viele, dass das Spielfeld dunkel zu werden beginnt und das Flutlicht eingeschaltet werden muss. Und nicht selten sieht man auch unzählige Hunde und Katzen um das Stadion herumstreunen, die an Spieltagen auftauchen und dann wieder wie im Nichts bis zum nächsten Heimspiel verschwinden.

Das Millerntor-Stadion scheint etwas mit den Tieren zu machen. Warum es nicht verwundert, dass oft Zirkusse auf dem Heiligengeistfeld vor dem Stadion haltmachen. Und man munkelt, dass die Tiere vor dem Millerntor-Stadion besonders agil sein sollen. Und vielleicht siehst du hier eines Tages Elefanten, die im aufrechten Gang in einer Art Polonaise um das Stadion marschieren, Giraffen, die mit den Hälsen das Herz von St. Pauli formen, oder Löwen, deren Gebrüll nach »Roar!« klingt.

Vielleicht sind es die Gene, oder aber es ist der Geruch nach st. paulianischem Männerschweiß, der hier nicht nur bei Tieren Urinstinkte freisetzt.

Auch manch ein Spieler ist dagegen nicht gefeit. Man denke hier nur etwa an Klaus Thomforde, dem man nicht umsonst den Beinamen das »Tier im Tor« gab. Doch das ist eine ganz andere Geschichte.

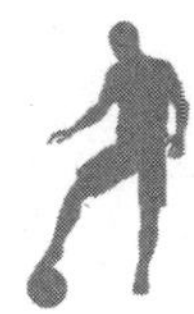

27. GRUND

Weil der FC St. Pauli 2020 Deutscher Meister werden wird, wirklich

Tiere verfügen über eine Art siebten Sinn. Das ist erwiesen. Weshalb Tiere oft heute schon Dinge spüren, die erst morgen geschehen oder übermorgen. Da Tiere in ihrer Sprache recht eingeschränkt sind – meist verfügen sie ja nur über ein Repertoire von vier bis fünf verschiedenen Lauten, die alle Hunger bedeuten –, kriegt man als Mensch das normalerweise nicht so richtig mit. Zumal man so einem Tier ja kaum ansieht, was noch alles in ihm steckt außer Fleisch. Auch mit dem Schreiben hapert es, und so ist dieses Zukunftswissen in dem Tier fast wie eingesperrt. Oft scheint es die Frustration darüber zu sein, sich nicht äußern zu können, die aus Tieren das macht, was Tiere nun einmal sind: stumme, putzige Zeitgenossen, die intellektuell gesehen für die meisten kaum eine ernst zu nehmende Konkurrenz darstellen.

Fast autistisch ist so ein Tier, und es verwundert nicht, dass es recht lange brauchte, bis man das Tier professionell in der Zukunftsvorhersage einsetzte. Es fing an mit Schwalben, die das Wetter fast immer zutreffend vorhersagten. Flogen sie niedrig, gab es bald Regen, flogen sie hoch, blieb das Wetter schön. Es folgten Schäferhunde, die Drogen vorhersagten. Kleine Katzen, die aus Wolle Gebilde legten, aus denen sich, nach dem Prinzip des Bleigießens, mit großer Wahrscheinlichkeit Zukunftsereignisse ableiten ließen. Nur langsam tastete man sich voran. Waren es anfangs kleine Dinge, die die Tiere vorhersagen sollten, so wurden diese immer größer, der Druck auf das Medium Tier wuchs.

Im Zusammenhang mit Zukunft und Fußball ist bestimmt Paul das bekannteste Tier. Paul war eine Krake, die bei großen Fußballturnieren eingesetzt wurde, um die Ergebnisse von Begegnungen vorherzusagen. Auf lange Sicht wollte man WM und EM schließlich nur noch von Paul austragen lassen, um die enormen Kosten, die damit verbunden waren, einzusparen. Das Geld wollte man lieber für die Olympiade ausgeben. Paul lag bei seinen Vorhersagen fast immer richtig, weshalb man ihm großes Vertrauen schenkte. Gerade während der Fußballweltmeisterschaft 2010 erlangte er Berühmtheit, weil er alle Spiele mit deutscher Beteiligung sowie das Endspiel absolut richtig vorhersagte. Seit dieser Zeit wächst das Vertrauen des Menschen in das Tier, und das Geschäft mit Tieren, die die Wahrheit vorhersagen, boomt. Fast jeder von uns war schon einmal bei einem solchen Tier, um nachzufragen, wann das Geld endlich kommt, die Liebe oder der Erfolg. Und nun haben gleich mehrere solch anerkannter Tiere, unter ihnen solch bekannte Wesen wie Jochen, der Frosch, oder Saskia, das rumänische Chihuahuaweibchen, bestätigt, dass der FC St. Pauli 2020 Deutscher Meister werden wird. Das ist nicht mehr lang, Freunde. Yippieh. Yippieh. Yeah.

28. GRUND

Weil der FC St. Pauli kein Vereinsmaskottchen hat

Sie heißen Hoffi, Fritzle, Berni oder etwa Wölfi und sehen auch meist so aus. Überdimensional große Kuscheltiere, die, häufig nur mit einem Trikot bekleidet, untenrum frei und geschlechtslos am Spielfeldrand herumlaufen, winken, tanzen, und von denen man oft gar nicht wissen möchte, wer in Wahrheit in ihnen steckt.

So bunt und lustig Maskottchen auf den ersten Blick auch wirken mögen, so grausam ist doch oft das Schicksal derer, die in ihnen stecken und zwei bis drei Stunden lang schwitzend versuchen, gute Laune zu verbreiten. Warum braucht der Fußballfan überhaupt ein Maskottchen? Regt es seine Stimmung an? Schreibt man einem Maskottchen deeskalierende Wirkung zu? Wenn ja, so sind die Erfolge doch eher bescheiden zu nennen.

Auch beim FC St. Pauli gab es immer mal wieder kurze Versuche, ein Vereinsmaskottchen einzuführen. So gab es etwa Ende der Siebziger bis Anfang der Achtziger das Pony Paulchen, das zwar aussah, als steckten Menschen in ihm, das aber ein wirkliches Pony war. Sieh dir hierzu bitte auch Grund 31 an: The Power Of The Pony.

1990 dann versuchte man es noch einmal mit »Wumbo«, dem Maskottchen eines Freizeitparks, der zu jener Zeit der Sponsor des Vereins war. Doch die Fans schienen nicht wirklich an einem Maskottchen interessiert. Man beschmiss es mit Bier und beschimpfte es unflätig. Wumbo war ein bierbäuchiges, schlecht angezogenes bärenähnliches Wesen in einem Damenoberteil und mit Schirmmütze. Dass dieses Geschöpf nicht gerade Sympathien auslösen würde, wäre nicht allzu schwierig vorherzusagen gewesen. Es war der letzte Versuch, ein pelziges, putziges Wesen mit grenzwertigem Namen im Millerntor auftreten zu lassen. Seitdem hat sich nie wieder ein Maskottchen dorthin gewagt.

29. GRUND

Weil man sich auch mal schön das Gesicht von Franz Gerber auf den Rücken tätowieren lassen könnte, zusammen mit einer Schlange

Schlangen sind die Aale des Dschungels, hieß es eine Zeit lang bei uns in Norddeutschland, ohne dass man so recht wusste, was damit eigentlich gemeint war. Die Schlange war es, die Eva dazu verführte, vom ersten Apfel der Welt zu kosten, und die damit im Grunde für fast alles Schlechte in der Welt verantwortlich ist, mit dem wir uns auch heute noch rumplagen müssen: Nazis, Umweltverschmutzung, Aids. All das haben wir einer alten, dummen Schlange zu verdanken. Weshalb man die Schlange oft auch als den Hitler der Fauna bezeichnet.

Trotzdem üben die Schlange und alles Schlangenähnliche auf viele eine große Faszination aus, und in den Siebzigern und dann noch einmal Ende der Achtziger, so das Gerücht, soll man in St. Pauli und im Millerntor-Stadion viele Fans mit Schlangentätowierungen gesehen haben. Teilweise so groß und lang, dass diese wie ein Pullover wirkten. Eine Huldigung an Franz Gerber, den man früher gerne »Schlangen-Franz« nannte, weil er eben eine große Leidenschaft für diese Reptilien hegte. Früher war das auf St. Pauli so. Da hießen die Leute nicht einfach nur Hans und Dieter, sondern etwa Felgen-Ralle oder Wumme von der Wümme, und meist war der Name Programm.

Franz Gerber soll schon im Alter von fünf Jahren von seinem Vater eine Ringelnatter geschenkt bekommen haben, und ausgelöst durch dieses Vater-Sohn-Erlebnis, ließ ihn die Liebe zu Schlangen nie wieder los. So soll er, während der Asienreise des FC St. Pauli vom 21. Dezember 1972 bis zum 13. Januar 1973, mehrere giftige Schlangen, die er wohl unter Anleitung eines Einheimischen selbst gefangenen hatte, nach Hamburg geschmuggelt haben. Dabei handelte es sich um eine grüne Baumviper und eine Kobra, die ihn allerdings im Jahr darauf biss. Nur mit viel Glück konnte Schlimmeres verhindert werden. Darauf trennte Gerber sich, sehr zur Freude des Vereins, von seinen Schlangen und behielt wohl nur noch ein paar ungiftige Nattern. Bis dahin soll er in seinem Haus in Rellingen eine richtige Schlangenfarm besessen haben.

Franz Gerber ist vermutlich der einzige Spieler, der je vom FC Bayern München zum FC St. Pauli wechselte. Allerdings spielte Gerber nur in einem Spiel für die Bayern und auch in diesem nur für 21 Minuten. Am Millerntor blieb er 30 Jahre. Nicht nur als Spieler, sondern später war er auch noch als Trainer sowie als Sportdirektor für den FC St. Pauli tätig.

30. GRUND

Weil kein anderer Verein ein Tier im Tor hat

Mein Onkel Wulle sagt immer: »Besser als Thomforde war Oliver Kahn nie.« Und wäre es nach meinem Onkel gegangen, so hätte man Thomforde für die Nationalmannschaft verpflichtet und nicht Kahn.

Wulle ist großer Thomforde-Fan und sieht diesem sogar etwas ähnlich. Oft stellt er, ist er bei uns zu Besuch, die größten Szenen Thomfordes nach. Wir müssen dann die Möbel im Wohnzimmer beiseite rücken, und aus den Tonleoparden meiner Mutter baut Wulle dann Torbegrenzungen auf. Sehr zum Missfallen meiner Mutter. Oft ist mein Onkel auch in »Planten un Blomen« unterwegs, einer Parkanlage hier in Hamburg, und nötigt Passanten, einen von ihm mitgebrachten Ball auf sein Tor zu schießen. Meist steht er dann zwischen zwei Bäumen. Sind keine geeigneten Bäume vorhanden, zieht er sein Shirt aus und die Hose und markiert so die Pfosten. Hält er den Ball, schreit er wild rum, macht eine Faust und brüllt so laut, dass er nicht selten von der Polizei nach Hause gefahren wird. Pariert er den Schuss nicht und der Ball fliegt ins imaginäre Tor, so versucht er erst unbemerkt, mit der Fußspitze die Torpfosten zu verschieben, streitet dann lautstark den Treffer ab. Gelingt das alles nicht und begehen die Passanten den Fehler, auf das Tor zu bestehen, so bepöbelt er sie oft mit hochrotem Kopf, die Halsschlagader dick wie eine Zornnatter, und schreit ihnen derart laut ins Gesicht, dass man manchmal das Zäpfchen purpurfarben aus seiner Mundhöhle schwingen sieht. Sieht man ihn dann so da stehen, ist die Illusion oft perfekt, und nicht nur einmal habe ich miterlebt, wie Leute sich dann angestoßen und gesagt haben: »Guck mal, der Thomforde ist wieder da.«

Thomforde bekam irgendwann den Beinamen »Das Tier im Tor«, der weniger seinem behaarten Gesicht geschuldet war, sondern vielmehr der Art, wie er sich dort gebärdete. So feierte er lautstark jeden gehaltenen Torschuss und wusste mit derben Kraftausdrücken den Gegner oft davon abzuhalten, überhaupt auf sein Tor zu schießen. So erzählt man sich zumindest. Thomforde selbst sagt, dass er diese Art von englischen Keepern gelernt habe, die sich durch Kraftausdrücke, laute Schreie und geballte Fäuste selbst motivierten.

So sehr die Gegner ihn auch fürchteten, so sehr liebte ihn das Publikum. Die Band Phantastix widmete ihm den Song *Ballfänger*, in dem sie Thomforde »den König von St. Pauli« nennen. Es gab sogar einen eigenen Fanclub für ihn: »Fausto Klaus«.

Für viele ist Thomforde der beste Torwart, den St. Pauli je hatte. Auf alle Fälle zählt er zu den bekanntesten Spielern des FC St. Pauli. Nicht zuletzt wegen des Ausrufs, den er nach einem seiner ersten Bundesligaspiele einem Fernsehreporter ins Mikrofon brüllte: »Es ist einfach unheimlich geil, in der Bundesliga Bälle zu halten. Da geht mir voll einer ab!«

31. GRUND

Weil man beim FC St. Pauli »The Power Of The Pony« spürt

Ponys sind gemütliche Tiere, deren pummeliger Anblick auf den Menschen oft beruhigend wirkt. Ponys werden deshalb oft auch in der Arbeit mit schwererziehbaren Jugendlichen eingesetzt, wo diese in speziellen Einrichtungen auf den Ponys reiten, um so ruhiger zu werden und die Aggressionen zu zügeln. Denn beim Anblick eines lieben Ponys verpufft jegliche Wut fast augenblicklich, und der Drang, es zu streicheln und in den Arm zu nehmen, ist oft größer als jeglicher Hass. Auf den ersten Blick sehen Ponys aus wie zu dicke kleinwüchsige Pferde, und man glaubt, dass das der Grund ist, warum Ponys in uns ein gutes Gefühl auslösen. Einfach weil wir uns in Gegenwart eines Ponys überlegen fühlen. Anders als bei Pferden, die meist größer und schneller sind als wir, oft auch gepflegter aussehen und so ein ungutes Gefühl der Minderwertigkeit in uns erzeugen, glauben wir, dass so ein Pony uns nicht wirklich gefährlich werden kann. Ein Pony ist gut fürs Ego. Und das Pony scheint das auch zu wissen, denn es lässt uns ganz bewusst gut aussehen, sitzen wir auf ihm und reiten, denn auf so einem Pony wirkt fast jeder schlank und grazil. Das erklärt, warum sich so viele, gerade Spitzenpolitiker, auf Ponys ablichten lassen, denn ein Bild mit Pony ist der ideale Nährboden, um Sympathie beim Betrachter zu wecken. Beim FC St. Pauli wusste man schon früh von der Macht des Ponys und verlegte deswegen extra 1980 ein Trainingslager auf einen Ponyhof in Schleswig-Holstein. Und tatsächlich sollte es der Anfang von etwas ganz Großem sein. Denn schon kurz nachdem man auf dem Ponyhof trainiert hatte, kamen immer mehr Fans zu den Spielen, und ganz allmählich begann so der Höhenflug des FC St. Pauli, der bis heute anhält. Wer weiß, ob es St. Pauli auch ohne das Pony geschafft hätte. Manche sagen so, manche so.

32. GRUND

Weil es in St. Pauli die schönsten Zecken gibt

Zecken sind ein wenig wie die Krokodile des kleinen Mannes, denn wie das Krokodil kann auch die Zecke oft tagelang völlig reglos verharren, um sich dann urplötzlich auf ihr Opfer zu stürzen. Zecken sind dabei wesentlich kleiner als Krokodile, und selbst wenn sich so eine Zecke bewegen würde, man bekäme es erst einmal kaum mit. Spürt man in der Regel sofort, wenn ein Krokodil nach einem schnappt, so ist es bei der Zecke kaum zu merken, und manche Opfer bemerken erst sehr viel später, dass sie von einer Zecke angefallen worden sind. Meist merkt man es erst dann, wenn die Zecke vollgesogen mit Blut auf einem sitzt, und man denkt, man bekäme einen Buckel. Oft fällt einem die Zecke ja auch erst durch den großen Schatten auf, oder die ängstlichen Blicke der Mitmenschen. Bei alten Menschen oder jungen, magersüchtigen Mädchen, die von Zecken befallen werden, kann es passieren, dass sie sich irgendwann einmal nicht mehr bewegen können, weil die Zecke sich so vollgesogen hat, dass sie groß und schwer auf ihnen sitzt. Leben diese Menschen allein, kann es gefährlich werden, denn die Zecke saugt und saugt, wird größer, während der Wirt kleiner und kleiner wird.

Zecken haben kein gutes Ansehen in der Fauna, aber auch nicht beim Menschen. Die Zecke ist ein uneitles Tier, dabei aber nicht unsympathisch oder ungepflegt. Auch Zecken lecken sich sauber. Natürlich ist die Zecke nicht mit einem Hund oder einer Katze mit schönem Fell, das sich streicheln lässt, zu vergleichen. Und mit ihr kann man auch kaum Kunststücke trainieren. Auch als Zierrat taugt sie kaum, denn kaum jemand ist so eingerichtet, dass eine Zecke sich gut ins Ambiente einfügen würde. Und wer doch, der hat im Grunde ganz andere Sorgen.

Hinzu kommt, dass so eine Zecke in den Augen der meisten kaum zu etwas nütze ist. Denn es gibt nur zwei Dinge, die eine

Zecke gut kann: Lauern und Saugen. Sich selbst fortbewegen kann sie nur in geringem Maße. Meist schafft sie es auf einen Baum, wo sie dann wartet, dass irgendwann irgendwer mal vorbeikommt. Zwei, drei Tage braucht sie, um den Baum zu besteigen, und wenn sie sich dann auf ihr Opfer stürzen will, passiert es oft, dass die Zecke einfach danebenfällt. Denn eine Zecke fällt langsam. Und dann muss sie wieder hoch und wieder warten, dass jemand kommt. Der Hunger wird größer.

Zeckesein bedeutet auch abhängig sein, und wenn man sagt, Zecken wären asozial, so stimmt das nur bedingt. Natürlich nutzen sie den Wirt aus, doch dafür bieten sie dir Gesellschaft. Und wer einmal einer Zecke längere Zeit Unterschlupf gewährt hat und sie nicht gleich wieder im Uhrzeigersinn aus seiner Haut drehte, der wird sehen, dass sie es einem dankt und dass sie so schlecht als Tier gar nicht ist.

In St. Pauli, so sagt man gerade in Rostock und anderen Gegenden, soll es viele Zecken geben. Große, schöne, sympathische Zecken, die oft nicht nur lauern und saugen, sondern auch singen. Zum Beispiel: »Wir sind Zecken / Asoziale Zecken / Wir schlafen unter Brücken / Oder in der Bahnhofsmission.«

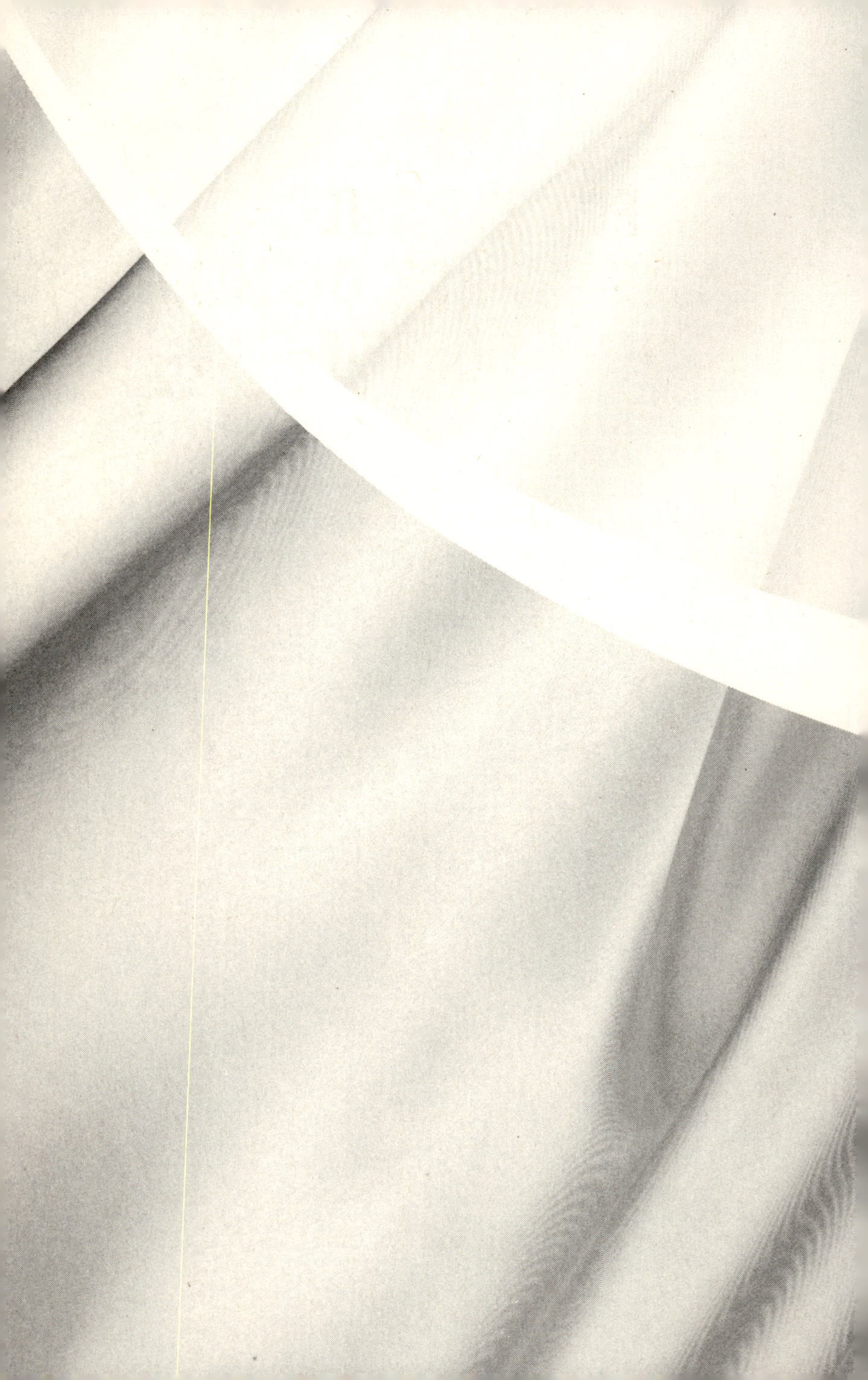

4. KAPITEL

FC ST. PAULI – WAS WÄRST DU NUR OHNE DEINE FANS

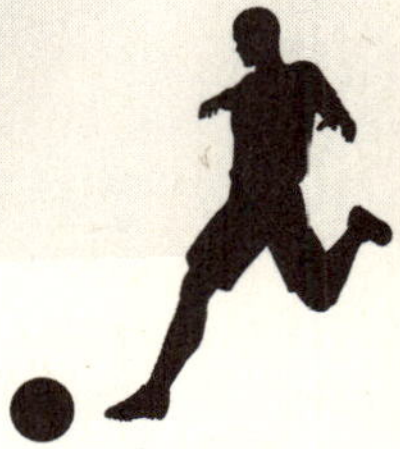

33. GRUND

Weil St.-Pauli-Fans gegen rechts sind

Faschismus hat im Fußball nichts verloren. Faschismus hat nirgendwo etwas verloren. Leider scheint das immer noch nicht allen ganz klar zu sein. Mag der FC St. Pauli auch nicht immer in fußballerischen Angelegenheiten der führende Verein gewesen sein, so ist er es doch auf vielen anderen Gebieten, die mindestens ebenso wichtig sind. Schon früh bezogen die Fans und auch die Mannschaft Position gegen Rassismus. Denn man muss leider gestehen, dass es früher durchaus vorkam, dass sich geistig Verwirrte, vielleicht angelockt von der braunen Trikotfarbe, ins Stadion verirrten und allerlei Unfug herumriefen. Erst nachdem Anfang der Achtziger die linke Szene den FC St. Pauli für sich entdeckte, wurden rechte, Reichskriegsflaggen schwenkende Fans des Stadions verwiesen. Und nachdem es 1989, bei einem Spiel gegen den 1. FC Nürnberg, zu Beleidigungen gegenüber dem schwarzen Spieler Souleyman Sané gekommen war, verfassten Fans und Spieler gemeinsam einen offenen Brief, in dem man sich deutlich gegen Rassismus aussprach. Darin hieß es unter anderem: »Unser FC St. Pauli steht für die völkerverständigende und internationalistische Kultur des Sports.«[11]

Im Herbst 1991 dann nahm der FC St. Pauli als erster Fußballverein überhaupt ein Verbot von faschistischen und rassistischen Parolen in seine Stadionordnung auf. Seitdem ist auch das Tragen von Kleidungsstücken verboten, »deren Herstellung, Vertrieb oder Zielgruppe nach allgemein anerkannter Ansicht im rechtsextremen Feld anzusiedeln sind«[12], wie es dort heißt.

Später folgten weitere Vereine dem Vorbild, doch der FC St. Pauli war der erste Verein, in dem eine linke alternative Fanszene entstand, die sich aktiv gegen Rechtsextremismus einsetzte. Schlachtrufe wie »Nie wieder Faschismus, nie wieder Krieg, nie wieder

2. Liga« (wobei das »2. Liga« später leider durch »3. Liga« ersetzt werden musste) hörte man in keinem anderen Stadion. Und der Aufkleber »St.-Pauli-Fans gegen Rechts«, entworfen vom damaligen Fanladen-Betreiber Sven Brux, klebt in der ganzen Welt und zählt mit mittlerweile über drei Millionen verkauften Exemplaren zum erfolgreichsten Fanartikel überhaupt.

34. GRUND

Weil es menschlich gesehen keine wirkliche Herausforderung ist, Mannschaften wie den FC Bayern München gut zu finden

»Leiden« schreibt sich nicht umsonst so ähnlich wie »Leder«, hat ein bekannter Philosoph einmal gesagt, und Fußball ist zuletzt auch deshalb so populär, weil jeder Sieg der Mannschaft auch immer ein bisschen der eigene ist. Zumindest fühlt es sich so an. Leider gilt dasselbe auch für Niederlagen. Um diese auszuhalten, muss man schon sehr mit sich im Reinen sein. Gerade beim FC St. Pauli, wo es auch Zeiten gibt, in denen Siege nur spärlich gesät sind. Ein Mensch, der nicht in sich ruht, nicht gefestigt im Leben steht, verkraftet so etwas kaum. Man sieht ja oft genug, wie sogenannte Fußballfans verzweifeln und versuchen, ihrer Wut mit Feuerwerkskörpern und Gewalt Abhilfe zu schaffen. Dabei sollte man ja gerade als Fußballfan nicht nur eine gehörige Portion Leidenschaft mitbringen, sondern mindestens ebenso viel Leidensfähigkeit. Bei manch einem Verein braucht man davon eben ein bisschen mehr, bei manch einem weniger. Beim FC St. Pauli ist es eher mehr. Leider.

Es ist menschlich gesehen anspruchsvoller, Fan des FC St. Pauli zu sein, da man als solcher häufiger Niederlagen zu verarbeiten hat als als Fan von Bayern München. Denn menschliche Abgründe offenbaren sich ja nur selten beim Siegen, sondern es sind eher die Niederlagen, an denen man erkennt, wie es um einen Menschen menschlich bestellt ist. Darüber hinaus hat so ein Verein wie der FC Bayern München ja eigentlich nie groß etwas zu verlieren, auch wenn Verein, Mannschaft und Fans sich bei einer verpassten Meisterschaft ähnlich gebaren wie andere, wenn ihr Verein abgestiegen ist.

Beim FC St. Pauli dagegen geht es eigentlich fast immer um etwas. Kaum eine Saison vergeht, in der man nicht hofft und bangt. Erst hofft man auf den Aufstieg, dann wieder bangt man um den Klassenerhalt. Reagiert man beim FC Bayern München mit Enttäuschung auf alles, was nicht der 1. Platz ist, so feiert man beim FC St. Pauli alles, was nicht der letzte Platz ist. Und so sehen manche Fans selbst in vielen Niederlagen oft noch das Positive, oder man feiert vielleicht nur einzelne Aktionen, Schüsse, Flanken, gar Einwürfe.

Nur äußerst selten reagieren Fans des FC St. Pauli mit Gewalt auf sportliche Misserfolge. Es scheint fast, dass hier das Feiern Ventil ist und nicht wie anderenorts nur rohe Gewalt herrscht und alberner Hooliganismus. Und es gibt ja auch, Gott sei Dank, immer wieder Erfolge, Siege und auch Aufstiege. Nur halt alles in Maßen. Aber ist es nicht schöner, einen Sieg zu bejubeln, nachdem man ein großes Tal der Niederlagen durchschritten hat? Kann man sich nicht viel mehr über Wasser freuen, wenn man Wochen in der Wüste gewesen ist, als wenn man gerade schwimmen war?

Ganz ehrlich, ich glaube, es ist ganz gut so, wie es ist. Manchmal meint man ja, wäre St. Pauli erfolgreicher, es würde nicht mehr ganz so viel Spaß machen. Vielleicht würde man auch hier in St. Pauli ähnlich verkniffen werden wie die Bayern, die ja die Meisterschaft auch kaum noch bejubeln, sondern eher als Mindestziel ansehen.

35. GRUND

Weil Ganzkörpertätowierungen ein guter Anfang für die ganz große Liebe zum FC St. Pauli sind

Lange Zeit sah es zwar anders aus, doch so ganz hat sich die Mode der Ganzkörpertätowierung dann leider doch nicht durchsetzen können. Und wenn überhaupt, schaffte sie es nur als abgespeckte Variante, in Form eines Tribals über dem Steiß, unter die Haut.

Ganzkörpertätowierungen galten lange Zeit als Privileg der Besserverdiener, denn Tätowierungen sind teuer, und ihr Preis berechnet sich auch nach ihrer Größe. Sprich je größer und dicker der Träger, umso teurer die Ganzkörpertätowierung. Das erklärt, warum man eher kleine Menschen ganzkörpertätowiert sieht als große.

Tätowieren ist eine Sucht, und meist kann derjenige, der einmal damit angefangen hat, nicht wieder damit aufhören, denn wann immer er etwas sieht, was ihn begeistert, so will er es auf seinem Körper verewigt wissen. Die Haut, das war das Facebook der Vorzeit. Früher konnte man nicht einfach so in einem virtuellen Raum Bilder von den Mahlzeiten, die man gerade zu sich nahm, einer Katze, die man gesehen hatte, oder ausgelassenen Festen posten. Wollte man damals ein schönes Erlebnis mit der Gesellschaft teilen, blieb im Grunde nur die eigene Haut. Dort fanden sich dann, nicht anders als heute bei Facebook, Bilder von Kindern, Freunden, Lieblingsgerichten, lustigen Tieren, lustigen Menschen oder lustige Sprüche. Denn in Zeiten zunehmender Altersdemenz war die Haut, ebenso wie heute das Internet, ein sicherer Speicher für Erinnerungen, die dort nahezu ewig währten. So ewig, dass man sie auch noch mit ins Jenseits nehmen konnte.

Ein weiterer Vorteil war, dass Tätowierungen mit mehr Aufwand und Schmerz verbunden waren als eine Mitteilung bei Facebook. Mal angenommen, Posts täten dem Verfasser weh, es würde auch dort eine angenehme Reduktion stattfinden, die dem ganzen Medium sicher guttun würde.

Einer, der diesen Trend früh erkannte – den Trend der Ganzkörpertätowierung meine ich, nicht Facebook –, war der Hamburger Theodor Vetter, der bekannt wurde unter dem programmatischen Namen Tattoo-Theo. In diesem sympathischen Verlag ist übrigens auch eine Biografie über ihn erschienen. Kannst du ja vielleicht als Nächstes lesen. Aber erst das hier zu Ende lesen.

Vetter war ein Mensch wie ein Bilderbuch. Seine Brust zierte das Schulungsschiff Rickmer Rickmers, auf dem er gefahren ist. In seinem Nacken fand sich ein großes Auge, seinen Rücken zierten mehrere Vögel, wie man auf früheren Fotos noch gut erkennen kann. Dann kamen immer mehr Tätowierungen dazu, und die alten fransten etwas aus. Am Ende ließ sich, zumindest auf den Fotos, die mir vorliegen, kaum noch sagen, wo eine Tätowierung aufhörte und die nächste begann.

Tattoo-Theo galt deutschlandweit immer als der Mann mit den meisten Tätowierungen. Knapp 260 sollen es gewesen sein. Um das zu schaffen, muss man früh anfangen. 13 Jahre alt soll er bei seiner ersten Tätowierung gewesen sein, und etwa zu jener Zeit muss auch seine Liebe für den FC St. Pauli entfacht worden sein. Eine Liebe, die niemals erlosch.

Legendär sind seine Freudentränen, als St. Pauli die Bayern besiegte. Oder die Geschichte, wie er Uli Hoeneß kistenweise Rüben liefern wollte, nachdem dieser den Platz am Millerntor als Rübenacker bezeichnet hatte. Vetter war auch in München und hatte Kisten mit Rüben dabei. Die Aktion scheiterte nur, weil man ihn nicht zu Hoeneß vorließ. Seltsamerweise. Ein vertrauenerweckender, ganzkörpertätowierter Mann, der in jedem Sympathien weckte. Jahre später überreichte Vetter Hoeneß stattdessen seine oben erwähnte Biografie. Tattoo-Theo wollte das erste Tätowiermuseum Deutschlands eröffnen, doch leider verstarb Vetter 2004, ohne dieses Vorhaben in die Tat umsetzen zu können.

Vielleicht kannst du dich noch nicht ganz dazu durchringen, den FC St. Pauli zu lieben und zu ehren, in guten wie in schlechten Zeiten. Du brauchst noch etwas Bedenkzeit, sagst du.

Nun, vielleicht fängst du erst einmal mit etwas Leichterem an. Stichwort: Ganzkörpertätowierung. Ganz nach dem Vorbilde Vetters. Vielleicht wie dieser mit einem Herzen und einem Dolch, beides soll er sich selbst gestochen haben. Hole nun bitte Nadel und Kugelschreiber und versuche erst einmal auf deinem Bein, deinen Namen zu schreiben. Später kannst du dich dann ja an eine Träne unter deinem Auge wagen, bevor ich dir dann zeige, wie du dir selbst wunderschöne Schneelandschaften auf den Rücken zaubern kannst.

36. GRUND

Weil man den FC St. Pauli auf der ganzen Welt liebt

Laut der Vereinshomepage gibt es fast 280 eingetragene Fanclubs, laut dem Fanclubsprecherrat des FC St. Pauli sollen es sogar 430 sein. Die meisten davon finden sich natürlich in Hamburg und dem Umland, doch auch im Rest von Deutschland finden sich viele Fanclubs wie etwa die *Braun-Weißen Spreepiraten*, die *Kranken Franken*, das *Paulizeirevier Weiden Oberpfalz* oder aber *Tante Pauli Regensburg*. Auch wenn es vielleicht nicht so klingt, aber die gibt es alle wirklich. Wirklich.

Doch der FC St. Pauli hat nicht nur in Deutschland viele Sympathisanten, sondern Fans von unserem Verein findet man auf der ganzen Welt – und einige von ihnen haben dann sogar auch noch Fanclubs gegründet. Es gibt etwa den *FC Sankt Pauli Athens Club*, den *Dublin St. Pauli Supporters Club* und selbst in den Niederlanden gibt es einen Fanclub namens *Die braun-weißen Tulpen*. Der 2000 entstandene Fanclub zählt mehr als 30 Mitglieder und hat sich, wie eines der Mitglieder in einem Interview mit der *taz* erklärt, gegründet als Statement gegen »neofolkloristische Folklore in der Fußballwelt«.[13] Ein anderes Mitglied gesteht an selber Stelle, dass er es erst für einen Witz gehalten habe, eine deutsche Zweitligamannschaft zu supporten. Aber wie er dort sagt, sei es gerade das Kuriose an der Idee gewesen, was ihm gefallen habe, hinzu käme der »politische Bezugsrahmen«[14] des FC St. Pauli, der ihn angesprochen habe. Man hat sogar eine eigene Fankneipe in Den Haag, in der man gemeinsam bei den Partien mitfiebert, und in der nach jedem Spiel »Das Herz von St. Pauli« laufen soll.

Sind die Niederlande noch nah, so wirken Fanclubs in von Hamburg aus betrachtet fernen Ländern auf den ersten Blick erst einmal etwas kurios. Wie etwa der *Raj Pauli*, ein indischer Fanclub, oder aber die *The Phnom Penh Pirates*, die in Kambodscha beheimatet sind und laut Selbstdarstellung auf ihrem Facebook-Profil ebenfalls einen Außenposten in Melbourne in Australien betreiben sollen.

37. GRUND

Weil ohne Knie Fußball nicht denkbar wäre

Nichts übertrifft in Anmut und Ästhetik ein Männerknie. Wie ein Chamäleon scheint es zu sein, wenn es zwischen Gehen und Stehen jeweils die Farbe wechselt, erst grell und weiß scheint, dann wieder faltig und beige. Früher waren kurze Hosen gang und gäbe, und Männerknie blitzten einem allerorten entgegen. Männerknie galten lange Zeit als das Dekolleté des Mannes, und es gab Zeiten, da trugen Männer kurze Hosen mit Stolz und Würde.

Lange ist es her. Irgendwann schlug diese Bewunderung für das männliche Knie fast schon in eine Art Hass um, von dem sich heute kaum sagen lässt, woher er kam. Aber vermutlich war es die damals aufkeimende Prüderie, und Sprüche wie »kurze Hosen, kurzer Verstand« kennen wir noch heute. Seit jener Zeit sind kurze Hosen abseits des Fußballplatzes oder des Schwimmbads verpönt, und wer sie trotzdem trägt, dem schlägt oft die Entrüstung der Gesellschaft entgegen, sodass die meisten Männerbeine nur noch selten das Licht der Welt erblicken und bleich und brach in Hosenbeinen ruhen und höchstens mal im Urlaub ein wenig an die frische Luft kommen. Männerknien sieht man das oft an. Blasse, schartig und knorpelig wirkende quallenartige Körperteile sind es heute, die nur ungern berührt werden und denen man mancherorts so viel Ekel entgegenbringt wie fremden Füßen oder den anderen Dingen untenrum.

Einer, dem die Meinung der Gesellschaft über kurze Männerhosen schon immer egal gewesen war, weil er im Grunde wusste, wie kleidsam dieses Kleidungsstück in Wahrheit ist, wie sehr es ihm zu körperlicher, aber auch menschlicher Größe verhalf, und dessen Knie sich kaum vor den trainierten Knien der Spieler zu verstecken brauchten, war Willi Bruhnsen, den alle Welt nur St.-Pauli-Willi nannte. Egal, wie kalt es war, selbst bei Schnee und Frost, und nach eigenen Aussagen bis minus 23 Grad, trug Bruhnsen kurze Hosen und stachelte mit dem Anblick seiner nackten Beine die Mannschaft des FC St. Pauli an, wie er die gegnerische Mannschaft gleichsam aus dem Konzept brachte. Reichte das nicht, so griff er auch schon mal aktiv ins Spielgeschehen ein, indem er, wie im Pokalspiel gegen Reinbek, einem Angreifer den Ball stahl, als dieser allein auf St. Paulis Tor zustürmte.

Neben kurzen Hosen trug Bruhnsen noch eine Fahne sowie eine Tröte bei sich, mit der er hinter dem Tor herumlief und gerne die gegnerischen Spieler beim Ausführen von Eckstößen und Torschüssen mit dem Lärm aus dem Konzept zu bringen versuchte. Für so viel Engagement verlieh man Willi Bruhnsen 2002, kurz vor seinem Tod, die Silberne Ehrennadel. Bruhnsen wurde mit der braunweißen Vereinsfahne beerdigt. Aber in langen Hosen. Vermutlich.

38. GRUND

Weil selbst die Bayern den FC St. Pauli lieben

Es gab einmal eine Zeit, in der, hätte man alle FC-St.-Pauli-Fans eine Rangliste ihrer zehn Lieblings-Besserverdiener anfertigen lassen, in jeder davon vermutlich Uli Hoeneß aufgetaucht wäre. Das mag auf den ersten Blick erst einmal ungewöhnlich wirken, verhält sich doch Uli Hoeneß zum durchschnittlichen FC-St.-Pauli-Fan in etwa so wie Rondo Veneziano zu der Punkband Slime. Doch kennt man die genaueren Umstände, so weiß man um die Sympathien beider Parteien füreinander, die beide lange Zeit nur im Stillen ausgelebt haben. Denn wie bei jeder Liebe war auch dieser Anfang nicht ganz leicht, und ist vielleicht noch am positivsten mit den Worten »Was sich neckt, das liebt sich« zu umschreiben.

Denn natürlich ist der FC Bayern München im Grunde der Inbegriff für die zunehmende Kommerzialisierung des Fußballs, und damit – trotz allem – noch immer so etwas wie der Gegenentwurf zum FC St. Pauli. So titelte etwa das damalige Stadionmagazin *MillernTor-Magazin* in seiner zum Spiel gegen die Bayern erscheinenden Ausgabe vom 27. Oktober 1989: »St. Pauli gegen Bayern München: Der Klassenkampf«.[15]

Hoeneß forderte daraufhin, den Verkauf des Magazins einzustellen. Eine Forderung, der das Vereins-Präsidium, nach einer DFB-Intervention, zustimmte. Auf dem Cover des Magazins sah man übrigens Theodor »Tattoo-Theo« Vetter, der mit Kutte und erhobener Faust posierte und ein Brillenmodell trägt, wie es heutzutage wieder sehr modern geworden ist. Vetter setzte eben mit vielem Trends.

Gerne wurden die Bayern am Millerntor mit Kleingeld beschmissen. Zumindest in den Jahren, in denen man sich das noch leisten konnte. Doch als der FC St. Pauli 2003 dann in finanzielle Not geriet, da war es, für viele überraschenderweise, Uli Hoeneß, der mit den Bayern anreiste, um mit einem Benefizspiel ordentlich Geld in die Kassen des FC St. Pauli zu spülen. Und spätestens da war jeglicher Zwist der Vergangenheit beigelegt, und vermutlich hätte niemand geglaubt, am allerwenigsten Uli Hoeneß, dass er einmal, wie an diesem Tag, durchs vollbesetzte Millerntor-Stadion laufen und tosenden Beifall erhalten würde. Dazu trug er übrigens eins der braunen Retter-Shirts, das an ihm wie eine zweite Haut wirkte.

2010 dann ließ sich Hoeneß in einem Interview im Rahmen der Dokumentation *Mythos FC St. Pauli* zu folgender Liebeserklärung hinreißen: »Ich hatte immer so eine kleine, heimliche Liebe für diesen Verein, weil ich immer Vereine mag, wo die Fans bedingungslos zu ihrem Verein stehen, auch in guten und wie in schlechten Zeiten. Und das hatte ich immer hier so gespürt.«[16]

Nun ja, während ich dies schreibe, kommt heraus, dass Hoeneß im großen Stile Steuern hinterzogen hat. Mehrere Millionen soll er in der Schweiz auf einem Konto deponiert haben. Von daher glaube ich nicht, dass es mit der Sympathie noch so weit her ist. Und ich weiß nicht, ob uns dann nicht doch ein anderer Besserverdiener lieber ist. Uli, Uli, wie kannst du uns nur das antun?! Nach all den Jahren.

39. GRUND

Weil im Grunde kein Vereinslogo häufiger tätowiert wurde als das des FC St. Pauli

Fußball und Tätowierungen, das ist schon seit Langem eine gute Allianz. Denn schon immer war es dem Fußballfan wichtig, zu zeigen, für welchen Verein sein Herz schlägt. Meist trägt man entsprechende Schals, Trikots und umgibt sich auch sonst äußerst gerne mit dem Wappen des Vereins, das sich auf dem Auto, der Bettwäsche oder nachgemalt an der Küchenwand findet. Doch Aufdrucke können noch so gut sein, und wie sagte sicher mal Claus Bubke, irgendwann muss alles mal gewaschen werden, und mit jeder Wäsche verliert auch der beste Aufdruck an Intensität und Leuchtkraft. Tätowierungen dagegen halten auch tägliche Hygiene ganz gut aus – manch eine Tätowierung entfaltet ihre wahre Pracht erst, wenn die Haut darüber durch stündliches Schrubben dünn und noch durchscheinender geworden ist – und selbst nach 40 Jahren ist im Grunde, zumindest in groben Zügen, noch gut zu erkennen, was dort einmal gestochen worden ist. Daher ist oft die Tätowierung das geeignetere Mittel der Wahl, um Vereinszugehörigkeit zu demonstrieren, und wer sich erst einmal das Wappen seines Vereins auf den Kehlkopf hat stechen lassen, der wird Fans, die sich einfach nur einen Button an die Jeansjacke heften oder ein T-Shirt überstreifen, im wahrsten Sinne des Wortes als Waschlappenfans abtun. Denn wenn es wirklich stimmt, dass die Liebe zum Fußballverein ewig währt, dann muss man sich auch nicht so zieren und kann das gut mal groß auf dem Rücken anzeigen. Denn anders als bei Namen des jeweiligen Lebensabschnittsgefährten oder Sprüchen wie »I Hate Lehrer« läuft man nicht Gefahr, dass diese von der Zeit eingeholt werden und dann aufwendig mit Drachen oder Nachtszenarien überstochen werden müssen.

Ich denke, dass die Tätowierung das Fanshirt bald schon eingeholt haben wird, das irgendwann nur noch Ergänzung zum gestochenen Trikot sein wird. Fans, die mit riesigen tätowierten Rückennummern herumlaufen, über denen personalisierte Kampfnamen stehen wie etwa »Bierchenmama« oder »Muppelbömme«, werden keine Seltenheit mehr sein. Gerade in der heutigen Zeit, wo es einem so vorkommt, als wären mehr Leute tätowiert als nicht tätowiert. Und vielleicht werden irgendwann die Nichttätowierten stigmatisiert, wie es ganz früher in den Anfangstagen mit Tätowierten geschehen ist. Vielleicht basteln sich Häftlinge dann aus Kugelschreibern und Fernsehfernbedienungen Laserersatz, um sich Tätowierungen damit zu entfernen. Und wer zur See fährt oder mal im Knast war, ist daran zu erkennen, dass seine Haut absolut jungfräulich ist.

Der FC-St.-Pauli-Fan hat schon seit Längerem die Tätowierung als Zeichen des Ausdrucks seiner Vereinsliebe entdeckt. Und oft findet sich auf seiner Haut mehr als nur Vereinsname, Vereinswappen oder der Totenkopf, der, würde man ihn als St.-Pauli-Logo anerkennen, das am häufigsten tätowierte Fußballvereinslogo sein müsste.

Es gibt einen Fan namens Armin Moysen, der sich die subjektiv schönsten Szenen der Vereinsgeschichte hat tätowieren lassen. Etwa die legendäre Szene, als Deniz Naki 2009 die St.-Pauli-Fahne in den Rasen Rostocks rammte. Oder wie Benedikt Pliquett sich 2011 nach dem Sieg gegen den HSV derart freute, dass er gegen die Eckfahne mit der HSV-Flagge trat. Auch das Porträt des schreienden Holger Stanislawski findet sich auf der rechten Wade, und anders als anderenorts geht man in Hamburg nicht mit einem schnöden Foto zum Tätowierer, sondern man nimmt gleich das Original mit. So geschieht es bei Pin-ups, Drachen und eben auch bei Stanislawski, der leibhaftig Modell für diese Tätowierung saß.

40. GRUND

Weil St. Pauli the most Rock'n'Roll Club in the world ist

Die Aussage, dass Fußball für denjenigen, der sich nicht für Fußball interessiert, im Grunde völlig langweilig sei, ist so simpel wie einleuchtend. Und wer kennt sie nicht, die Bilder aus den Stadien in aller Herren Länder, auf denen man aufgebrachte Männer, nur bekleidet mit Schal und Bierdose, mit hochrotem Kopf schimpfen sieht, während auf dem Sitzplatz neben ihnen ihre Frau gelangweilt in die Gegend blickt, vielleicht sogar schläft.

Die Scheidungsrate ist heutzutage hoch. Doch sie wäre noch viel höher, wären es nicht immer wieder die Frauen, die vorgeben würden, die Interessen des Mannes – gerade das für Fußball – zu teilen. Ein hehres Vorhaben, das manche über Jahre aufrechtzuerhalten wissen. Doch irgendwann dringt auch durch die beste Fassade die lähmende Müdigkeit, die sich in all den Jahren der regelmäßigen Stadionbesuche aufgestaut hat und sich nun mit voller Wucht entlädt. Spätestens mit dem Geschenk einer Dauerkarte zum Hochzeitstag geschieht es, dass die Frau einfach nicht mehr dagegen ankann und jeglichen Widerstand aufgibt.

Oft ist der Mann anfangs noch so mit seinem sanften Hooliganismus beschäftigt, dass ihm gar nicht gleich auffällt, dass die Frau neben ihm schläft, und dass es sich bei dem dunklen Fleck auf ihrem Trikot nicht um Bier handelt. Erst nach ein paar Stadionbesuchen entdeckt er, dass die Frau seine Leidenschaft nicht nur nicht teilt, sondern diese sogar Langeweile in ihr auslöst. Der Mann fühlt sich in der Konsequenz verraten, hintergegangen und betrogen. Streit ist die Folge, an dessen Ende nicht selten die Scheidung steht. Denn natürlich ist das Vertrauen des Mannes erst einmal angeknackst, und nicht selten lässt es sich auch nicht mehr wiederherstellen. Der Mann sucht Trost im Stadion, engagiert sich in der Fanszene, gründet vielleicht selbst einen reinen Männerfanclub als Partnerschaftsersatz.

Ganz anders ist das beim FC St. Pauli, wo man sogar mutmaßt, dass viele ins Stadion gingen, die sich normal kaum oder gar nicht für Fußball interessieren. Von vielen, die sich für Fußball interessieren, wird das auch oft bemängelt. Doch ich glaube, gerade deshalb sind die Fans des FC St. Pauli so glücklich wie kaum andere Fans, denn dort kann man auch mit der fußballdesinteressierten Freundin, dem fußballdesinteressierten Freund oder den fußballdesinteressierten Kindern hingehen, ohne dass diese drohen, sich zu langweilen. Denn die Stimmung dort ist so gut, dass man meist augenblicklich mitgerissen wird. Deshalb ist selbst an kalten Tagen schon Stunden vor dem Anpfiff viel los im Stadion. Und vielleicht hat das britische Fußballmagazin *FourFourTwo* den FC St. Pauli deshalb »The most Rock'n'Roll Club in the world« genannt. Weiß man's.

41. GRUND

Weil der FC St. Pauli den ersten professionellen Fan der Welt beschäftigte

Die meisten Menschen sind ja Fan von irgendetwas. Seien es Briefmarken, die man in Alben sammelt und hin und wieder daraus hervorholt, um daran zu lecken. Oder aber man ist Fan von Kühen und lebt diese Liebe aus, in dem fast alles, was man besitzt, schwarz-weiß gefleckt daherkommt: Toilettenvorleger, Bettwäsche, Strümpfe, dazu kommen unzählige Kühe in Miniaturformat, die in jedem Schrank herumstehen und Putzigkeit zu verbreiten versuchen. Andere wieder wissen alles über Elvis, sehen aus wie Elvis, haben jeden Ort, an dem Elvis einmal gewesen sein soll, besucht und fotografiert und glauben fest daran, Elvis würde noch leben und sie eines Tages besuchen kommen. Natürlich ist manch eine Fan-Liebe anstrengender als die andere, doch was alle eint, ist meist, dass man Fan privat ist und kein Geld dafür bekommt. Ganz im Gegenteil, meist verschlingt das Hobby ja enorme Summen. Professionelle Fans, also Fans, die ihr Fantum zum Beruf gemacht haben, sind äußerst selten. 1967 kam das Phänomen des Jubelpersers auf, doch das ist im Grunde etwas völlig anderes.

Einer der wenigen, der es geschafft hat, sein Hobby zum Beruf zu machen, ist Sven Brux, der im Grunde so etwas wie der erste professionelle Fan des FC St. Pauli gewesen ist. Brux ist 1986 durch seinen Zivildienst nach Hamburg gekommen, den er hier dann typisch hamburgesk im Deutschen Seemannsheim absolvierte. Hier soll er dann schon kurz nach seiner Ankunft in der Hansestadt Fan des FC St. Pauli geworden sein.

Brux war es, der 1989 das legendäre Fanzine *Millerntor Roar* (siehe Grund 46) mitgründete, das, so Brux in einem Interview mit dem Musikmagazin *Ox*, aus einer Initiative heraus entstanden sei, die den damaligen Stadionneubau, den sogenannten Sport-Dome, verhinderte. Kurz darauf wurde Brux der erste Fanbeauftragte. Der Posten, so Brux an selber Stelle, sei entstanden, weil der Einfluss aus der linken Szene zum damaligen Zeitpunkt immer größer wurde, sodass der Verein nicht mehr dran vorbeigekommen sei.[17] Brux, der nicht nur Fan, sondern zu jener Zeit auch Punk war – wie man schön auf alten Fotos auf punkfoto.de sehen kann –, schien die ideale Besetzung. Er wurde der erste Angestellte im 1990 gegründeten Fanladen.

Sven Brux hat wie kein anderer die Fanszene des FC St. Pauli geprägt. Nicht nur durch das bereits angesprochene *Millerntor Roar*, auch an dem Nachfolgemagazin *Übersteiger* war er maßgeblich bis 1998 beteiligt. Er gründete das *Bündnis aktiver Fußballfans* (BAFF) mit, deren vorrangiges Ziel »der Erhalt der historisch gewachsenen Fankultur als Stadion-Live-Ereignis mit hohem Unterhaltungs- und sozialem Integrationswert« ist, wie es auf der Homepage heißt.[18] BAFF kämpft gegen Rassismus und Diskriminierung, gegen die übertriebene Kommerzialisierung des Fußballs mit all ihren negativen Auswirkungen und gegen die zunehmende Repression vonseiten der Polizei und der Ordnungskräfte.

Auch die Fankneipe *Jolly Roger*, die sich in der Budapester Straße, direkt gegenüber dem Millerntor-Stadion befindet, soll Brux mitgegründet haben. Heute ist Brux Organisationsleiter und Sicherheitschef des FC St. Pauli und zu seinen Aufgaben gehören vor allem die Durchführung von Veranstaltungen, vor allem der Heimspiele, aber auch die Vorbereitung von Sitzungen mit Polizei und Fanprojekten. Außerdem hat Brux auch die Open-Air-Konzerte, etwa das zum hundertjährigen Bestehen des Vereins, mit organisiert.

42. GRUND

Weil wen oder was willst du denn sonst lieben?

Irgendwas braucht doch jeder, was er liebt und was ihm Halt im Leben gibt. Manche haben Hunde, andere Beziehungen. Einige wieder haben große, originalgetreue Modelleisenbahnen im Hobbykeller stehen, an deren Gleisen sie sitzen und den kleinen Zügen beim Fahren zusehen. Ihnen können sie alles erzählen. Modelleisenbahnen hören zu, und das metallische Rauschen gibt ihnen ein Gefühl von Geborgenheit, das Drehen am Trafo ein Gefühl von Macht und Überlegenheit.

Doch natürlich haben solcherlei Verbindungen auch Nachteile. Hunde etwa brauchen viel Auslauf und ständig muss man Dosen mit braunem, glitschigem Inhalt öffnen. Modelleisenbahnen können oft nicht raus aus ihrer Haut, dem Gleisbett, und so sind sie meist nur kurz fähig, den Modelleisenbahnfan aus seinem Alltagstrott zu reißen. Und man wird sehen, dass die Beziehung oft eintönig wird und einzuschlafen droht. Ein Prozess, den manch einer mit immer größeren und originalgetreueren Gleisanlagen zu kompensieren versucht. Siehe dir hierzu ruhig auch das Miniatur-Wunderland in Hamburg an.

Und Beziehungen, wer weiß es nicht, können schön sein, aber auch schön anstrengend. Außerdem muss man sich meist zusammenreißen, kann nicht so sein, wie man wirklich ist, und wenn man mal ehrlich ist, halten viele Beziehungen doch nur, weil man einander jemanden vorspielt, der man nicht ist, aber von dem man annimmt, der andere habe sich all die Jahre nach diesem gesehnt.

Im Stadion dagegen ist es egal, ob man riecht. Ob man gut zuhören kann. Und selbst wenn man zu viel getrunken hat, stört das dort kaum wen. Meist wird es sogar ganz gerne gesehen. Außerdem hält so eine Liebe zum Fußballverein, man muss es leider so sagen, ja heutzutage für gewöhnlich auch länger als eine Beziehung oder Ehe. Es kommt nur selten vor, dass Fans, wie es bei Spielern gang und gäbe ist, ihren Verein zugunsten eines anderen aufgeben. Statt des Trauscheins gibt es bei der Liebe zu einem Verein die Dauerkarte, die so etwas wie ein Trauschein für eine Saison ist, an deren Ende man sich dann jedes Jahr wieder überlegen kann, ob die Liebe noch groß genug ist, um die Dauerkarte ein weiteres Jahr zu verlängern. Gerade in St. Pauli gibt es kaum wen, der das nicht tut. Und im Hinblick auf diesen Erfolg sollte man vielleicht auch nach diesem Prinzip mit dem Trauschein verfahren.

Doch auch als St.-Pauli-Fan hatte man schon die Möglichkeit, seine Vereinsliebe zu zeigen, bis dass der Tod euch scheidet. Es war im Mai 2005 – ja, ja, man brauchte mal wieder Geld, blabla –, als der Verein 250 Lebensdauerkarten, aus denen dann doch 450 wurden, verkaufte. Im Gegensatz zu einer richtigen Hochzeit und der damit eventuell verbundenen Scheidung waren diese mit 1.910 Euro für den Stehplatz und 3.910 Euro für den Sitzplatz vergleichsweise günstig.

43. GRUND

Weil der FC St. Pauli den besten Fanladen der Welt hat

Die Fankultur des FC St. Pauli ist etwas ganz Besonderes, das in dieser Form vermutlich nur hier existiert. Fans, die nicht nur ihre Liebe zum Fußballverein ausleben, sondern sich darüber hinaus sozial und politisch engagieren, ja, sogar einen kritischen Blick auf den Verein werfen und gegen diesen auch immer mal wieder protestieren, ist man mit Entscheidungen der Führungsetage nicht einverstanden, das gibt es sicherlich nicht oft. Und ohne die Fans wäre der Verein ein anderer. Das ist ganz sicher.

Und wie die Fans ist auch der Fanladen des FC St. Pauli ein ganz besonderer, der immer als Vorbild für alternative Fankultur gilt. Seine Aufgaben liegen neben der Koordination von Auswärtsfahrten, Organisation von Fan-Club-Fußballturnieren und internationalen Fanbegegnungen vor allem in der gewaltpräventiven Arbeit mit jugendlichen Fußballfans.

Der Fanladen arbeitet unabhängig vom FC St. Pauli, wenngleich man natürlich eng miteinander kooperiert. Laut Selbstdarstellung auf der Homepage des Fanladens versteht man sich als »Vertreter und kritischer Beobachter der Fans des FC St. Pauli, als ›Anwalt‹ für die Fans bei Problemen mit dem Verein, Polizei, Ordnungsdienst oder Behörden und gleichzeitig als Vermittler zwischen Fans und dem Verein.«[19]

Seit dem 15. Februar 1990 existiert der Fanladen, der sich heute, nach einigen Umzügen, in der Brigittenstraße 3 befindet, so nah am Stadion, dass das Millerntor Roar an Spieltagen bis hierher schallt.

44. GRUND

Weil der FC St. Pauli klare Zeichen gegen Homophobie setzt

Seit dem 11. Juli 2013 weht über der Südtribüne des Millerntor-Stadions die Regenbogenfahne, die international als Symbol der Schwulen- und Lesbenbewegung gilt und die der Verein gemeinsam mit dem Aktionsbündnis gegen Homophobie und Sexismus hisste. Zu der Aktion erklärte Dr. Gernot Stenger, der Vizepräsident des FC St. Pauli, auf der Vereinshomepage: »Der Verein engagiert sich seit Jahren gegen Homophobie und Diskriminierung. Mit dieser Flagge setzen wir ein weit sichtbares Zeichen, dass diese Themen beim FC St. Pauli große Wichtigkeit haben und wir mit Nachdruck an ihnen arbeiten.«[20]

45. GRUND

Weil der FC St. Pauli ohne die Fans vermutlich ein Fußballverein wäre wie jeder andere auch

Man muss es einmal ganz deutlich sagen: Ohne die Fans wäre der FC St. Pauli ganz sicher nicht das, was er heute ist. Und wenn es überhaupt einen Mythos FC St. Pauli gibt, dann hauptsächlich wegen der Fans. Denn gäbe es diese Fans nicht, ist ernsthaft zu bezweifeln, ob der FC St. Pauli sich überhaupt groß von anderen Fußballvereinen unterscheiden würde.

Die Fans haben das Image dieses Vereins entscheidend geprägt. Oft geschah dies in Form von Protest, mit dem man sich gegen Entscheidungen der Vereinsführung auflehnte und auflehnt. Ohne die Fans würde das Stadion ganz sicher nicht mehr Millerntor-Stadion heißen, sondern vermutlich, wie andere Stadien auch, den Namen eines großen Konzerns tragen. Und ohne die Fans würde man im Millerntor mit Millerntalern bezahlen, die der Verein 2008 einführen wollte. Was bei anderen Vereinen einfach hingenommen wurde, führte beim FC St. Pauli sofort zum Protest, und unter dem Motto »Eure Taler sind nicht unser Bier« wurden Unterschriften gesammelt und eine Homepage eingerichtet. In der Folge nahm man Abstand von diesem Vorhaben. So war es auch, als man den »Sport-Dome« plante, eine Art riesiger Event-Arena, die man hier am Millerntor errichten wollte, in der neben einem Fußballstadion auch Hotels und ein Parkhaus integriert werden sollten. Dort sollten nicht nur Fußballpartien ausgetragen werden, sondern auch noch andere Sportveranstaltungen, Konzerte und Events stattfinden. Doch schnell wurde unter den Fans der Protest groß. Wieder sammelte man Unterschriften, Demos wurden organisiert, zu denen bis zu 2000 Teilnehmer kamen. Sehr eindrucksvoll war auch der stille Protest im Frühjahr 1989 beim Heimspiel gegen den Karlsruher SC, als mit einem Mal das vollbesetzte Stadion schwieg. Für fünf Minuten herrschte absolute Stille. Das hatte es zuvor noch nie gegeben, und es schien Wirkung zu zeigen. Auch dieses Projekt gab man bald darauf auf.

Bevor die linken Fans Mitte der Achtziger den FC St. Pauli für sich entdeckten, dümpelte der Verein eher vor sich hin. Kamen, laut der Vereinsenzyklopädie von Ronny Galczynski und Bernd Carstensen, in der Saison 1985/86 im Schnitt nur 2.196 Zuschauer, so waren es in der Saison darauf schon 8.126, und 1989/90 waren es dann bereits 19.000 Zuschauer. Der FC St. Pauli war ein Arbeiterverein. Hinzu kam der Standort St. Pauli, das damals schon ein Herz für Linke hatte, und mit der Hafenstraße eins der größten Punk-Domizile der Welt beheimatete. Außerdem hatte man große Geldsorgen und stellte damit, ob gewollt oder ungewollt, eine Art Antithese zum großen Rivalen HSV dar, zu dem zu jener Zeit durchaus einige Punks gingen. Denn viele wuchsen mit dem Verein auf. Oder wie sagte es Dirk Jora, der Sänger der Band Slime, in einem Interview mit der *WOZ – Die Wochenzeitung*: »Ich bin 1960 geboren, 1966 nimmt dein Vater dich an der Hand und bringt dich ins Volksparkstadion zum HSV, wo Uwe Seeler spielt. So wirst du als Kurzer HSV-Fan. Die ganze Hamburger Punkszene ist zum HSV gegangen.«[21] Vor diesem Hintergrund erklärt sich auch der durchaus ernst gemeinte Song *Block E – hier regiert der HSV!*, den Slime Anfang der Achtziger auf der LP *Yankees raus* veröffentlichten.

Allerdings begann es zu jener Zeit, dass in Stadien zunehmend rechte Propaganda betrieben wurde, und »Sieg Heil«- und »Ausländer raus«-Rufe waren leider keine Seltenheit. Im Volksparkstadion und in anderen Stadien schien es selbstverständlich geworden zu sein, dass Fans die Reichskriegsflagge schwenken, sodass es irgendwann als links denkender Fan kaum noch vertretbar war, dorthin zu gehen. Einmal abgesehen davon, dass es auch gefährlich werden konnte.

Der FC St. Pauli schien eine gute Alternative zu sein, obwohl der Verein damals noch nicht dieser weltoffene, tolerante Verein war, der er heute ist. Damals gab es auch im Stadion des FC St. Pauli durchaus rassistische Parolen und vor dem Stadion wurden Reichskriegsflaggen verkauft. Doch als nun immer mehr linke Fans kamen, machten diese kurzen Prozess und schmissen die rechten Fans aus dem Stadion. Und nachdem es in einem Spiel zu rechtsradikalen Äußerungen gekommen war, verfasste man einen offenen Brief, aus dem du einen kurzen Auszug im 33. Grund findest.

Es brauchte etwas, bis sich die alteingesessenen St. Paulianer Fans an die neuen Fans gewöhnten. Viele waren entsetzt, als mit einem Mal Horden von Punks die Gegengerade bevölkerten. Oder wie schildert es das Ehepaar Reckhard, die ehemaligen Betreiber des Clubheims, in der NDR-Reportage *Mythos FC St. Pauli*: »Es war erschreckend. […] Wenn die dann reinkamen. Ja, ja, sie sahen nach Krawall aus. Lange Haare. Wie so Punker. […] Ungepflegt. Scheinbar ungepflegt. Doch die waren ungepflegt. Und wild gestikulierend.«[22]

Doch schließlich gewöhnte man sich aneinander und begann sich sogar zu mögen. Und es bleibt zu bezweifeln, ob der FC St. Pauli ohne diese Fans wirklich zu dem geworden wäre, was er heute ist. »Non established« wäre er auf alle Fälle nicht.

46. GRUND

Weil das *Millerntor Roar* die Mutter aller Fußball-Fanzines ist

Das *Millerntor Roar* gilt als die Mutter aller Fußball-Fanzines. Die erste Ausgabe erschien am 29. Juli 1989 zum Auftaktspiel der Saison gegen Werder Bremen. Sie kostete damals 50 Pfennig. Entstanden ist das Magazin aus einer Initiative von Gegnern des damals geplanten Stadionneubaus, des sogenannten Sport-Dome, von denen ein Teil bereits für das offizielle Stadionmagazin *FC St. Pauli aktuell* geschrieben hat. Doch nachdem man dort kritischere Berichte über den Verein nur in abgeänderter Form veröffentlicht hatte, sodass, wie es in der *Vereinsenzyklopädie* heißt, die Aussagen ins Gegenteil verkehrt worden wären, beschließt man ein eigenes Magazin zu gründen.[23] Dabei soll es nicht ausschließlich nur um fußballrelevante Themen gehen wie der Untertitel »Fans, Fußball, Viertel« schon andeutete.

Das *Millerntor Roar* wurde zu einem Sprachrohr für die Fans, und es soll mit dafür gesorgt haben, dass zum Beispiel ein Verbot von rechtsradikalen Äußerungen in die Stadionordnung mit aufgenommen wurde. 28 Ausgaben lang gab es das *Millerntor Roar*, bevor dann am 18. April 1993 die letzte Ausgabe erschien. Teile der Redaktion gründeten kurz darauf die Magazine *Übersteiger* und *Unhaltbar*.

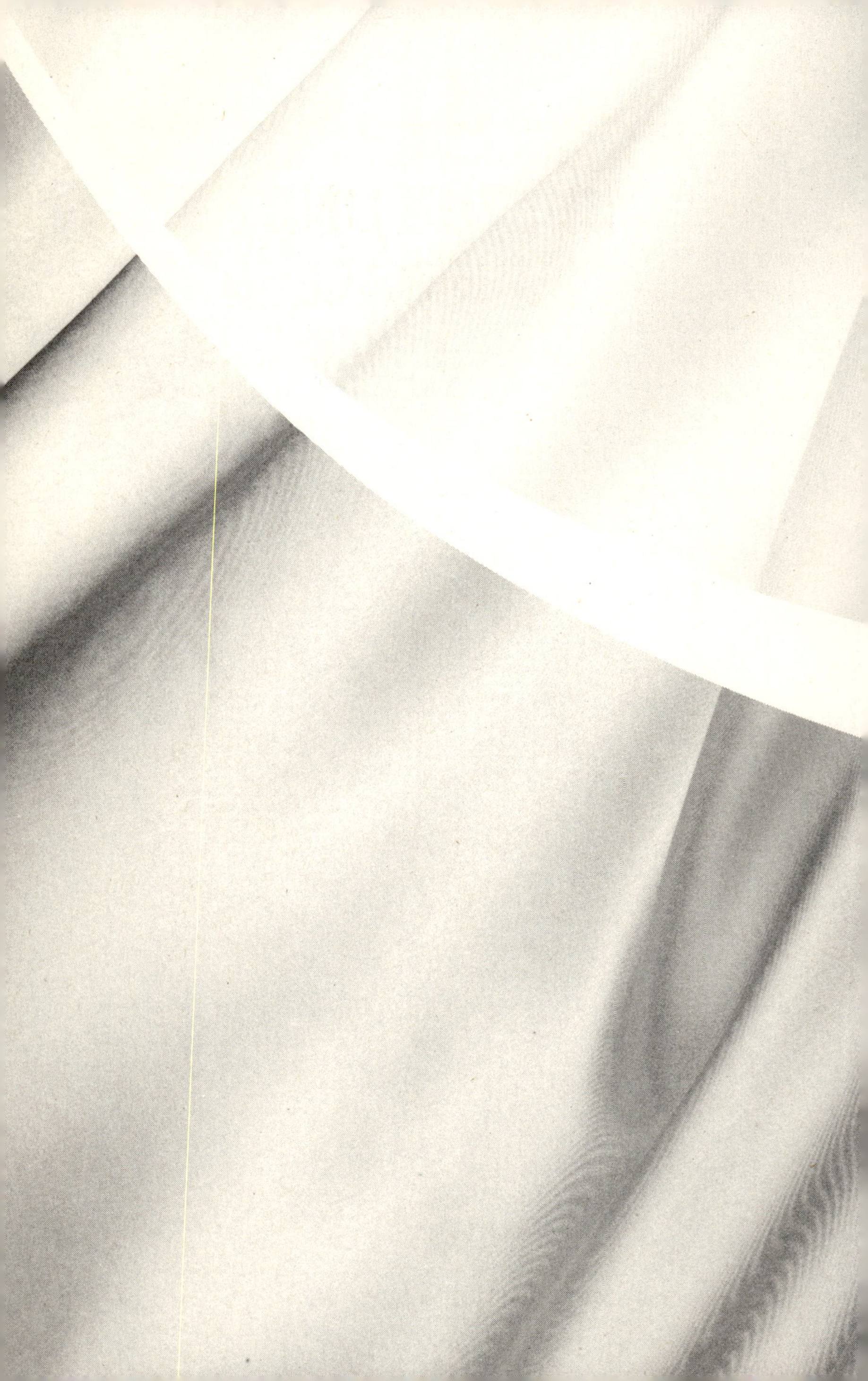

5. KAPITEL

KULTUR UND FUSSBALL

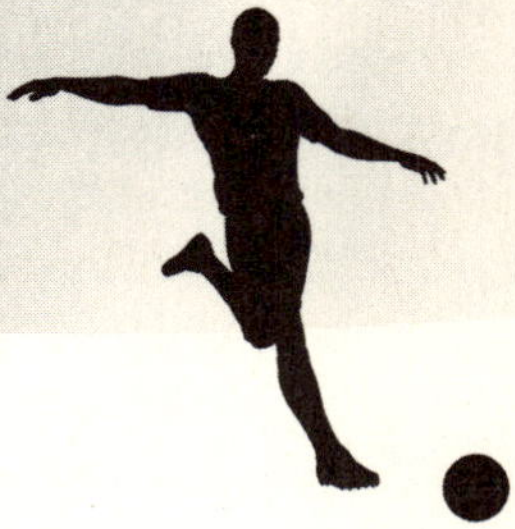

47. GRUND

Weil Günter Grass in Wahrheit doch dein Lieblingsschriftsteller ist

Günter Grass, dieser Lieblingsautor aller Fußballfans, ist einer der wenigen Schriftsteller, die einmal im Millerntor-Stadion gelesen haben. 2004 war es, der Verein brauchte wieder einmal Geld. Tausend, ich sag ruhig mal, Fans waren da. Das wirkt im Vergleich zu einem Spiel des FC St. Pauli natürlich verhältnismäßig wenig, doch bedenkt man, dass eine Lesung sich zu einem Fußballspiel eher diametral verhält, so muss man sagen, dass es eigentlich recht voll gewesen ist. Denn es gibt nur wenige Gemeinsamkeiten zwischen Lesungen und Fußballpartien. Während beidem wird gerne Bier getrunken, ruhig auch viel. Die Besucher tragen Schals, wenngleich bei einer Lesung selten bis gar nicht der Name des Schriftstellers darauf zu finden ist. Und die Schals werden auch während der Lesung nicht hochgehalten. Was eigentlich schade ist, wie ich finde.

Im Gegensatz zu einem Fußballspiel muss man bei einer Lesung absolut ruhig sein. Selbst wenn man vielleicht bei einigen Passagen mitfiebert, Naturlyrisches einen in Euphorie versetzt, dass es kaum auszuhalten ist, oder aber man sich über bestimmte Aussagen sehr ärgert – nein, bei einer Lesung muss man stumm dasitzen und sich so reglos wie möglich verhalten. Selbst aufs Klo darf man nur in Notfällen, und man kann sich der missbilligenden Blicke der übrigen Zuhörer gewiss sein. Oft auch des Lesenden, denn nicht selten sind auf so einer Lesung nur so wenig Leute, dass jeder Einzelne auffällt. Im Gegensatz zum Stadion wird bei einer Lesung Anonymität kleingeschrieben. Deshalb sollte auch die Kleidung mit Bedacht gewählt werden: quietschende Lederkleidung, raschelndes Polyester, Klimperbesatz – all das sollte man bei einer Lesung tunlichst vermeiden. Deshalb haben sich Cord und Baumwolle in der Literaturszene durchgesetzt. Das sind nicht nur sehr stille

Stoffe, nein, oft genug verleihen eine Cordhose und ein dunkler Rollkragenpullover ihrem Träger eine Aura der Belesenheit und Eloquenz. Mehr verrät sie nicht. Nichts darüber, ob man ein Fan des Vortragenden ist oder der seines Gegners, der in der Literaturszene natürlich nicht so heißt, sondern den man dort Kollege nennt – was nicht selten aber trotzdem dasselbe meint. Im Stadion dagegen zeigt man mit seiner Kleidung ganz deutlich, zu wem man gehört. Nicht nur dass sich der Vereinsname gut sichtbar auf Trikot, Jacke, Mütze, vielleicht auch der kurzen Hose findet, nein, meist kleidet man sich auch strikt nur in den Farben des Vereins. Denn so ein Fußballverein hat im Gegensatz zum Schriftsteller Vereinsfarben, wohingegen der Schriftsteller, wenn überhaupt, nur die Erkennungsfarbe Schwarz hat, und Schwarz, das wissen wir alle, ist in Wahrheit gar keine Farbe.

Schriftsteller haben auch fast nie Maskottchen, die während der Lesung im Hintergrund der Buchhandlung lustig herumspringen, und auch gewaltbereite Literaturfans, die sich mit Fans anderer Literaten vor der Buchhandlung prügeln, bleiben die Ausnahme. Selbst Fangesänge sind bei einer Lesung eher ungewöhnlich bis fehl am Platz (»Ein Wort / Ein Wort / Ein Wort, Ein Wort, Ein Wort, / Günter Grass / Günter Grass / Günter Grass sag ein Wort«), genauso wie Schiedsrichter, die bestimmte Passagen abpfeifen oder ganz des Textes verweisen. Manchmal ist auch das schade. Genauso schade wie der Umstand, dass es keine festgelegte Lesezeit gibt, denn viele Autoren neigen zur Verlängerung. Im Gegensatz zu Fußballspielen steigt dadurch nur selten die Spannung.

Günter Grass las damals im Millerntor-Stadion zweimal 45 Minuten, und am Ende bekam er einen Schal überreicht.

48. GRUND

Weil Kunst und Fußball beim FC St. Pauli nah zusammengerückt sind

Malende Fußballer wie etwa HSV-Ikone Rudi Kargus sind heutzutage ja keine Seltenheit mehr. Profispieler, die nach dem Training ihre Eindrücke in großformatigen Ölbildern verarbeiten oder aus Leder riesige unförmige Skulpturen fertigen, mit denen sie den auf dem Platz entstandenen Druck abbauen, daran haben wir uns mittlerweile gewöhnt. Auch wenn es am Anfang seltsam war, denn der gemeine Fußballer hat doch erst einmal wenig von den androgynen Künstlertypen mit den verrückten Frisuren und der seltsamen Kleidung, die wir sonst von unseren wöchentlichen Vernissage-Besuchen kennen.

Doch fast scheint es, als wäre gerade der Fußballer prädestiniert für die Kunst, eben weil er sich jahrelang im Grunde nur mit Fußball befasst hat und sich dadurch einen fast naiven und jungfräulichen Blick auf die Welt bewahrt hat. Er entdeckt die Welt für uns neu, fast wie mit Kinderaugen. Außerdem sind seine Hände in dem jahrelangen Training immer vernachlässigt worden, denn die meiste Zeit schwangen diese ja einfach nur reglos am Ende der Arme am Körper entlang, sonst taten sie nichts. Auch das kommt nun der Kunst zugute, denn die Hände der meisten Profifußballer sind oft klein und zart und somit bestens geeignet für filigrane Arbeiten, wie sie die meisten Kunstwerke erfordern. Kleine Pinselstriche, das Formen winziger Rosetten, das Anfertigen winziger Schnurrbarthaare kleinster Kätzchen – all das stellt für die zarten Hände eines Profifußballers keine Herausforderung dar. Und so ist es oft die Kunst, die dem Profifußballer nach Ende seiner Karriere das Einkommen sichert. Es scheint, dass dieser Trend der Fußballer-Kunst gerade erst im Kommen ist.

Doch wäre es nicht noch schöner, diese Kunst nicht einfach nur in sterilen Galerien zu zeigen, sondern an den Orten, die den Künstler geprägt haben? Ja, das wäre es. Es scheint daher fast folgerichtig, dass Kunst nicht nur in Galerien, sondern auch im Stadion ausgestellt werden muss. Doch wo anderenorts höchstens mal Aktbilder von behaarten Männerbeinen hängen, da gibt es im Millerntor-Stadion regelmäßig Ausstellungen unter dem Titel »Millerntor Gallery«. Initiiert wird das Ganze vom FC St. Pauli und dem Projekt Viva con Agua, dem auch die Einnahmen zugutekommen. In der Haupttribüne und der Südkurve hängen die Werke, die auch über die Vernissage hinaus dort zu bewundern sind und so vermutlich von mehr Leuten betrachtet werden, als es je in einer anderen Galerie möglich wäre. Und wer weiß, vielleicht sind bald schon Vernissagen mit 20.000 Gästen denkbar. Wären natürlich eine Menge Mettbrötchenhälften und Sektflöten, oder was auch immer man heutzutage bei Vernissagen reicht.

49. GRUND

Weil auch andere Mütter schöne Bücher haben

Auch andere Mütter haben schöne Bücher, die du dir unbedingt ansehen solltest. Die meisten haben auch mehr Bilder als dieses Werk. Anfangs hatten der Verlag und ich gedacht, eine Art Folianten zu erstellen, mit bunten Hochglanz- und Aufklappbildern und kleinen Gimmicks. Dann haben wir uns allerdings ganz bewusst für die Reduktion entschieden, weil wir merkten, dass der Text stark genug ist, um selbst Bilder in deinem Kopf zu erzeugen. Kaum eine Fotografie wäre gegen diese Mammuts von Texten angekommen.

Trotzdem waren mir die Werke der anderen Autoren eine große Hilfe, und dafür möchte ich mich erst einmal bei euch bedanken. Danke. Sehr lohnend ist vor allem das Buch *FC St. Pauli. Das Buch* von dem Autoren-Duo Christoph Nagel und Michael Pahl. Und falls wir uns je einmal begegnen, ich gebe Bier aus. Versprochen.

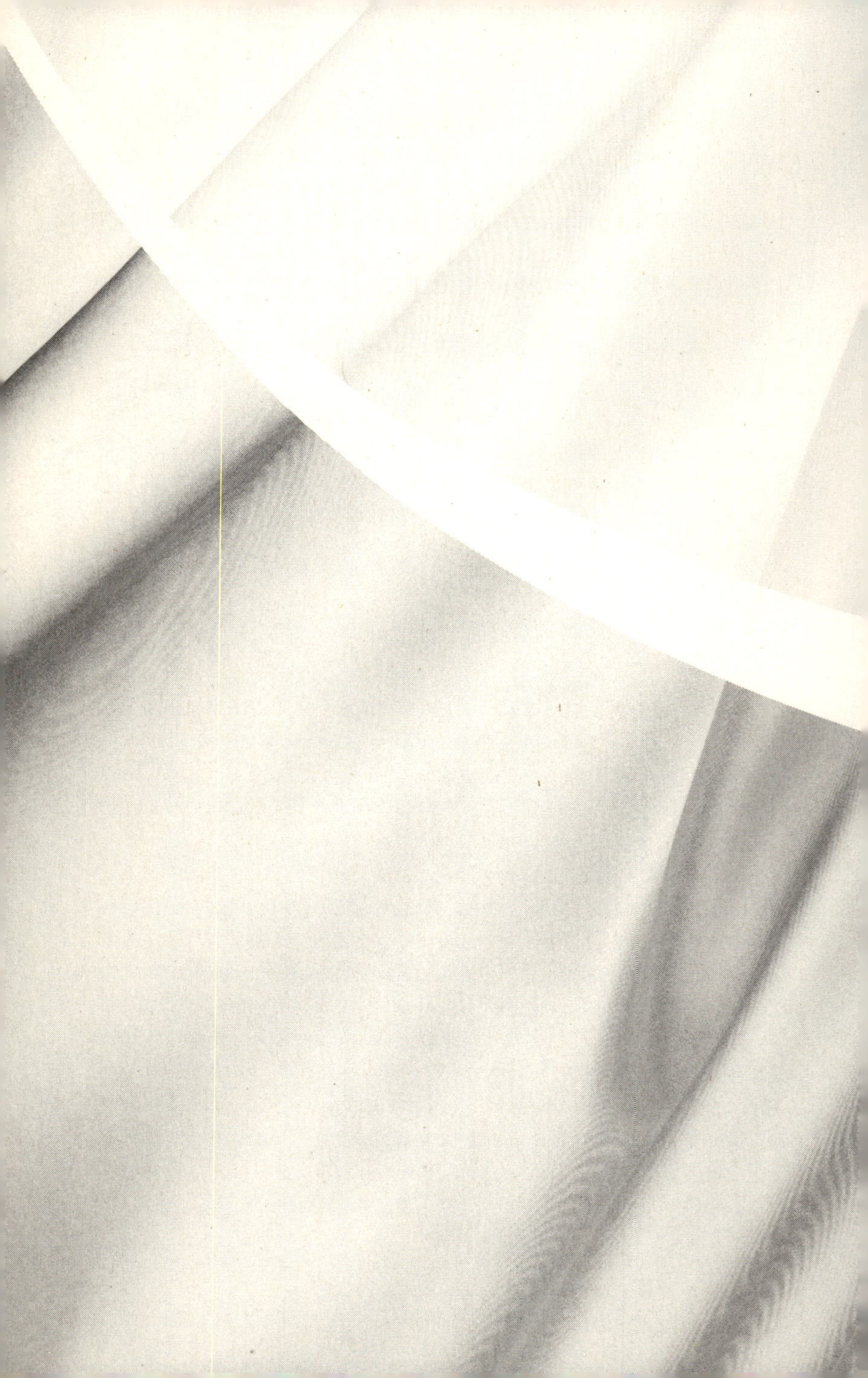

6. KAPITEL

DIE WAHRHEIT UND NICHTS ALS DIE WAHRHEIT ÜBER DEN FC ST. PAULI

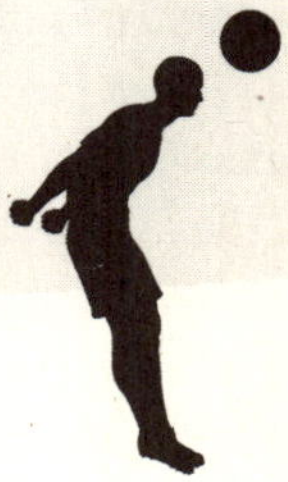

50. GRUND

Weil niemand siegt am Millerntor

Dass niemand siegt am Millerntor, wissen die meisten Mannschaften. Was dazu führt, dass es nicht gerade selten passiert, dass man im voll besetzten Stadion sitzt und auf das Auflaufen der gegnerischen Mannschaft wartet, die dann aber wider Erwarten doch nicht erscheint. Stadionsprecher Rainer Wulff verkündet dann oft, dass sich die Mannschaft telefonisch von unterwegs gemeldet habe. Man würde nicht mehr kommen. Manchmal werden Unfälle oder Unpässlichkeiten vorgeschoben, doch gerade in der Vergangenheit wurde offen zugegeben, dass es ja ohnehin keinen Zweck haben würde, denn niemand siege eben am Millerntor. Solche Spiele werden dann mit 2:0 gewertet, und wenn man sich einmal die Statistik ansieht, wird man sehen, dass St. Pauli viele Heimspiele mit 2:0 gewonnen hat. Alles Spiele, bei denen die gegnerische Mannschaft nicht auftauchte.

Wer sich doch ins Stadion wagt, dem ist die Angst anzusehen. Fußballer, bleich bis zu den behaarten Beinen, die nicht selten von Kindern an der Hand herausgeführt werden müssen, um sich überhaupt aufs Spielfeld zu wagen. Oft drücken sie sich dann eng aneinandergepresst im eigenen Strafraum rum und hoffen, dass die 90 Minuten schnell vorübergehen. Manch einer täuscht eine Ohnmacht vor, anderen wieder wird wirklich schlecht vor Angst und man sieht sie heimlich an die Eckfahnen brechen.

Warum niemand außer St. Pauli am Millerntor siegt, gab und gibt Fußballforschern auf der ganzen Welt Rätsel auf. Doch so recht entschlüsseln ließ sich dieses Mysterium bis heute nicht. Vermutlich liegt es an der guten st. paulianischen Luft, die die paulianischen Sportler zu Höchstleistungen antreibt, während dieses Klima für andere einfach zu ungewohnt ist. Das ist wie auf einem Berg. Und dann sind es natürlich die Fans, die jeden gegnerischen Spieler einschüchtern. Diese werden doch sofort angebrüllt, kaum dass sie den Platz betreten haben. Viele sollen sich deshalb in ihren Vertrag eine Klausel haben einfügen lassen, dass sie nicht am Millerntor spielen. Wieder andere sollen Extraprämien kassieren, wenn sie dort auflaufen.

Und so wird jedes Heimspiel wieder von einem großen Bangen begleitet, ob überhaupt wer vom gegnerischen Team auftaucht. Manches Mal kann man den Bus schon von Weitem sehen, doch dann bremst dieser mit einem Mal abrupt ab, wendet und verlässt mit Vollgas die Stadt.

Falls niemand kommt, hat man Gott sei Dank ein Ass im Ärmel. Eine Art Alternativunterhaltungsprogramm. Der gute, alte Pausenhund, der schon in den Neunzigern während der Spielpause für gute Laune sorgte. Er kommt dann wieder aufs Spielfeld und zeigt 90 Minuten lang allerhand Fußballkunststücke, das Neueste aus dem Hundefußballbereich. So großartig, so ergreifend, dass viele Fans oft sogar hoffen, dass das gegnerische Team wieder mal von der Angst übermannt wird und sich aus dem Staub macht.

51. GRUND

Weil es über den FC St. Pauli die schönsten Songs gibt

Wahrscheinlich gibt es nur über die Liebe mehr Songs als über den FC St. Pauli. Wobei es natürlich auch in den Liedern über den FC St. Pauli im Grunde nur um Liebe geht. Fast jeder Hamburger Musiker, vielleicht einmal abgesehen von Lotto King Karl, hat schon mindestens einen Song über den FC St. Pauli geschrieben, meist sind es aber mehr. Man muss feststellen, dass der FC St. Pauli als Sujet aus der heutigen Musik kaum noch wegzudenken ist. Beschäftigt man sich einmal eingehender mit der Materie, wird man schnell entdecken, dass viel mehr Songs von diesem Verein handeln als gemeinhin angenommen. Denn nicht immer wird ganz offen über die Liebe zum Verein gesungen. Sei es aus Gründen der Mythenbildung oder aber aus Angst vor Repressalien, taucht der FC St. Pauli nur verschlüsselt in den Songs auf, in Form von Ellipsen oder Metaphern, die sich meist nur mit Hintergrundwissen richtig deuten lassen.

Dabei sind es nicht nur Hamburger Musikgruppierungen, die dem FC St. Pauli einen Teil ihres Schaffens widmen. Gerade in den letzten Jahren wurde der Markt nahezu überschwemmt mit europäischen sowie nord- und südamerikanischen House- und Popsongs, die einen stutzen lassen. Denn von vielen Musikern hätte man nicht erwartet, dass sie Freunde unseres kleinen Kiezclubs sind. Aber schön ist es trotzdem. Denn es sind ja gerade die Songs internationaler Künstler, die es in die Charts schaffen und dem Verein somit neue Fans bescheren. Auch wenn dies vornehmlich unterbewusst geschieht. Doch die Hörer dieser Songs nehmen die positive Botschaft über den FC St. Pauli auf, und kommen sie mit dem Verein in Kontakt, verspüren sie ein gutes Gefühl, das sie zwar oft gar nicht richtig deuten können, das sie aber deutlich spüren lässt, dass es da eine Verbindung zwischen ihnen und St. Pauli gibt. Manche träumen etwa von Michael Frontzeck, der an ihrem Bett sitzt und ihnen die Hand haltend die Abseitsfalle erklärt. Es erklärt die vielen Postkarten, oft auch aus Übersee, die so oder so ähnlich lauten wie diese exemplarische: »Dear FC St. Pauli, last night I dreamt of you, eleven boys with brown eyes and pants are running through my bed room. Sweat. Überall Sweat, you know. I can feel it.« Aber entschuldige, ich schweife ab.

Hier alle Songs über den FC St. Pauli zu nennen ließe sich kaum realisieren. Das kannst du dir schön mal selbst zusammenrecherchieren. Ich will nur ein paar wenige nennen, die exemplarisch für die Millionen und Abermillionen von Songs stehen, die es da draußen gibt. Immer wieder werden Sampler erstellt, um einen Teil der Songs zu bündeln, aber oft sind es gerade einzelne Titel, die man auf B-Seiten seltener Singles findet oder Hidden Tracks am Ende von CDs, unter denen sich wahre Schätze verbergen. Einige Songs über den FC sollen noch auf Schellackplatten erschienen sein, die man heute kaum noch bekommt. Etwa das von Karl Golgowsky gesungene *Unter der roten Laterne von St. Pauli*, in dem es unter anderem heißt: »Drum denk ich immer so gerne an St. Pauli / wenn auch mein Liebster mich lang nicht mehr sieht«.

Eine andere Perle unter den dem FC St. Pauli gewidmeten Songs ist die St.-Pauli-Version des Evergreens *I Got Erection* von Turbonegro mit den poetischen Zeilen: »Immer dann wenn ich ins Stadion geh – Erection / Alle 2 Wochen auf den heiligen Stufen steh – Erection / Ich seh die Masten gen Himmel ragen, Erection / Vor 20.000 Hansa Rostock geschlagen, Erection«.

Nicht überall geht es dabei so explizit zur Sache wie in dem eben genannten Stück. Der Rapper Pitbull etwa hat mit Christina Aguilera das Stück *Feel This Moment* aufgenommen, das, wenn man weiß, dass vermutlich über den FC St. Pauli gesungen wird, so treffend ist wie kaum ein anderes Stück. Dort heißt es: »Ask for money, and get advice / Ask for advice, get money twice / I'm from the Dirty, but that chico nice / Ya'll call it a moment / I call it life.«

Aus einem weiteren Chartstürmer, wie wir Berufsjugendlichen sagen, sind folgende Zeilen: »They watching us / They watching us / They watching us / Everybody in the club«. Sie stammen aus einem anspruchsvollen Tanzbodenkracher von Britney Spears und will.i.am, die den Moment des Einlaufens mit den Augen eines Spielers betrachten. Der Titel heißt dann auch treffend *Scream & Shout*, der ebenjenes Schreien und Schreien meint, das einem ohrenbetäubend beim Einlauf der Mannschaft entgegenschlägt.

Wenngleich auch die Chartplatzierungen von Spears und Aguilera höher waren als die so mancher Tracks von Hamburger Künstlern, so muss man doch sagen, dass die hiesigen Musiker auf alle Fälle textlich filigraner an die Sache rangehen. Thees Uhlmann etwa, dieser Hemmoorer Sympathieträger, der in dem Song *Das hier ist Fußball* zärtlich zu einer ganz liebevoll gespielten Gitarre singt: »Und hooray, hooray, hooray, FC St Pauli! / Würde es gehen, würde ich dich umarmen, / das hier ist Fußball, das hier sind Dramen!« Dazu kommen noch wunderbare andere Stücke wie etwa *Dauerkarte* von Björn Beton von Fettes Brot oder Songs von Weltniveau, Rubberslime, Shredder oder aber Achim Reichel.

52. GRUND

Weil das B fast so schön ist wie das P

Der Lieblingsbuchstabe eines jeden FC-St.-Pauli-Fans ist nicht wie anzunehmen das P, sondern das B. Nicht nur dass so wunderbare Dinge wie Bier, Bratwurst und Buch mit diesem Buchstaben beginnen, nein, dem B sagt man in St. Pauli auch magische Kräfte nach.

Sieht man einmal genauer hin, so findet man es hier am Millerntor fast überall. Einige mutmaßen sogar, dass der gesamte Stadionneubau nur aus diesem Grund initiiert wurde, eben um dem B auch im Stadion einen festen Platz einzuräumen. So etwa zieren die Fassade der neu gebauten Südtribüne zwei auf den Rücken liegende Bs: zwei kleinere Bögen, die mit dem großen Bogen des Haupteingangs jeweils ein B bilden. Selbst die Geländer hier im Stadion erinnern an stilisierte Bs, ebenso wie die Sitzflächen der Sitzplätze, die dem Negativ eines Bs nachempfunden sind. Denn nicht umsonst sagt man ja im Volksmund: »Jeder A sieht aus wie ein B.«

Es gibt Gerüchte über Fans, die Ketten mit B als Anhänger daran tragen sollen. Manch einer soll sich ein B auf den Rücken oder Oberarm tätowiert haben. Vermutlich gibt es sogar Fans, die sich seitdem nur noch Barno, Berich oder Bfrank nennen? Und eine Zeit lang hätte es nicht verwundert, hätte man den FC St. Pauli fortan nur noch den FC St. Bauli nennen wollen, denn der Aberglaube war groß nach dem DFB-Pokal 2005/2006, in dem man nacheinander Burghausen, Bochum, Berlin und Bremen bezwang. Man glaubte, dies wäre der Beginn von etwas ganz, ganz Großem. Einige forderten schon, dass man sich mit Barcelona einmal messen solle. Doch leider scheiterte man dann im Halbfinale an den Bayern. Wobei jedermann annahm, dass St. Pauli diese Partie ohne Problem gewinnen müsse, begann doch auch Bayern mit The Magic Letter, wie das damals hieß. Doch man hatte nicht bedacht, dass die Bayern ja eigentlich die Münchener sind. Und da sieht die Sache ganz anders aus. Denn das M ist so überhaupt nicht magic. Jedenfalls aus Sicht Paulis. M is bad and B is good.

53. GRUND

Weil man Männern mit kleinen Brillen und vollem Bart vertrauen kann

Müssten Menschen unterschiedlichen Alters und aus unterschiedlichen Gesellschaftsschichten das Äußere einer Person beschreiben, der sie größtes Vertrauen entgegenbringen würden, so würde in den meisten Fällen ein Mann mit vollem grauen Bart und einer kleinen Brille dabei herauskommen. Warum das so ist, darüber lässt sich nur spekulieren. Ob es an der alljährlichen Weihnachtsmann-Propaganda liegt? Oder dem naiven Bild von Gott, der in den Vorstellungen vieler eben genau so aussieht? Wir wissen es nicht. Wir wissen nur, dass die meisten Menschen Männern mit grauem Bart und kleiner Brille vertrauen würden.

Es gibt nicht viele Männer, die so aussehen. Warum das so ist, auch darüber ließe sich an anderer Stelle spekulieren. Aber nicht jetzt. In Hamburg gibt es insgesamt elf verschiedene Personen, auf die diese Beschreibung zutrifft. Zehn Männer und eine Frau, die man aber allesamt für ein und dieselbe Person hält. Genau, Harry Rowohlt. Einer von ihnen ist es wirklich. Der Rest gibt es nicht immer zu, wird er darauf angesprochen, und von ein paar von ihnen weiß ich, dass sie sogar ganz gerne für Rowohlt gehalten werden und sich dann den Bart kraulen und Schnäpschen ausgeben lassen. Einige sollen sogar als Rowohlt Auftritte absolvieren. Was zumindest erklären würde, warum in jeder Stadt, in die man kommt, Harry Rowohlt am selben oder am Tag zuvor oder danach auftritt.

Auch ich habe mir eine Zeit lang mit einem dieser Rowohlts die Wohnung geteilt, ohne es zu wissen. Auch ich habe lange geglaubt, der in meiner Wohnung wäre der echte. Auf Nachfragen gab jener immer nur einen Brummlaut von sich, den ich als *Ja* interpretierte. Erst sehr viel später sollte mir auffallen, dass vieles nur meiner Interpretation entsprang. Sätze etwa wie: »Hölderlin ist verschwurbelter Schwulst im Schmugewand« oder »Goethe göht gor nich!«. In Wahrheit hatte der falsche Rowohlt nur gebrummt.

Was mich irgendwann stutzig machte, war der Umstand, dass jener Rowohlt kaum bis gar nichts las. Auch schrieb er nichts, geschweige denn, dass er irgendwas übersetzte. Darauf angesprochen, sah er mich lange an, mit diesen Augen, die einen glauben machen, man tauche gerade. Dann schrieb er mit einem Lippenstift auf den Tisch: »Bin krank. Bei mir ist das so wie bei anderen Leuten beim Autofahren: Mir wird vom Lesen schlecht.«

Manchmal kehrte er nachts spät heim und schien seine Sprache gegen Bier und Köm eingetauscht zu haben. Mit scheinbar nur noch einem Wort war er wieder heimgekehrt, das er nun mit Senf oder ähnlichem Tintenersatz im Flur an die Wand geschrieben hatte. »Hasenbart« stand da einmal. Irgendwann schmiss ich ihn raus.

Heute begegne ich Harry Rowohlt, dem richtigen Rowohlt, oft in meinem Viertel. Manchmal ist er sogar in meinem Haus, und es brummt dann angenehm durch den Fußboden. Woher ich weiß, dass dieser der richtige ist? Nun, der richtige Harry Rowohlt trägt eine Goldene Ehrennadel des FC St. Pauli, damit man ihn nicht verwechselt. Ich kann nicht mit letzter Sicherheit sagen, ob Rowohlt großer St.-Pauli-Fan ist, Sympathisant ist er auf alle Fälle. Verliehen hat man ihm die Ehrennadel, weil er in einer Folge der

Lindenstraße, in der er regelmäßig als Penner Harry auftritt, auf die Frage, ob er HSV-Fan sei, geantwortet hat: »HSV? Ist das nicht dieser Tennis-Club mit Fußball-Abteilung?«

Mehr braucht es manchmal nicht für eine Ehrennadel.

54. GRUND

Weil die Bratwurst nirgendwo besser schmeckt als am Millerntor

Die Bratwurst ist der Hummer des kleines Mannes. Sie ist ein Freund in der Not. Sie spendet Wärme und Trost, und wer allein ist, hat schon oft zu ihr gegriffen. Je größer die Wurst, um so menschlicher erscheint sie einem. Denn die Wurst wurde dem Ebenbild eines schlanken Menschen nachempfunden, und sie ist somit These und Antithese gleichzeitig: Sie ist Schönheitsideal und auch gleichzeitig eine Herausforderung an dieses. Denn eine Wurst ist hautfarben, und um diesen Ton zu erzeugen, braucht es das richtige Verhältnis aus rotem und weißem Fleisch, und wie wir alle wissen, macht rotes Fleisch Muskeln und weißes Fleisch Fett. Man wächst an und mit so einer Wurst, und manch einer wächst über sich hinaus.

Bei einer Niederlage ist die Wurst da und hält deine Hand. Du kannst an ihr lutschen wie an einer Mutterbrust, oder sie tröstet von innen, verströmt warm Völlegefühl und Wohlbehagen. An kalten Tagen wärmt sie Hand, Achsel oder wo auch immer du sie dir hinsteckst.

Doch heutzutage hat es so eine Wurst nicht immer leicht. Denn Wurst, das heißt auch immer Opfer bringen, und eine Wurst zu essen hat auch etwas Egoistisches, das ist wahr. Denn damit du eine Wurst essen kannst, muss etwas anderes zur Wurst werden. Nicht immer geschieht dies freiwillig. Denke bitte daran, wenn du dir das nächste Mal wieder eine Wurst kaufst.

55. GRUND

Weil It Never Rains in Saint Pauli

Vielleicht ist es nur ein Gerücht, das ich fälschlicherweise aufgeschnappt habe, aber ich meine mich zu erinnern, dass der Evergreen von Albert Hammond *It Never Rains in Southern California* ursprünglich einmal *It Never Rains in Saint Pauli* heißen sollte, und die Zeilen des Refrains hießen dann auch »It never rains in Saint Pauli, but girl, don't they warn ya / It pours, man, it pours«.

Denn tatsächlich steht Hamburg in Verruf, eine sehr regenreiche Stadt zu sein, die nur noch von London in puncto Feuchtigkeit übertroffen wird. Hier in Hamburg herrscht fast immer Fritz-Walter-Wetter. Und schon in Pinneberg nimmt man den Geruch nach Moder wahr, den der Wind in alle Himmelsrichtungen treibt. Die Hamburger haben eine sehr weiche, fast schon wächserne Haut durch die ständige Feuchtigkeit bekommen. Alles hier riecht nach Fisch. Selbst wenn es kein Fisch ist. Und wer sich lange nicht bewegt, der bekommt Schuppen, dem wachsen Flossen.

Wenn man lange hier wohnt, macht einem all das kaum noch etwas aus. Man braucht den Regen und dieses feuchte Klima sogar. Denn wir Hamburger trinken im Grunde kaum noch etwas, da wir alle Flüssigkeit über die Haut aufnehmen. Wir sind gute Schwimmer. Haben große Augen und können mit diesen sogar unter Wasser ganz ausgezeichnet gucken. Wir können lange ohne Luft auskommen, deshalb sagt man uns Mundfaulheit nach.

Kurzum, der Regen stört uns nicht mehr. Zu verdanken haben wir diesen Umstand der Evolution, die dafür sorgte, dass etwa nach 1970 Geborene den Regen kaum noch wahrnehmen, eins mit ihm werden. Im Film *Rain Man* soll es, glaube ich, um solch ein Schicksal gehen.

Doch das war nicht immer so, und wo Hamburg eine sehr regenreiche Stadt war, da war St. Pauli ein sehr regenreicher Stadtteil.

Und an manchen Tagen stand man am Rand von Altona in der Sonne und sah dem verregneten St. Pauli zu, aus dem oft Touristen ins sonnige, fast schon Südseeflair verströmende Altona flohen, um sich dort etwas aufzuwärmen und von der Sonne trocknen zu lassen.

Der Regen stellte früher in St. Pauli nicht nur ein pragmatisches Problem dar, sondern auch ein finanzielles. Jeder Regentropfen kostete den FC St. Pauli viel Geld. Denn damals noch war der Hamburger wasserscheu, und regnete es, sah man kaum jemanden auf den Straßen. Stattdessen stand der Hanseat mit ängstlichem Gesicht am Fenster und blickte ehrfuchtsvoll den Regen an. Da hatte man noch Respekt vor dem Regen. Und es gab nicht gerade wenige, die glaubten, im Regen verlöre man ein Stück seiner Seele, die dann in den Rinnstein und von dort in die Kanalisation getrieben werden würde, wo dann die Ratten sie mit dem Wasser aufnehmen und dann durch die Abflussrohre zu denjenigem, dem die Seele einmal gehört hatte, zurückbringen würden. Es erklärt, warum die Hamburger früher auch die »Hanseatischen Massai« genannt wurden, denn wo die Massai glauben, durch ein Foto würde ihnen die Seele geraubt werden, da glaubt der Hanseat, der Regen würde dasselbe mit seiner Seele tun. Und regnete es, kam kaum wer zu den Spielen des FC St. Pauli. Zu jener Zeit kamen ohnehin nur wenige Zuschauer, und so führte man in der Saison 1977/78 einen sogenannten Regen-Rabatt ein und gewährte 30 Prozent Preisnachlass auf überdachte Sitzplätze. Heute ist das Stadion fast vollständig überdacht. Und das, obwohl der Hanseat weder vor Regen noch vor irgendwas sonst Angst hat.

56. GRUND

Weil das Bier nirgends so gut schmeckt wie beim FC St. Pauli

Vermutlich gibt es ein finnisches Sprichwort, das heißt: »Wäre der Mann eine Maschine, Bier wäre sein Benzin.« Denn oft ist es erst das Bier, das den Mann vollkommen macht. Ja, das dem Mann überhaupt erst eine menschliche Seite verleiht. Denn kann so ein Mann auch sonst kaum seine Gefühle zeigen, so löst und entspannt das Bier ihn und treibt Emotionen wie Melancholie oder große Glückseligkeit wie tote Fische an die Oberfläche des tiefen Gewässers Mann. Denn der Mann ist für Gefühle eigentlich nicht gedacht. Erst die Evolution hat ihn in die Sackgasse Gefühl gedrängt, in der er nun steht und oft nicht weiterweiß.

In geraumer Vorzeit waren Gefühle für den Mann eher hinderlich, teilweise sogar lebensbedrohlich. Denn bei der Jagd durfte man sich keine Gefühle erlauben, und wer beim Töten der Beute vom Mitleid übermannt worden wäre – deshalb spricht man überhaupt vom »übermannen«, wenn etwas absolut Gefühlsunfähiges mit einem Mal Gefühle empfindet, zu denen es bislang nie fähig gewesen ist –, hätte der Stamm am Abend hungern müssen, und die Menschheit wäre in letzter Konsequenz eines Tages ausgestorben. Auch uns beide gäbe es dann nicht.

Heutzutage ist das natürlich nicht mehr so. Der Mann jagt nicht mehr. Der Mann sitzt stattdessen in Großraumbüros vor Computern und denkt sich für das, was er da tut, Bezeichnungen aus, die zumindest noch ein klein wenig nach Abenteuer klingen: Supply-Chain-Manager, Key Account Manager, Brand Communication Assistant. Doch natürlich kann auch ein noch so abenteuerliches Wort nicht darüber hinwegtäuschen, dass das, was man da tut, nur noch sehr wenig mit Abenteuer zu tun hat. Und mit Jagd so eigentlich überhaupt nichts. Nicht mal annähernd. Nein, nein.

Die Moderne forderte vom Mann Veränderung. Doch Veränderung, das ist im Grunde nichts für den Mann. Und wäre es nach dem Mann gegangen, so hätte man gut weiter in Höhlen hausen und nach Herzenslust jagen können. Und auch dass die Kommunikation sich auf einige wenige Grunzlaute beschränken würde, nun, es wäre nichts, was nur von Nachtteil für den Mann gewesen wäre. Denn oft erschlägt die Vielzahl an Worten den Mann, und er fühlt sich überfordert. Wie einfach war es da, als es nur ein paar Brummlaute gab, um seine Gefühle auszudrücken. Gefühle, bei denen es sich meistens in irgendeiner Form um Hunger handelte.

Doch die Evolution nahm keine Rücksicht auf den Mann. Unaufhaltsam schritt sie voran und forderte den Mann zum Umdenken auf. Heute soll er nicht nur nicht mehr jagen, nein, heute fordert die Gesellschaft Gefühle vom Mann ein. Nicht nur mal, sondern ständig. Und ein weinender Mann, das ist heute für viele das ideale Männerbild.

Es ist also kein Wunder, dass der Mann sich oft schwertut mit dieser Welt, dazu neigt, daran zu verzweifeln. Oft fühlt er sich unverstanden, und so sehr er sich auch bemüht, so recht wollen die Gefühle doch nicht aus ihm raus. Was nicht heißt, dass er sie nicht empfindet. Der Mann hat Gefühle! Nur bemerkt es meist keiner. Kindliche Freude, Liebeskummer, Euphorie, sie alle drücken sich beim Mann durch dieselben Symptome aus: ein starrer Blick, eine leicht gekrümmte Körperhaltung, manchmal wird eine Hand gehoben, ist das Gefühl ganz stark. Nicht selten wird dem Mann deshalb Gefühlskälte nachgesagt. Was nicht stimmt. Denn der Mann empfindet diese Gefühle, vielleicht sogar stärker als manche Frau, nur die Verbindung nach draußen ist durch den seltenen Gebrauch verstopft, und so scheinen die Gefühle im Mann eingesperrt zu sein wie in einem Gefängnis.

Oft stellt Bier diesen Kontakt zur Außenwelt wieder her. Bier wird zum Mittler, zum Transmitter von Freude, Euphorie oder sonstigem Gefühlsüberschwang, der Männer mit einem Mal gelöst lachen, tanzen und singen lässt. Es sorgt dafür, dass Männer sich mit einem Mal mit Tränen in den Augen in den Armen liegen. Denn wenn das Gefühl erst einmal fließt, wird es beim Mann schnell zu einer Flut, zu einem Zuviel. Doch es beweist, dass auch der Mann Gefühle hat. Wenngleich es noch immer das Bier braucht, um diese nach außen zu tragen, sodass man sagen muss: »Weint der Mann, dann ist er besoffen.«

Bier ersetzt das Gen, das dem Mann fehlt und das er sich so künstlich zuführt. Getrieben von der Evolution und im Grunde zum Wohle der Gesellschaft, die ihn dazu zwingt, Bier zu trinken, um so seinen Gefühlen freien Lauf zu lassen. Und vielleicht sollte man mit diesem Wissen etwas gnädiger mit Bier trinkenden Männern sein, die rotgesichtig und eingenässt oft völlig überraschend von ihren Gefühlen übermannt werden und ihrer guten Laune oft spontan Ausdruck zu verleihen versuchen durch Rufen, Taumeln oder Fallen. Sie meinen es nicht böse. Es ist nicht der Mann, es ist die Evolution, die ihn dazu getrieben hat.

Das wollte ich schon immer mal sagen. Und um diesen Beitrag zu rechtfertigen: Im Millerntor-Stadion gibt es das leckerste Bier. Ahoi, oi, oi.

57. GRUND

Weil das Millerntor-Roar eines der schönsten Geräusche überhaupt ist

Das »Millerntor-Roar« ist eines der schönsten Geräusche der Welt. Nur leider hört man es viel zu selten. Denn es ist schwer bis nahezu unmöglich, es allein oder auch nur in einer kleinen Gruppe zu erzeugen. Auch wenn es immer wieder versucht wird.

Der Wellingsbüttler Gunter Tröthenwied gilt als einer der besten Millerntor-Roar-Imitatoren. Er hat, wie er selbst sagt, sein gesamtes Schaffen in den Dienst der perfekten Nachahmung dieses höchstgradig gänsehauterzeugenden Rufs gestellt. Tröthenwied ist eigentlich Chemiker, der lange für einen Pharmakonzern geforscht hat, bis er schließlich seinen Job kündigte, um sich komplett dem »Roar« hinzugeben, wie er sagt.

Tröthenwied war früher eher schmächtig. Seine Stimme war so dünn, dass es oft vorkam, dass, obwohl er sprach, es niemand hörte. Leute legten am Telefon wieder auf, rief er sie an, oder beschimpften ihn als Perversen. Im Gespräch nickten die Gegenüber oft nur, weil es ihnen unangenehm war, ständig nachfragen zu müssen, was Tröthenwied gesagt habe. Und ehemalige Kollegen berichten, dass sie überrascht gewesen seien, als Tröthenwied kündigte, denn niemand habe überhaupt bemerkt, dass er in dem Betrieb beschäftig gewesen war. »Nur im Stadion fühlte ich mich wohl«, erzählt er gerne, »wenn ich mit der Stimme von Tausenden herumbrüllte, und nur dann hatte ich das Gefühl, überhaupt gehört zu werden. Wirklich gehört zu werden.«

Nach seiner Kündigung beginnt er damit, sich Gewicht anzufressen. So dick zu werden, wie er nur kann. Um Klangkörper zu schaffen, wie er selbst sagt. Und sieht man ihn heute, ist kaum noch vorstellbar, dass es sich bei ihm um denselben verhutzelten Mann handelt wie auf den Fotografien, die im Wohnzimmer Tröthenwieds noch immer an den Wänden hängen. Als Mahnung, wie er erklärt, nie wieder so gespenstisch dünn zu werden. »Denn wer dünn ist, gerät leichter in Vergessenheit als jemand, der dick ist«, wie er mir mit großen Augen erklärt, die noch größer wirken, nachdem er seine Brille abgenommen hat.

Er ist bei jedem Heimspiel am Stadion, nicht im Stadion. Meist ist er auf dem Bunker gegenüber, um von dort Millerntor-Roar-Aufnahmen zu machen. Heute gilt Tröthenwied als Besitzer der größten Roar-Sammlung der Welt. Fast alle Millerntor-Roars seit Anfang der Achtziger hat er auf Tonbandkassetten aufgenommen, die heute in der Schrankwand fast eine komplette Wohnzimmerwand einnehmen. Sein Lieblings-Roar sei das vom 6. Februar 2002, als der FC St. Pauli Bayern München bezwang, sagt er.

Immer wieder hört Tröthenwied sich diese Kassetten an und versucht schließlich, ganz allein eine Art Roar zu erzeugen. Anfangs sind die Erfolge bescheiden. Doch Tröthenwied ist ein sehr ehrgeiziger Mensch, und er gibt nicht auf. Fast 18 Jahre brauchte er, bis es ihm gelang, das Millerntor-Roar nachzuahmen. Es sei der glücklichste Tag in seinem Leben gewesen, erklärt er, und man kann ihm ansehen, dass das stimmt. »Euphorie, Hysterie und dann die Tränen, ich kann kaum beschreiben, was ich da gefühlt habe«, erzählt er mit brüchiger Stimme, während er aus dem Fenster sieht, wo ein Schwarm Vögel den Himmel befleckt.

Immer besser wird er im Laufe der Zeit, und sein imitierter Millerntor-Roar ist bald schon so perfekt, dass Leute glauben, im Stadion fände ein Spiel statt, imitierte er den Roar in Stadionnähe.

Oft steht Tröthenwied an Spieltagen auf dem Heiligengeistfeld und gibt eine Kostprobe seines Könnens. Darüber hinaus ist er natürlich auch für Vereinsfeiern zu buchen oder Geburtstage und Firmenjubiläen.

58. GRUND

Weil Heavy Metal und der FC St. Pauli im Grunde Zwillinge im Geiste sind

Ein Fußballer soll es gewesen sein, der Anfang der Siebziger den Heavy Metal erfunden hat. Damals erkannte man die Verbindung zwischen Fußball und Metal dann auch noch sofort auf den ersten Blick, denn es gab ja Zeiten, in denen Profifußballer und Heavy-Metal-Musiker kaum voneinander zu unterscheiden waren. Günther Netzer, Paul Breitner, Franz Beckenbauer oder etwa Jürgen Grabowski, sie alle hätten auch gut bei Judas Priest oder Iron Maiden spielen können. In den Anfangstagen unterschieden sich Stadionbesuche dann auch nicht so sehr von Heavy-Metal-Konzerten – vielleicht einmal abgesehen davon, dass man im Stadion nicht die ganze Zeit während des Spiels rhythmisch sein Haupthaar schüttelte. Trotzdem gab es vielerlei Parallelen. Bei beidem wurde viel Bier getrunken und in der Euphorie riss man sich das Shirt vom Körper, um durch bleiche Haut, Haar und Schweiß der Hysterie mit etwas Normalität begegnen zu können und sie so einzudämmen. Um die Mannschaft oder Band anzufeuern, reckte man die Faust in die Luft und schrie wie geisteskrank immer wieder hintereinander stoisch deren Namen. Später wurde die Faust bei den meisten Metal-Konzerten durch die bekannte »Pommes-Gabel« ersetzt, die allerdings ebenfalls von einem Fußballtrainer stammen soll, der diese Geste einmal von der Trainerbank aus zu seiner Mannschaft machte, um diese auf zu große Räume aufmerksam zu machen.

Fußball- wie Heavy-Metal-Fans tragen oft Kutten mit allerlei Aufnähern darauf, die klar und deutlich zeigen, wo der Barthel den Most holt. Des Weiteren eint Fußball- und Heavy-Metal-Fans eine große Treue zu ihrem Verein beziehungsweise ihrer Band, und es muss schon viel passieren, damit ein Fan sich von seinem Verein abwendet – aber noch mehr, damit ein Heavy-Metal-Fan mit einer seiner Bands bricht.

Eine Weile gingen der Fußballer und der Metaller Hand in Hand, doch dann irgendwann schlug der Fußballer einen anderen Weg ein, wohingegen Heavy Metal bis heute einfach so weitermacht wie bisher. Gott sei Dank – oder wem auch immer man für Heavy Metal danken muss. Jedenfalls sind Fußballer mit langen Haaren auf Kopf und Brust zu einer Seltenheit geworden. Stattdessen erfreuten sich metrosexuelle Role-Models wie etwa David Beckham großer Beliebtheit, die mit Heavy Metal kaum noch etwas zu tun hatten. Auf der anderen Seite blieben die meisten Metalbands, wie sie waren, und nur Metallica schnitten sich die Haare ab und nahmen alte Hits mit Symphonie-Orchester auf.

Auch beim FC St. Pauli ist der Langhaar- und Schnauzbart-Anteil der Spieler in den letzten 40 Jahren enorm zurückgegangen. Immer wieder wird noch mal versucht, durch Werbekampagnen den Spielern das Tragen von langem Haar schmackhaft zu machen. Dazu sieht man Bilder von laufenden Langhaarprominenten aus dem Metalbereich wie etwa Lemmy Kilmister von Motörhead, Mille Petrozza von Kreator oder aber Doro Pesch. Doch bislang hat diese Kampagne nur mäßigen Erfolg. Der Fußballer trägt das Haar meist kurz bis ganz kurz. Immerhin färbt er es gerne blond, so wie einst Jeff Hannemann, Gott hab ihn selig, ein kleiner Erfolg.

»Kurze Hosen und kurze Haare«, so lautet die einfache Formel im Profifußball, und die einstige Zwillingsbruderschaft zwischen Heavy Metal und Fußball scheint mehr und mehr in Vergessenheit zu geraten. Deshalb ist es sehr begrüßenswert, dass sich der FC St. Pauli schon seit Jahren um den Heavy Metal bemüht. Nicht nur dass man AC/DCs *Hell's Bells* als Einlaufhymne wählte und damit jedes zweite Wochenende den australischen Hardrockern noch einmal horrende Einnahmen beschert, eine Art Altersversorgung vom Kiez nach Sydney. Nein, immer wieder spielt auch eine Auswahl an Spielern des FC St. Pauli im Rahmen des Wacken-Festivals, eine Art norddeutsches Woodstock im Heavy Metal-Gewand, gegen eine Wackener Auswahl der Veranstalter. Für den FC traten dabei unter anderem schon Spieler wie Klaus Thomforde, Jens Duve, André Trulsen oder Markus Marin an. In diesem Rahmen will man noch einmal an die gemeinsamen Wurzeln erinnern, und tatsächlich sollen viele Spieler, die dort antraten, wieder begonnen haben, sich ihre Haare wachsen zu lassen. Auch Trikots und Hosen aus Leder wurden gefordert und neulich las ich in einem Fußballmagazin den von Manowar beeinflussten Schlachtruf »Death to false football«. Fußball und Heavy Metal scheinen also wieder näher zusammenzurücken.

59. GRUND

Weil sich viele Städte einen Stadtteil wie St. Pauli wünschen und einen Fußballverein wie den FC St. Pauli

Viele Städte wünschen sich einen Stadtteil wie St. Pauli mit einem Fußballverein wie dem FC St. Pauli. Und immer wieder machen kleinere, aber auch größere Gemeinden Anstalten, solch ein Amüsierviertel, wie wir es hier in Hamburg haben, in ihrem Ort zu etablieren. Denn sagen wir es doch einmal ganz offen: Die meisten Städte und Kleinstädte sind äußerst langweilig, und wenn niemand kommt, um sich diese Städte anzusehen, sterben sie bald aus. Deshalb unternimmt fast jede Gemeinde große Anstrengungen, die oft ereignisarme Geschichte des Orts künstlich aufzubauschen. Da wird etwas vom großen Tomatenkrieg erzählt, oder es gibt ein Knopfmuseum, die dickste Frau Norddeutschlands wohnt hier und man kann sie für schmales Geld besuchen und anfassen, die berühmte Bad Ditschenburger Zwetschge wächst hier oder aber man erzählt, Goethe habe in ebenjenem Ort die Idee für einen seiner Texte gehabt. Wer soll das denn noch nachprüfen können. Dazu stellt man eine kleine Bank auf, auf der Goethe gesessen und ein kleines Kippchen geraucht haben soll. Es gibt ein Münzfernrohr, durch das man blicken kann, um vielleicht zu sehen, was Goethe gesehen hat und was vielleicht der Auslöser für seine Idee war. Es wird ausgeschlachtet, was nur auszuschlachten geht.

Hamburg hat es da natürlich sehr viel einfacher als andere Orte. Nicht nur dass es eine wunderbare Stadt ist, in der schon immer viel geschehen ist, sondern mit der Reeperbahn haben wir eine der Touristenattraktionen schlechthin, die jedes Jahr wieder Milliarden von Touristen anlockt, die hier ihr sauer verdientes Geld oft in einer Nacht verjubeln, um einmal einen richtigen Nackten anzufassen, Bier aus den Bauchnabeln fremder Männer zu trinken oder aber einfach nur, um sich den Slogan »Reeperbahn, wie geil is das denn bidde« quer über die Brust tätowieren zu lassen. Was man später dann stolz in Bad Prümpf zeigen kann und so vielleicht selbst zur Touristenattraktion des Ortes mutiert.

Es verwundert daher nicht, dass auch in kleineren Gemeinden immer wieder versucht wird, dort eine Art Reeperbahn beziehungsweise einen St.-Pauli-Ersatz zu etablieren, in der Hoffnung, so mehr Touristen anzulocken – oder überhaupt welche. Immer häufiger findet man selbst in sehr kleinen Dörfern schlechte Reeperbahn-Imitate, wo schlechte Koberer Leute in schlechte Sexshows locken, die oft von Amateuren in Privathäusern, in eilig umgestellten Wohnzimmern dargeboten werden, wo neben Familienfotos und Stickkissen zu Marschmusik ein wenig an stumpfen, alten Körpern herumgerieben wird. Normale Leute aus dem Ort. Gemeindearbeit. Jeder ist mal dran. Nicht selten kommt es vor, dass diese Leute dann auch gar nicht wirklich nackt sind, sondern sogenannte »Naked-Suits« tragen – hautfarbene Filzoveralls, die von Weitem und mit viel Alkohol so aussehen, als seien die Akteure nackt und dünn. Es wird viel mit Trockeneisnebel operiert und mit Köm. Lautes Stöhnen vom Band, das nicht selten von gebärenden Tieren stammt, soll die Leute davon ablenken, dass dort oben nicht wirklich ein Akt vollzogen wird, sondern sich nur zwei Gemeindemitglieder, fast schon züchtig, zu Donna-Summer- und Serge-Gainsbourg-Klängen aneinanderreiben.

Es sind die verzweifelten Versuche, kleine Gemeinden vor dem Bankrott und dem Aussterben zu bewahren. Sattelt man nicht das Pferd »Erwachsenenerotik«, so versucht man es mit Geschichten über die Seefahrerei, das andere große Steckenpferd St. Paulis. Man baut kleine Häfen auf, selbst in Orten, die fernab vom Wasser liegen. Dazu gibt es eine Seemannskneipe, in der allerlei bärtige Männer in dunkelblauen Troyern oder Ringelshirts sitzen, die nach Frosch riechen und unverständliches Seemannsgarn von der Ferne erzählen. Allerorten gibt es Fischbrötchen. Selbst in Gemeinden in Süddeutschland bietet man so etwas an, nur um dem Hamburger Original möglichst nah zu kommen. Oft wird der Fisch aus Leberkäse hergestellt, der Hering täuschend ähnlich sieht und auch so schmeckt.

Und auch den FC St. Pauli versucht man, so gut es geht, zu kopieren. Dort laufen allerhand Frauen und Männer mit großen behaarten Waden herum, manche tragen sogenannte »Calf-Suits« und man versucht, kontrolliert das Chaos walten zu lassen. Selbst ein Bubke-Double soll es dort vielerorts geben, der nuschelnd schimpft und traurig aus dem Kellerfenster des hiesigen kleinen Doppelhaushälften-Stadions sieht. Doch so wie hier in St. Pauli ist es nirgends. Wirklich nicht. Vergesst es.

60. GRUND

Weil du doch auch Tomte und Kettcar liebst

Neulich Nacht hatte ich eine Vision. Auf einmal stand es klar vor mir, und ich wusste von Wahrheiten, von denen andere nicht wussten. Etwa, was es mit dem Bermuda-Dreieck auf sich hat und wie Kornkreise entstehen. Auch über Atlantis sah ich nun klar. Aber dazu möchte ich jetzt nichts sagen. Denn es gab da noch eine andere Vision, die mir erschien. Während meiner Arbeit an diesem Buch. Eine Stimme, die mit mir sprach. Sie sagte: »Ey, du, Sven. 2002, erinnerst du dich? Dein Haar war voll und stets lag ein kindliches Lachen auf deinem Gesicht. 2002 war ein schönes Jahr. Und es war auch das Jahr, in dem sich drei Fans des FC St. Pauli überlegten, wie man Geld für den Verein akquirieren könne, um große, bekannte Spieler einzukaufen, die die anderen großen Spieler des Vereins unterstützen würden, um so sportlich endlich einmal die Erfolge zu feiern, die man menschlich schon lange verdient hätte.

Es war eine jener Nächte in St. Pauli, von denen man am Ende nicht mehr sagen kann, was wirklich geschah und was erst später hinzugedacht wurde. Aber im Grunde ist das auch nicht so wichtig.

Denn was zählt, ist ja, was man glaubt, was geschehen ist, und nicht was wirklich geschehen ist, oder, Sven?«

»Ja«, entgegnete ich.

»Wie auch immer, aber nach jener Nacht stand der Name Paul Gascoigne im Raum, den man, ganz egal wie, ans Millerntor holen wollte. Es war klar, dass man dafür viel Geld brauchen würde. Sehr viel Geld. Lange überlegte man, in welcher Branche sich schnell am meisten Geld verdienen ließe. Es war die Zeit, in der die Schönheitschirurgie noch in den Kinderschuhen steckte. Ansonsten, bin ich mir fast sicher, hätte man vermutlich eine Klinik eröffnet, das »Grand Hotel van Beauty«.

»Grand Hotel van Beauty?«, fragte ich.

»Ja«, sagte die Stimme, »Genau, Grand Hotel van Beauty. Denn einige Zeit sah es dann so aus, als wolle man das Pferd Designermode satteln und mit ihm zum Horizont des Mammons reiten. Doch die Mode der drei – abgeschnittene Jeans, Sweatshirts mit Parolen wie ›Korn und Sprite is alright‹ oder ›Deiche sind geil‹ – war nur mäßig erfolgreich, und so entschied man nach kurzer Zeit, es im Musikgeschäft zu versuchen, wo sich damals noch schnell sehr viel Geld verdienen ließ. Das Internet war noch nicht wirklich ausgereift – kurz zuvor noch hatte man sich mit dem Telefon ins Internet eingewählt und den Hörer in eine dafür vorgesehen Box gedrückt – und Download hielt man eher für eine Black-Metal-Band als für eine echte Gefahr für die Branche. Die drei beschlossen, Bands zu gründen, und um den Gewinn der Tonträgerverkäufe nicht noch mit anderen teilen zu müssen, dazu auch noch gleich ein Label, das die Erzeugnisse der Bands herausbringen sollte. Anfangs ging es ja nur darum, Geld für den FC St. Pauli aufzutreiben, im Speziellen für Paul Gascoigne. Deshalb nannte man sich anfangs auch ›Grand Hotel van Gascoigne‹.«

»Grand Hotel van Gascoigne?«, fragte ich

»Ja«, sagte die Stimme, »Grand Hotel van Gascoigne. Und die Bands hießen, ganz offen den Grund ihrer Gründung herausposaunend, ›Thomforde‹ und ›Kokoska‹, benannt nach den zwei Lieblingsspielern der drei.

Anfangs war der Erfolg mit diesem Konzept eher mäßig, und es war schließlich Reimer Bustorff, der vermutete, es könne vielleicht auch an der offensiven Art liegen, mit der man da Geld zu beschaffen versuchte. Schließlich wäre leider nicht jeder FC- St.-Pauli-Fan, und es könne potenzielle Fans abschrecken, wenn man gleich so mit der Tür ins Haus falle. Deshalb nannte man schon kurz darauf das Label ›Grand Hotel Van Cleef‹, nach Lee Van Cleef, mit dem alle drei ein wenig Ähnlichkeit haben. Tauchte man zu dritt auf, konnte man sich sicher sein, zum Gesprächsthema zu werden: drei Endzwanziger mit Schnauzbärten, das war zu jener Zeit noch sehr selten.«

»Das glaube ich nicht«, sagte ich.

»Doch«, sagte die Stimme. »Wirklich. Schnauzbärte. Und die Bandnamen änderte man etwas ab, und aus ›Thomforde‹ wurde so ›Tomte‹, aus ›Kokoska‹ wurde ›Kettcar‹.

Der Plan ging auf. Unzählige Platten verkaufte man und machte so Millionen, die zu einem Großteil dem Verein zugute kamen. Noch heute ist es so. Gascoigne ist es dann doch nicht geworden. Stattdessen kauft man oft mit den Einnahmen des Grand Hotels brasilianische Spieler, die man dann auf Deutsch schminkt, um das Underdog-Image des Vereins zu wahren.

Heute weiß kaum jemand, dass das so ist, und dass Tomte und Kettcar, man muss es einmal sagen, Scheinbands, im Sinne von Scheinfirmen, sind, einzig da, um Geld und Fans zu akquirieren.

Doch es ist nicht nur Geld, es ist auch die Propaganda, mit der man diesen sympathischen Verein auch anderen schmackhaft machen will. Teilweise geschieht das ganz offen wie etwa in Thees Uhlmanns Song *Das hier ist Fußball* oder mit Kettcars *Sylt*, eine Art Konzeptalbum über den Zeugwart des FC St. Pauli Claus ›Bubu‹ Bubke, der eben auf Sylt geboren worden ist. Schon einmal hatte man versucht, ihm einen Song zu widmen, doch war man am Ende damit unzufrieden und verwarf das Ergebnis, beziehungsweise nannte es statt *Bubu* dann *Balu*.«

»Das glaube ich nicht«, sagte ich.

»Doch«, sagte die Stimme. »Und oft finden sich auch versteckte Botschaften in den Songs, die nicht selten nur zu hören sind, wenn man die CDs rückwärts abspielt. So etwa in Kettcars Song *Kommt ein Mann in die Bar*, auf ihrer 2012 erschienenen Platte *Zwischen den Runden*. Dort ist dann deutlich die Zeile herauszuhören: ›Deniz Naki is God‹.«

»Deniz Naki is God? Klingt ausgedacht«, sagte ich.

»Stimmt aber. Wirklich«, sagte die Stimme. Durch Schwingungen, die durch den extra tief gestimmten Bass hervorgerufen werden, wird auf die Seele eingewirkt und ein Gefühl von Ehrfurcht erzeugt. Oft mischt man auch kaum hörbare zweite Gesangsspuren über den eigentlichen Gesang, in denen Marcus Wiebusch nur mit Kopfstimme hochfrequent Botschaften singt, die kaum zu hören sind, und doch nimmt man sie wahr. Das Unterbewusstsein saugt sie auf, um sie später einmal wieder abzugeben, kommt der Hörer mit dem FC St. Pauli in Verbindung. Die Folge ist, dass ihn ein Gefühl der Sympathie durchströmt, das er oft selbst gar nicht erklären kann.

Unzählige sind so zu Fans des FC St. Pauli geworden. Seit 2002 besteht das Label und seit dieser Zeit steigen die Zahlen der Fans und Mitglieder des Vereins deutlich an. Und noch ein Phänomen ist zu bewundern: Viele der Dauerkartenbesitzer sollen nicht aus Hamburg stammen, sondern viele reisen extra zu jedem Heimspiel an. Nicht wenige sogar aus Süddeutschland. Hooray.

61. GRUND

Weil der FC St. Pauli ohne Punk nicht denkbar wäre

Vermutlich hätte der FC St. Pauli an keinem anderen Ort so gut gedeihen können wie hier in St. Pauli, und es bleibt bloße Spekulation, was aus diesem Verein an anderer Stelle geworden wäre, beispielsweise in Wuppertal oder Bad Salzuflen. Es scheint nur schwer vorstellbar, dass dann heute die ganze Welt mit Shirts mit Totenköpfen darauf herumlaufen würde, unter denen »Bad Salzuflen« stünde. Und auch ohne Punk ist der FC St. Pauli kaum denkbar, und Punk war nun einmal zur damaligen Zeit, als der FC St. Pauli zum Höhenflug, nicht sportlich, sondern mythologisch, ansetzte, hier in St. Pauli zu Hause. Vielleicht liegt es weniger am Ort, sondern vielmehr am Punk, dass aus dem FC St. Pauli wurde, was aus dem FC St. Pauli wurde.

Manch einer glaubt ja auch, Punk wäre hier in Hamburg entstanden. Lange vor den Modepunks in England, lange vor den Sex Pistols und den anderen Mitläufern. Gerade hier in Hamburg glauben viele daran, und es wird sich die Geschichte erzählt, dass Seeleute es gewesen sein sollen, die hier Ende der Sechziger mit bunt gefärbten Irokesen auftauchten, wie sie es wohl auf einer philippinischen Insel namens »Punk A Pnom Peng« sahen, von der sich die Punk-Bewegung dann auch den Namen entliehen haben soll. Auch der Look aus Leder und Zerrissenem soll von dort stammen, denn anscheinend war alles, was die Menschen dort besaßen, Tiere. Man wusste nicht wieso, aber das Eiland soll zu einer der tierreichsten Gegenden der Welt zählen, und so gab es dort wohl neben Fleisch eben auch Leder im Überfluss, sodass ein Großteil der Kleidung aus diesem Material gefertigt wurde. Den Seeleuten muss sich ein seltsames Bild geboten haben, als sie dort anlegten und ihnen Hunderte Eingeborene in Lederkluften entgegentraten. Um sich gegen die Tiere, die von dem Tiergeruch, den die Kleidung noch oft Jahre später verströmte, angelockt wurden und sich mit den Trägern paaren wollten, zu schützen, soll man metallische Stacheln daran genäht haben – die Vorläufer der Nieten. Die übrige Kleidung spülte wohl meist das Meer an. Oft waren die Kleidungsstücke durch die Strapazen der Erosion und das salzige Meerwasser zerschlissen und zerrissen. Diesen Look sollen die europäischen Punks später übernommen haben, wobei sie die Erosionserscheinungen mit Scheren nachahmten. Die Bewohner Punk A Pnom Pengs schrieben sich anscheinend auch den Ort ihrer Herkunft auf die Oberbekleidung, und da die Philippiner eher klein und schmächtig sind, kürzten sie den Namen wohl ab. Stämmigere schrieben »Punk«, andere wieder malten sich nur das A auf den Rücken, das sie umkreisten, um anzuzeigen, dass es sich dabei um die Insel handelte und nicht den Ort Punk A Pnom Peng, den es wohl ebenfalls gab.

Auf ihrem Eiland sollen sie all die Jahre abgeschieden von der restlichen Zivilisation gelebt und im Grunde ihre Unabhängigkeit genossen haben. Das Eiland war wohl zwar klein, aber recht gemütlich. Einzig die Brandung des Meeres war so laut, dass, wollte man sich unterhalten, man schreien musste. Als Verstärkung ihrer Stimmen sollen sie sich kleine Dosen gebaut haben, in die sie hineinsprachen, sodass ihre Stimme darin hallte und lauter wurde. Ein Brauch, den man ebenfalls kopierte, nur dass die Punks hier in Hamburg Bierdosen nahmen, die aber keinerlei wirklichen Nutzen hatten, sondern nur als Hommage an die Erfinder des Punks zu verstehen sind. Gilt Hamburg doch als eine der leisesten Großstädte der Welt, wo man nachts sogar oft die Katzen hört, wenn sie sich in Hinterhöfen über den leberwurstfarbenen Bauch lecken. Doch dort auf Punk A Pnom Peng musste man alles laut machen, wollte man, dass es gehört wurde. So auch die Musik, die auf denselben Instrumenten gespielt wurde wie auf dem ruhigeren Festland, nur dass man hier sehr laut und sehr schnell spielte, damit die Musik überhaupt gehört wurde. Ukulelen sollen in einer Geschwindigkeit gespielt worden sein, sodass aus Musik fast schon Geräusch wurde, damit man schneller war, als der Wind die einzelnen Töne davontragen konnte. Dazu wurde wohl auf mehreren ausgehöhlten Baumstämmen herumgetrommelt, sodass das Geräusch nicht nur zu hören, sondern auch zu fühlen war. Euphorie entstand so, einfach dadurch, dass der Magen zu flattern begann, ohne dass man auf Punk A Pnom Peng so recht wusste, um was es sich dabei handelte. Aber man fühlte sich gut.

Als die Seeleute Ende der Sechziger die Insel entdeckten, da sollen sie sofort freudig von der Inselgemeinschaft aufgenommen worden sein, und passten sich wohl recht deren Look an, perfektionierten ihn noch und brachten ihn dann anscheinend mit nach Hamburg, dem Ziel ihrer langen beschwerlichen Reise. Einige blieben hier und verbreiteten den Punk-Virus in der Hansestadt. Ein Gerücht besagt auch, es soll hier einen Laden namens »Harrys Punk Basar« gegeben haben, wo man Original-Kleidung aus Punk A Pnom Peng verkauft haben soll und sich die Haare original Punk A Pnom Pengisch schneiden und färben lassen konnte. Und von St. Pauli aus hat sich Punk dann wohl ausgebreitet und kam so schließlich auch nach England. So sagt man zumindest hier. Aber vielleicht ist all das auch nur Seemannsgarn.

62. GRUND

Weil Blumen die Freunde der Fußballer sind

So ein Fußballspiel ist nicht nur körperlich anstrengend, auch der Geist wird gefordert, und die vielen Eindrücke, die oft in Bruchteilen von Sekunden auf den Spieler einwirken, sind für diesen nur schwer zu verarbeiten. Hinzu kommt die enorme Geräuschkulisse. Ständig wird man von allen Seiten angebrüllt. Die Reizüberflutung ist so enorm, dass einige Profifußballer nach den Spielen erst einmal ein paar Stunden in völliger Dunkelheit, völliger Stille dasitzen müssen, damit sich ihre Synapsen allmählich wieder beruhigen. Das Prinzip ist ähnlich dem der Plastiktüte, in die man atmet, droht man zu hyperventilieren.

Beim FC St. Pauli hat sich in den letzten Jahren die beruhigende Wirkung der Flora als das Gegenmittel der Wahl erwiesen, denn Pflanzen wirken manchmal wie das genaue Gegenteil eines Fußballspiels. Blumen sind leise und schwingen sachte und beruhigend im Wind. Es geschieht gar nichts mit ihnen. Überhaupt nichts. Und wenn doch, dann so langsam, dass man doch wieder glaubt, es geschähe gar nichts mit ihnen.

Ganz in der Nähe des Millerntor-Stadions findet sich die Parkanlage »Planten un Blomen«, die sich vom Heiligengeistfeld aus bis zum Dammtor erstreckt und in der Spieler und Fans nach dem Spiel Ruhe und Geborgenheit finden. Man sieht dort oft verschwitzte Männer über die Parkwege flanieren, hie und da im Schutze eines Gebüschs ein Zigarettchen rauchen, oder wie sie das Gesicht in den Kelch einer großen Pflanze pressen und Ruhe und Gelassenheit daraus atmen. In Planten un Blomen verströmt nichts Hektik. Die Zeit vergeht hier langsam. Und der Ödnis hat man eine bunte Blütenpracht gegenüberzustellen versucht, die einen von der dort vorherrschenden Langeweile ablenken soll.

Um ein bisschen Aufregung bemüht, hat man Skulpturen von wilden Tieren wie etwa einem Panther aufgestellt, sowie eine Sonnenuhr, bei der man kaum bemerkt, dass die Zeit vergeht. Zumal in Hamburg ohnehin fast kaum die Sonne scheint, sodass diese Apparatur hier einen schwierigen Stand hat. Es gibt Fontänen und Wasserspiele, kleine Teehäuser, sowie eine Gruppe Minijobber, die als Senioren verkleidet mit hinter dem Rücken verschränkten Armen die Wege entlangflanieren und so die wohlige Kraft der Langsamkeit verströmen.

63. GRUND

Weil selbst Geiger den FC St. Pauli schätzen

Die Geige ist ja ein Instrument, das man eigentlich nur selten ertragen kann. Erklingt eine Geige, wird man augenblicklich sehr traurig oder gar depressiv. Man muss, fast zwangsläufig, an solch erschütternde Dinge denken wie etwa ertrinkende Pferde oder an nasse, auf zwei Beinen laufende Hunde.

Schon immer galt die Geige als Instrument des Teufels, und der Erfinder der Geige ist in den Augen mancher Menschen ähnlich verdammenswert wie der Erfinder des Schwarzpulvers oder der Atombombe.

Ganz abschließend geklärt, warum die Geige eine solch verheerende Wirkung auf unser Wohlbefinden hat, ist nicht wirklich, doch man glaubt, dass es an dem straffen Pferdeschwanzhaar des Bogens liegt, der über den schwingenden Darm der Saiten gleitet und damit Ähnliches in uns auslöst wie der Verzehr von Pferdefleisch – das lange im Verdacht stand, halluzinogene Rauschzustände zu verursachen. Nach einer kurzen Phase des euphorischen Sättigungsgefühls folgt oft eine lange, nicht selten Tage währende Phase der Traurigkeit, die im schlimmsten Fall nie wieder aufhört. Man sprach hier früher von »Lipizzaner Depression«.

Es scheint, dass Pferd, das auf Magen beziehungsweise Darm trifft, Traurigkeit in uns auslöst. Denn eigentlich ist das Pferd ja der Freund des Menschen, und wir sollten es nicht essen und ihm die Haare abschneiden, um traurige Instrumente oder Instrumententeile daraus zu bauen.

Nein, die Geige ist nicht sonderlich beliebt, und wenn man mal überlegt, wie viele bekannte Gitarristen einem ad hoc einfallen und wie viele bekannte Geiger, sieht man deutlich das Gefälle. Gitarristen, würde ich denken, könnte ich in den nächsten Minuten mindestens hundert nennen, Geiger dagegen vielleicht zwei. Genau, der eine mit den langen blonden Haaren, und Nigel Kennedy, der einmal in einem Interview mit der *Mopo* sagte: »Es ist ja ein Kompliment, dass ich kopiert werde. Aber als ich Garret im Fernsehen sah, hat er nicht live gespielt. Und es ist einfach Scheißmusik!«[24]

Immerhin ist Nigel Kennedy FC-St.-Pauli-Fan, der, wenn er in Hamburg gastiert, auch schon mal *You'll Never Walk Alone* auf der Geige anstimmt. Und bestimmt ist Nigel Kennedy ein furchtbar netter Mensch, der nur durch widrige Umstände an das falsche Instrument geraten ist. Mehr möchte ich dazu nicht sagen.

64. GRUND

Weil hätte, hätte, Fußballtourette

Fans wollen immer zeigen, für welchen Verein ihr Herz schlägt. Meist geschieht dies in Form von T-Shirts, Mützen oder Schals, die man ständig trägt, um jedermann wissen zu lassen, dass es der FC St. Pauli ist, dem die Liebe gilt. Mutigere lassen sich, wie in einem anderen Kapitel dieses Machwerks bereits geschildert, das Vereinslogo tätowieren. Andere wieder färben sich die Haare in den Farben ihres Fußballvereins und lassen sich dessen Schriftzug jeden Tag wieder neu reinrasieren. Was beim FC St. Pauli noch einigermaßen praktikabel scheint, fällt bei Vereinen mit langen Namen wie Borussia Mönchengladbach natürlich schon schwerer. Dann wieder gibt es welche, die mehrmals am Tag laut den Namen ihres Vereins skandieren müssen. Oft geschieht das für alle Beteiligten völlig unvermittelt und losgelöst von der Situation, in der sich der Fan gerade befindet. Es kann im Supermarkt geschehen, während er in der Schlange vor einer Kasse wartet, im Wartezimmer seines Therapeuten, unterm Tannenbaum oder aber beim gemeinschaftlichen Zoobesuch mit der ganzen Familie, dass er die Faust reckt und beispielsweise laut hintereinander ausruft: »Schalke! Schalke!

Schalke!« Ärzte sprechen hier vom sogenannten »Fußball-Tourette«, von dem vor allem Männer betroffen sind. Fußball-Tourette wird durch andere Infizierte übertragen. Meist geschieht dies in Form der Tröpfcheninfektion, und ist Alkohol mit im Spiel, steigt die Ansteckungsgefahr rapide. Dann stimmt der Mann augenblicklich und fast reflexartig mit ein, kaum dass der Ruf eines anderen Fußball-Tourette-Kranken zu hören ist.

Dann gibt es Fans, die sich phallusartige riesige Fahnenmaste in den Vorgarten oder schräg aus dem Balkon ragend aufstellen, an denen sie an Spieltagen die Flaggen ihres Vereins hissen. Die ganze Familie muss dann Spalier stehen und *Hell's Bells* summen.

Doch das alles scheint fast noch harmlos zu sein im Gegensatz zu den Auswüchsen, zu denen das Fantum bei Fans des FC St. Pauli führt und von denen man immer wieder hört. Einer soll sich ein Reh in den Farben des FC St. Pauli in der Wohnung halten, in dessen Fell er den Totenkopf einrasiert hat. Es gibt Pauli-Fans, die alles verkauft haben und in einem braunen Wohnmobil leben, mit dem sie vor dem Millerntor-Stadion stehen oder dem Trainingsgelände an der Kollaustraße, oder aber einzelnen Spielern bis vor deren Wohnung folgen. Andere wieder tragen nur von Spielern des FC St. Pauli bei Spielen getragene Kleidung. Diese haben sie natürlich nie gewaschen, und neben der Kälte ist oft die Vereinsamung das größte Problem. Denn so anerkannt man auch in der Gemeinschaft des Stadions ist, in der Zeit zwischen den Heimspielen ist man sehr einsam.

65. GRUND

Weil HSV-Fans doch im Grunde auch ganz okay sind

Na klar, es geht nicht anders. In einem Buch über den FC St. Pauli muss auch immer der HSV erwähnt werden. Und nein, du blätterst jetzt nicht weiter. Nein, du liest das hier jetzt bitte. Bitte!

Denn um ehrlich zu sein, finde ich diese aufgesetzte Feindschaft zwischen den beiden Vereinen, die manche Fans propagieren, etwas albern. Hinzu kommt, dass viele meiner Freunde HSV-Fans sind. Was willst du machen. Denn im Grunde sind es keine schlechten Menschen. Nimm zum Beispiel Michael und Markus, zwei sympathische Mittvierziger, die schon glücklich sind, wenn sie einfach nur in ihrem blauen Kleinbus sitzen, ein paar Döschen Bier schießen und sich alte HSV-Spiele ansehen können. Ebenjene Spiele, als der HSV noch sehr erfolgreich war. Die schönste Zeit, wie beide nicht müde werden, zu betonen. Da wären sie glücklich gewesen, richtig glücklich. Heute seien sie nur noch zufrieden.

Die beiden nennen sich selbst nicht Michael und Markus, sondern Manni und Uwe, und wenn die beiden auch sonst wenig nach Fußballer aussehen, so tragen sie doch wenigstens die Haare wie Manfred Kaltz und genießen es, wenn man sie verwechselt. Was nicht oft vorkommt, aber manchmal nachts mit Betrunkenen.

Die beiden haben mal einen großen Hit geschrieben, den ein Mann mit weißer Strickmütze gesungen hat. Seitdem müssen sie nicht mehr arbeiten. Aber außer mir weiß das kaum wer. »Dachdeckerei« hat Markus auf den Bus geschrieben, und jeden Morgen holt er Michael ab und sie fahren irgendwohin, wo sie den Tag über mit dem Bus stehen, ein paar Döschen Bier trinken und sich alte Spiele des HSV ansehen, während ihre Familien glauben, sie würden die Dächer der Hansestadt decken. Beide tragen Dachdeckermode. Manchmal wälzen sie sich, damit die Kleidung dreckig wird und zerschlissen aussieht. Übers Internet haben sie Flaschen mit

Männerschweiß ersteigert, mit denen sie sich abends, kehren sie heim, benetzen.

Die beiden sind glücklich, und sind sie sehr glücklich, so hebt Markus Michael auf seine Schultern und sie laufen so durch die Wohngegend in Klein Borstel, wo die beiden nebeneinander in zwei Doppelhaushälften wohnen. Beide rufen dann, so laut sie können: »HSV! HSV! HSV!« Bis sie nicht mehr können. Ihre Gesichter werden ganz rot dabei, und manchmal schminken sie sich auch deshalb. Sie haben sich Schlumpf-Kostüme anfertigen lassen, in denen sie jeden Sommer nach Mallorca fahren, um dort so viel Sangria aus Eimern zu trinken, dass sie fast gar nicht mehr wissen, dass sie dort gewesen sind. Nicht nur dort, auch auf Familienfeiern imitiert Michael Horst Hrubesch, und Markus zeigt, was eine Bananenflanke ist.

Legendär auch ihre Auftritte als »Kaltz & Kaltz«, bei denen sie die größten Fußballhits der letzten 40 Jahre mit Gitarre und Mundharmonika zum Besten geben. Oft stehen sie an Spieltagen vor der Imtech-Arena und singen eine Folk-Version des großen Hits *Hamburg, meine Perle*. Fahr ruhig mal hin und sieh dir die beiden an. Du wirst sie ins Herz schließen, ganz sicher. Es sind ganz sympathische junge Männer, die sich selbst als »Emooligans« bezeichnen, gefühlvolle Hooligans.

66. GRUND

Weil durch den FC St. Pauli Punk und Sport zusammengewachsen sind

Punk und Sport, das ging früher nicht wirklich Hand in Hand. Wenngleich der Drang nach körperlicher Ertüchtigung auch in der Punk-Bewegung immer vorhanden war. Meist wurde dieses Bedürfnis auf Konzerten ausgelebt. Stand man auf anderen Musikveranstaltungen nur tumb rum, ließ ein bisschen die Arme am Körper rumschlackern, schunkelte und bewegte den Kopf, so suchte man als Punk immer schon nach exaltierteren Formen der Bewegung. Der Pogo entstand aus diesem Drang heraus und blieb lange eine der wenigen Sportmöglichkeiten, die man als Punk hatte. Slamdance und ähnliche Abarten folgten. Später gab es noch das Stagediving, das man getrost als Mannschaftssport durchgehen lassen kann. Ansonsten war Sport bei Punks eher verpönt, und wie sangen schon Die Goldenen Zitronen: »Man kann auch ohne Beine die Sportschau sehen.« Die Rezensenten glaubten immer wieder, dies Lied drücke genau diesen Umstand aus, dieses amputierte Gefühl des Punks, der seinen Drang nach Bewegung nicht wirklich ausleben kann.

Punks, die Sport treiben, galten in der Szene lange als verpönt, denn dort war Sport immer noch Ausdruck von falscher Eitelkeit, und wer am Wochenende lieber Sportveranstaltungen besuchte, als zu Demonstration zu gehen, war in den Augen vieler Punks suspekt. Es galt der schöne Slogan: »Wer am Wochenende ins Stadion rennt, gehört schon zum Establishment.«

Deshalb sahen viele Punks heimlich Fußball, blätterten unbemerkt an Kiosken Sportmagazine durch. Einige fuhren in Städte, wo man sie nicht kannte, um dort viertklassigen Vereinen beim Spielen zuzusehen. Andere wieder verkleideten sich und besuchten in Kostümierung Aerobic-Veranstaltungen oder fuhren Kanu auf der Alster. Oft waren es die Hunde, die den unterdrückten Sportdrang des Besitzers ausleben mussten, und oft sah man ja, wie Punks vom Ehrgeiz getrieben ihre unzähligen Hunde zu immer mehr sportlichen Höchstleitungen antrieben. Die Hunde waren oft dünn und muskulös.

Erst Anfang der Achtziger soll sich das ändern, und es ist nicht der Punk, der den Sport entdeckt, sondern der Sport entdeckt den Punk. Gezielt soll man versucht haben, ihn mit vergünstigten Bierpreisen und Spielern, die ihm die Möglichkeit der Identifikation geben, ins Stadion zu locken. Alteingesessene und bis dahin eher biedere Fans werden kurzerhand als Punks verkleidet, alte Männer mit weißen Hahnenkämmen skandieren »Punk's not dead!« in der Gegengeraden – in den Anfangstagen keine Seltenheit. So oder zumindest so ähnlich muss es wohl gewesen. Doch das Konzept geht auf.

Man erkennt die Punks als willkommenes Fan-Klientel, mit ihnen zieht das Roar ins Stadion ein, das oft so laut ist, dass es über das Stadion hinausschwappt und neue Schaulustige anlockt. Nach und nach füllen sie die Ränge des Stadions, und der FC St. Pauli wird zu dem, was er heute ist.

Auch anderenorts, nach dem Vorbild von St. Pauli, verirren sich immer mehr Punks zu Sportveranstaltungen und sind seitdem kaum noch aus dem Profisport wegzudenken. Und so fand seitdem ein Umdenken statt, und immer häufiger sieht man Punks auf den Podesten stehen, wo ihnen Medaillen überreicht werden. Man denke hier etwa an Pascal Hens, Andre Agassi, Dennis Rodman oder auch an die beiden Maskottchen der EM 2012, ein ukrainischer und polnischer Punk. Früher wäre das undenkbar gewesen.

67. GRUND

Weil selbst die Flitzer am Millerntor irgendwie anders sind

Vielleicht begreifst du es auch nicht so richtig, was das für Menschen sind, die den Drang verspüren, nackt über das Fußballfeld eines vollbesetzten Stadions zu laufen? Vielleicht aber würdest du das selbst gerne einmal ausprobieren, oder du bist bereits geflitzt? Mir zumindest bleibt es ein Rätsel, und auch wenn ich sonst ein seltsamer Mensch mit seltsamen Wünschen bin, die gerne auch mal mit Nacktsein zu tun haben können, so bleibt der Mythos des Flitzens für mich doch ein Buch mit sieben Siegeln.

Hans-Georg F. ist so ein Flitzer, was man ihm auf den ersten Blick nicht ansieht. Ein Mittfünfziger mit Vorliebe für Erdtöne und Strick, dessen dicke Brille für sein Gesicht nicht von Vorteil ist. Mehrere Male schon sei er bei Partien des FC St. Pauli quer über den Rasen gelaufen, sagt er, unter dem tosenden Beifall des Publikums. Später sah ich ihn auch bei anderen Fußballspielen flitzen. Doch das sei nicht dasselbe, gestand er mir. Hans-Georg F. flitzte schon über den Markusplatz. Hans-Georg F. flitzte bei der Hochzeit von Kate und Prinz William. Er flitzte beim Eurovision Song Contest in Baku, und sogar bei Matthias Rust soll er damals nackt mit im Flieger gesessen haben. Nur hat das wegen der ganzen Aufregung niemand so richtig mitbekommen.

Hans-Georg F. ist seit seiner Jugend Fan des FC St. Pauli und am liebsten nackt. Und wie sonst ließen sich diese beiden Leidenschaften besser miteinander kombinieren, als im Millerntor-Stadion zu flitzen. Hans-Georg mag sich, ist er nackt. Er ist meistens nackt. Doch je älter er wird, umso weniger sieht man das auf den ersten Blick. Meist wirkt es, als trage er einen übergroßen, beigefarbenen Norwegerpullover. Er hat sich Rentiere auf den Oberkörper tätowieren lassen. Oft ist er traurig, dass es in Deutschland immer so kalt ist und er nur selten nackt sein kann. Er glaubt von sich, dass er nackt sympathischer auf die Leute wirkt – was die Leute, die ich im Rahmen der Recherche zu diesem Buch befragte, stets verneinten. Im Sommer macht er oft FKK-Urlaub und genießt es dann bei allerlei Aktivitäten wie Schuhe zubinden, Pilze sammeln oder aber Baseball, nackt zu sein und dabei angesehen zu werden.

Hans-Georg F. ist ein sehr einsamer Mensch. Ob erst durch das Flitzen oder schon immer kann ich nicht wirklich sagen. Aber irgendwann scheint er die Idee gehabt zu haben, er würde leichter Freunde oder vielleicht auch eine Frau finden, würde man ihn einmal nackt sehen. Auch beim Interview war er nackt und stand immer wieder auf, um sich um die eigene Achse zu drehen, wobei sein Bauch durch die Fliehkraft wie ein Tutu von ihm abstand. Ich versicherte ihm, dass seine Nacktheit keinerlei Gefühl von Sympathie bei mir erwecke. Doch Hans-Georg F. ist fest vom Gegenteil überzeugt.

F. gilt uns auch als Erfinder der Spammail. Schon lange bevor es das Internet gab, versandte er nackt Fotos von sich, auf denen er meist nichts weiter als Haar und Haut trug. Manchmal versuchte er auf diesen Aufnahmen, seine Nacktheit auf ästhetische Weise mit einem Billardqueue zu verbergen – was aber gründlich misslang. Es war nicht viel Ästhetisches an ihm, und die Zeit arbeitete ihm dabei kaum zu.

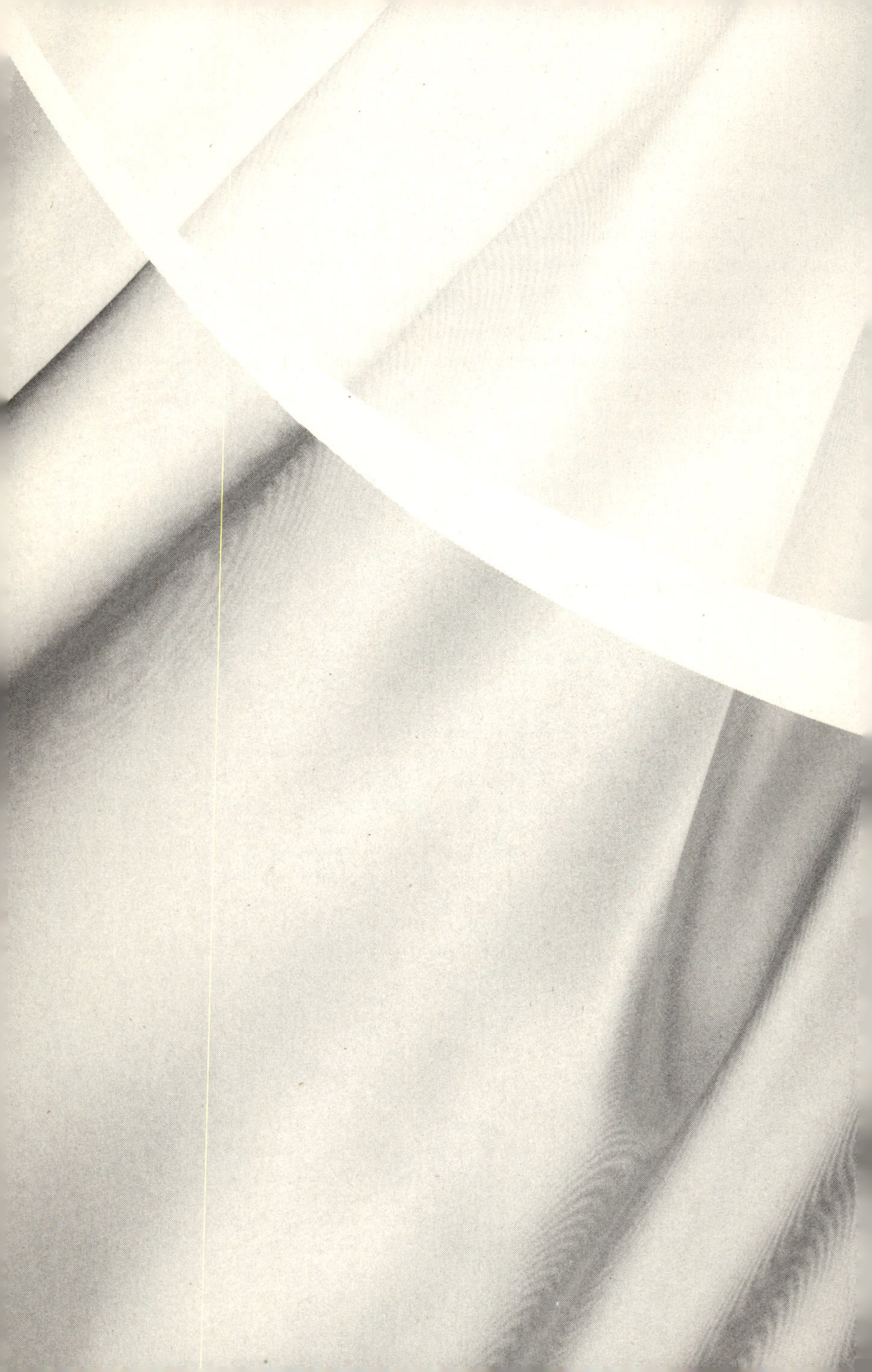

7. KAPITEL

BOULEVARD PAULI

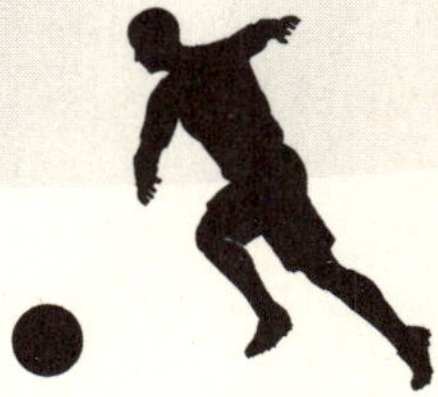

68. GRUND

Weil der FC St. Pauli den Bachelor in seinen Reihen hatte

Hallo lieber Fußballfan, ich weiß natürlich, dass du jetzt überhaupt keine Ahnung hast, wovon ich spreche. Bachelor? Du denkst: Ist das eine Punkband? Oder was zu saufen?

So ähnlich, möchte ich meinen. *Der Bachelor*, sprich »Bätscheller«, ist ein Erfolgskonzept des Sympathiesenders RTL, bei dem gefühlt 100 Frauen, die meist apart anzusehen, menschlich aber oft doch recht seltsam sind, um die Gunst des Bachelors kämpfen. Mit Betonung auf »kämpfen«, denn die meiste Zeit sind diese Frauen beleidigt und keifen einander an. Dieses füllt oft einen Großteil der Sendung. Zwischendrin kommt der Bachelor und holt eine der Frauen ab, um romantisch Tiere anzugucken oder aber um am Strand entlangzuflanieren und über sexuelle Vorlieben und vergangene Beziehungen zu sprechen. Dabei wird zu jeder Tageszeit passenderweise ein Likör aus den Früchten des Elefantenbaums getrunken. Am Ende einer jeden Folge verteilt der Bachelor Rosen an die Frauen – aus Gründen der Spannung gibt es immer mehr Frauen als Rosen –, und wer von diesen Frauen keine Rose erhält, kann oder muss nach Hause fahren. Am Ende bleibt nur noch eine Rose übrig, und die Frau, die diese erhält, muss mit dem Bachelor zusammenbleiben. Für immer. So jedenfalls die Grundidee.

Ähnlich wie beim Fußball, sagst du.

Genau, in etwa wird hier das Prinzip der Bundesliga aufgegriffen – die Frauen sind die Mannschaften, der Bachelor ist die Schale.

Interessant, findest du. Fragst dich gleichzeitig aber auch, warum ich dir das alles erzähle. Dazu noch in einem Buch, in dem es, vordergründig zumindest, um den FC St. Pauli gehen soll.

Ja, weil 2012 dieser Bachelor Paul Janke war, und Janke hat acht Jahre beim FC St. Pauli gespielt. Jugendmannschaften.

Ah, sagst du, jetzt schnallst du es.

Genau. So sieht das aus. Und Janke merkte man irgendwie noch an, dass er einer von uns ist, St. Pauli und so. Denn der Bachelor, das ist immer ein Mann wie du und ich. Verdammt gut aussehend, gerade im Bauchbereich, und die Zähne so weiß, dass man kaum lange hinsehen kann, wenn er spricht. Und oft – was heißt oft, bislang gab es das Format vier Mal, ein Mal war der Bachelor eine Bachelorette – sind die Bachelors nicht gerade das, was man unter Kumpeltypen versteht. Doch dieser Janke ist irgendwie anders. Pauliesker. Sieht auch wahnsinnig gut aus, sehr skandinavisch, blonde Haare, gerippter Bauch und so, aber man spürte, dass sich hinter der Fassade ein guter Typ verbirgt. Er verströmte großspurig Sympathie, die vermutlich aus seiner Zeit beim FC St. Pauli herrührte. Da bin ich mir sicher. Oder wie sagt man bei uns: »Großes Herz und Waden wie ein Indianer – du bist sicher St. Paulianer!«

69. GRUND

Weil kein Buch über Fußball ohne Franz Beckenbauer auskommt

Franz Beckenbauer, denkst du jetzt, was soll der denn nun hier? Hier wird das ja immer hanebüchener. Dabei sind wir erst bei Grund 69. Was soll denn da noch alles kommen? Scheiß-Buch. I hate Sven Amtsberg.

Aber warte. Denn ein bekannter Fußballautor hat einmal gesagt, kein Buch über Fußball sollte ohne Franz Beckenbauer auskommen. Und der Meinung bin auch ich. Und wenn es in anderen Büchern vielleicht schwieriger ist, diese Lichtgestalt des Fußballbetriebs unterzubringen, so gibt es mit dem FC St. Pauli tatsächlich Verknüpfungen. Denn im Spiel des FC Bayern München gegen den FC St. Pauli am 6. Juni 1964 debütiert Beckenbauer, damals 18-jährig und dunkelhaarig, und schießt sein erstes Tor. Bayern gewinnt das Spiel am Ende mit 4:0. Im Rückspiel siegt man sogar mit 6:1, auch hier schießt Beckenbauer wieder ein Tor. Siehst du, passt doch ganz gut hier rein.

70. GRUND

Weil auch Dirk Matthies großer FC-St.-Pauli-Fan ist

Ich würde gerne einfach mal annehmen wollen, dass du großer *Großstadtrevier*-Fan bist. Frag mich nicht warum. Es ist einfach ein Gefühl, das ich habe. Jetzt gerade, während ich dieses Kapitel schreibe, sehe ich dich vor mir, wie du auf deinem Bett liegst, in deinem Zimmer im Hause deiner Eltern, und dieses Buch liest, das deine Mutter dir aus dem Supermarkt mitgebracht hat. Wie an anderen Nachmittagen auch trägst du ein Polizeihemd, auf das du selbst »Matthies« gestickt hast. Ein Stickkurs im letzten Winter, den du nur aus diesem Grund belegt hast. »Großstadtrevier, das ist ja gar keine richtige Polizei«, sagst du, wenn deine Punkfreunde zu Besuch kommen und ihre blanken Hintern an deinen Polizeidevotionalien reiben.

An den Wänden deines Zimmers hängen Bilder von dir und Jan Fedder, wie du einen Arm um ihn legst, aufgesetzt fröhlich lächelst, während Fedder neben dir dasselbe tut. Wobei manch einer in seinem Gesicht noch eine leidende Nuance auszumachen meint. Jan Fedder kennt dich schon, weil du oft Fotos mit ihm machst. Du lungerst ständig vor der falschen Polizeiwache in Hamburg-Bahrenfeld herum und wirst dort gerne mal für einen der Schauspieler gehalten in deiner falschen Polizeiuniform. Einmal schon hast du sogar ein Autogramm gegeben und unleserlich deinen Namen auf die Brötchentüte einer alten Frau geschrieben. Es war ein schöner Tag für dich.

Du hast bislang keine Folge des *Großstadtreviers* verpasst. Im Urlaub warst du noch nie, weil du dir auch die Wiederholungen ansiehst. Seit deiner Geburt siehst du das *Großstadtrevier*. Du bist am 16. Dezember 1986 im Wohnzimmer deiner Eltern während der ersten Folge des *Großstadtreviers* zur Welt gekommen, und das Erste, was du von dieser Welt sahst, war der starre Blick Richard Blocks, gespielt von Arthur Brauss, der das Übel dieser Welt bekämpft. Lange hast du selbst Polizist werden wollen, doch dann kamen der Punk und die Bewegung. Was dir blieb, war das *Großstadtrevier*. Stets trägst du Uniform, und das Wohnzimmer ist der Polizeiwache des *Großstadtreviers* nachempfunden, so wie auch deine Eltern ein wenig dem *Großstadtrevier* nachempfunden sind. Dein Vater, der aussieht wie Rolf Bogner. Deine Mutter, die ihrer leichten Ähnlichkeit mit Dietmar Steiner auf die Sprünge half und aus einer leichten eine starke Ähnlichkeit werden ließ. Oft stehst du hier am Empfangstresen und nimmst Anzeigen entgegen. Und jeden Freitag zahlst du einer Frau etwas Geld dafür, damit sie mit dir in Uniform durchs Viertel fährt und nach dem Rechten sieht.

Und nun fragst du dich sicher, warum ich dir all das erzähle, was du längst weißt. Warum ich es nicht nur dir erzähle, sondern auch den anderen Lesern, Millionen von Lesern, die dieses Buch lesen und nun alles über dich wissen. Ich will es dir sagen. Weil Dirk Matthies, der Lieblingspolizist aller Linken, ein großer FC-St.-Pauli-Fan ist. Eindrucksvoll zu sehen in der 100. Folge des *Großstadtreviers* mit dem Titel *Der Aufsteiger*, für die der letzte Spieltag der Saison 1994/95, an dem der FC St. Pauli gegen den FC 08 Homburg siegt und damit aufsteigt, den Hintergrund bildet. In jener Folge trägt Matthies unter seiner Uniform ein FC-St.-Pauli-Shirt. Und wenn du, wie du selbst sagst, Dirk Matthies ehrst und völlig platonisch liebst, dann solltest du auch damit anfangen, den FC St. Pauli zu lieben. Und vielleicht gehst du auch mal wieder raus, an die frische Luft. Triffst dich mit richtigen Menschen. Und vielleicht ist das Millerntor-Stadion genau der richtige Ort dafür.

71. GRUND

Weil St. Pauli oft auch wichtiger als die Queen ist

Eine Königin zu haben, ist ein Luxus, den sich nicht jedes Land leisten kann. Denn eine schicke, ältere Dame, die in glänzenden Kostümen winkend durch das Land fährt und Hundeschauen und Krankenhauseröffnungen den nötigen Glamour verleiht, die ist äußerst kostspielig. Erst einmal braucht so eine Königin auch ein ansprechendes Schloss, und das kostet natürlich immens. Heizkosten, Personal, dazu kommen horrende Mietpreise, gerade in der heutigen Zeit. Außerdem braucht so eine Königin unzählige Königinnenkleider. Kronen aus reinstem Gold mit Diamanten besetzt. Dazu jeden Tag Speisen wie Kaviar, Schillerlocken oder Aal in Gelee. Und hat man sich so eine Königin erst einmal ins Land geholt, dann, die Geschichte hat es deutlich gezeigt, wird man sie so leicht auch nicht wieder los. Königinnen vermehren sich ständig, zeugen hie und da Nachwuchs, der dann seinerseits Königin werden will oder zumindest König, und man hat über Generationen den Hofstaat zu zahlen. Spanien ist dadurch arm geworden. Da scheint es schon vernünftiger, eine Art Kompromiss zu finden. Unserer heißt Angela Merkel und kostet etwa 17.000 Euro im Monat plus einigem sonstigem Tüddelüt. Sie ist aber im Vergleich zu anderen Königshäusern fast als Low Budget zu bezeichnen, wenngleich sie natürlich auch wenig königinesk ist. Tja, man muss halt Abstriche machen.

Nichtsdestotrotz scheint die Sehnsucht nach einer Königin in uns Deutschen zu existieren und größer zu sein als angenommen. Kein anderes Land wählt so viele falsche Königinnen wie wir Deutsche: Bierkönigin, Weinkönigin, Schönheitskönigin, Schützenkönigin. Natürlich, auch bei uns gibt es noch so etwas wie ein wenig Rest-Monarchie. Ernst August von Hannover etwa, der jedoch nur als ein recht kinskiesker Königinersatz durchgeht und es in puncto Anmut und Grazie mit beispielsweise Queen Elizabeth oder der abgedankten Königin Beatrix kaum aufzunehmen vermag.

Wie auch immer, es bleibt schwer vorstellbar, eine Königin zu haben, und vielleicht liegt es daran, dass wir einfach nicht wirklich geübt sind im Umgang mit einer Königin. Und um die Existenz dieses Beitrags in diesem Buch zu rechtfertigen: Der frühere Finanz- und Verteidigungsminister Hans Apel ließ die Queen bei einem Galadiner wegen des FC St. Pauli warten.

Es ist der 7. Mai 1977. Der FC St. Pauli trifft am 36. Spieltag in einem Auswärtsspiel auf den SC Herford. Siegt der FC St. Pauli, könnte er an diesem Tag bereits den Aufstieg besiegeln. Es wäre der allererste Aufstieg des Vereins in die 1. Bundesliga. Apel, der seit frühester Kindheit großer Fan des FC St. Pauli ist und später einmal Vizepräsident des Vereins werden wird, ist zu diesem Zeitpunkt in London bei einer Zusammenkunft der damaligen Regierung, bei der auch die Queen anwesend ist. Immer wieder versucht er, seine Frau zu erreichen, damit diese ihm sagt, wie das Spiel ausgegangen ist. Doch er erreicht sie einfach nicht.

Man wartet bereits auf ihn. Der damalige Bundeskanzler Helmut Schmidt beginnt zu drängeln, doch Apel bleibt stur. Er lässt die Queen warten, so lange, bis er endlich seine Frau erreicht. Der FC St. Pauli hat 1:0 gesiegt und ist somit das erste Mal in die 1. Bundesliga aufgestiegen. Apel ist glücklich, und die Queen vermutlich auch.

Hinterher soll Schmidt ihn gefragt haben, so erzählt Apel in dem Film *Mythos St. Pauli*, ob er eigentlich einen Vogel habe. Woraufhin er entgegnet habe, nee, er habe FC St. Pauli.[25]

72. GRUND

Weil auch Schweden den FC St. Pauli lieben

Der Schwede ist schon seit Langem der Lieblingsskandinavier des Hamburgers. Die Gründe hierfür sind im Ausschlussverfahren zu finden. Es war der Däne, der uns Hamburgern früher einmal Altona gestohlen hat. Der Norweger ist dem Hanseaten von Aussehen und Habitus einfach zu ähnlich, und der Finne ist selbst dem Norddeutschen oft zu depressiv. Der stets aufgeschlossene, freundliche Schwede passt perfekt zum mundfaulen, aber herzensguten Hamburger, wie das Yin zum Yang, und so sind schwedisch-hamburgische Ehen keine Seltenheit. Die daraus resultierenden Kinder sind oft große Sympathieträger, denen von der Gesellschaft oft schon früh Verantwortung übertragen wird. Viele werden Klassensprecher, Vereinsvorsitze folgen, manche schaffen es bis in die Spitzenpolitik.

Als Zeichen seiner Zuneigung und Anerkennung hat Hamburg eine Straße nach Schweden benannt, den Schwedenkamp im Stadtteil Niendorf, wo es vielen oft schwedischer vorkommt als in Schweden selbst. Deshalb verbringen viele Hamburger auch dort ihren Sommerurlaub statt in Schweden, denn im Schwedenkamp kostet die Schwedenreise oft nur einen Bruchteil des herkömmlichen Reisepreises, und die Anfahrt lässt sich mit Bus und S-Bahn günstig gestalten. Das so gesparte Geld wird häufig in Alkohol angelegt, der im richtigen Schweden sehr teuer ist. Denn es ist der Rausch, der oft erst die Schwedensimulation perfekt macht.

Doch die Liebe geht noch weiter. Zu Ehren der Schweden hat Hamburg den Schwedenhappen erfunden, eine Matjes-Spezialität, die mit dafür verantwortlich ist, dass man das Land Schweden heute auf der ganzen Welt kennt und liebt, denn der Schwedenhappen ist von Australien bis nach Ostasien und Amerika ein beliebter Snack für zwischendurch. Außerdem haben wir an der Elbe den »Alten

Schweden« errichtet, einen großen Stein, den das Elbwasser in die Form Schwedens gebracht hat und der uns nun als Denkmal dient. Nicht ganz billig, wie man an dieser Stelle sicher einmal erwähnen darf. Aber der Hamburger liebt den Schweden eben, und der Schwede liebt den Hamburger.

Noch weißt du sicher nicht so recht, warum ich dir das alles an dieser Stelle erzähle. Ein Fußballbuch soll das doch sein, und nun geht es, gefühlt seit hundert Seiten, nur um Schweden und Matjes. Aber pass mal auf, mein Freund, jetzt kommt die Kurve. Es gibt viele Parallelen zwischen Schweden und Hamburg, und wo Hamburg wie ein kleines Schweden ist, ist St. Pauli wie ein kleines Borlänge, und der FC St. Pauli wie das Pendant zu dessen Verein IK Brage.

Borlänge, fragst du dich. Das sagt dir doch irgendwas?

Genau. Dort gibt es ein Zukunftsmuseum, wo man sich heute schon ansehen kann, was morgen passiert. Außerdem kommt die Lieblingsband von dir und deiner Mutter daher: Mando Diao.

Und Mando Diao mögen den FC St. Pauli. So erzählt der frühere Schlagzeuger Samuel Giers in einem Interview mit dem Magazin *11 Freunde*, dass er gemeinsam mit Sänger Gustaf Norén bei einer Partie des FC St. Pauli gegen Chemnitz im Millerntor-Stadion gewesen sei. Er würde auf diese »Underdogs« stehen und immer wieder zu St. Pauli gehen.[26] Und Norén ging sogar noch weiter und soll bei dem Konzert 2009 in der Color Line Arena, die sich in unmittelbarer Nachbarschaft zum Stadion des HSV befindet, den letzten Song des Abends *Go Out Tonight* dem FC St. Pauli gewidmet haben. Laut *Abendblatt* soll er dabei ausgerufen haben, er würde St. Pauli mögen.[27] Deshalb können wir nur zurückrufen: »We love Schweden, we do, Schweden, we love you.«

73. GRUND

Weil der FC St. Pauli vermutlich den bekanntesten Zeugwart der Welt in seinen Reihen hatte

Wann immer vom FC St. Pauli die Rede ist, dann ist auch meist von dessen Mythos die Rede. Und wenn vom Mythos die Rede ist, dann dauert es nie lang, bis sein Name fällt: Claus Peter Bubke, den alle Welt nur Bubu nennt. Die Liebe zu verniedlichenden Spitznamen hat auf St. Pauli Tradition. Hier heißt kaum wer, wie er heißt. Stattdessen wird verniedlicht und liebkost, was das Zeug hält. Denn wer würde schon vermuten, dass Bubu, Stani, Froschi und Truller allesamt zu einem Fußballverein gehören und nicht Figuren in einem Puppentheater oder Ähnliches sind.

Bubke, also Bubu, ist bekannter als viele Spieler, und ich würde einfach mal behaupten wollen, dass er der bekannteste Zeugwart Deutschlands ist. Wenn nicht sogar der ganzen Welt. Oder wie viele andere Zeugwarte fallen dir jetzt spontan ein? Siehst du.

Bubke nannte man oft den König der Katakomben, denn seine Räumlichkeiten lagen im damaligen Millerntor-Stadion unter dem alten Clubheim, und dort unten hatte nur er das Sagen. Was er auch jedermann sofort verständlich machte, der sich in sein Reich wagte. Vielleicht ist »verständlich machen« nicht ganz die richtige Wortwahl im Zusammenhang mit Bubke, aber zumindest war jedermann sofort klar, wer der König war und wer nicht.

Das Reich des Königs Bubu war ein dunkles Reich, in dem fortwährend das Brummen der Trockner zu hören war. Es roch etwas muffig, und Prinzessinnen gab es hier nicht. Auch kein Gold, kein Geschmeide, stattdessen Astra und Marlboro, des Königs liebste Freunde.

König Bubu war nicht zu vergleichen mit anderen Königen, mit denen er kaum etwas gemein hat – vielleicht einmal abgesehen von seiner herrschaftlichen Herkunft, denn Bubke ist auf Sylt geboren worden. Doch hat er das im Laufe der Zeit sehr gut zu kaschieren gewusst. Schickimicki, High Society – das sind Begriffe, die einem nicht sofort im Zusammenhang mit Bubke in den Sinn kommen. Eher denkt man an Kodderschnauze oder Waschmaschinen, von denen jeden Tag eine Vielzahl im Reich des Königs zu dessen Belustigung liefen. Ein Reich, aus dem man leicht wieder vertrieben werden konnte. Denn nur wen König Bubu mochte, der durfte dort unten bleiben. Andere verwies er gerne auch mal seines Reichs. Wie etwa Dieter Hoeneß, der dort einen seiner Wutanfälle bekam und den König Bubu anschrie, dass er endlich Ruhe geben solle, der König wolle in Ruhe sein Bier trinken. Einem Königskollegen aus Schalke soll er sogar eine Ohrfeige verpasst haben, nachdem dieser es gewagt hatte, die noch nassen Trikots des FC St. Pauli aus dem königlichen Trockner zu nehmen und die seines Vereins hineinzulegen.

Doch wen Bubke mochte, der durfte dort unten bleiben, um mit dem König ein Bier zu trinken, Zigaretten zu rauchen. Manche sagen auch, sie mussten es tun, damit der König nicht wieder zu schimpfen begann. Denn das Schimpfen schien ihm manchmal fast noch lieber zu sein als das Bier, die Zigaretten, das Waschen. König Bubke schimpfte gern. Fast altertümlich wirken seine Beleidigungen heute. Es sind Schimpfwörter, die kaum wirklich diese Bezeichnungen verdienen, etwa »Gurken-Gustav«, »Bananen-Bieger« oder »Rucksack-Erna«.

Wen der König nicht mochte, der bekam das meist sehr schnell zu spüren, und dem König war recht herzlich egal, um wen es sich dabei handelte. Denn vor dem Gesetz waren alle gleich, und dort unten war Bubke das Gesetz. Zu denen, die er nicht mochte, gehörten etwa der damalige Nationaltorhüter Jens Lehmann, der es wagte, fürs Warmmachen neue statt der alten, abgenutzten Bälle zu fordern. »Der hat mir irgendwas von Nationaltorhüter erzählt. Das hat mir nicht gepasst, sein Ton auch nicht. Da habe ich ihm gesagt: ›Jetzt kriegst du gar keine Bälle von mir‹«, erzählte Bubke der *Hamburger Morgenpost* über diesen Vorfall.[28] Wenn du einen Eindruck von dem Originaltonfall Bubkes haben möchtest, dann nimm etwas in den Mund und sprich dieses Zitat so schnell nach, wie du nur kannst. Schließe ruhig dabei die Augen, und wenn du es immer wieder probierst, wirst du irgendwann das Gefühl haben, König Bubu wäre bei dir und würde mit dir sprechen. Hast du es perfektioniert, öffne das Fenster und pöble etwas hinaus. Schimpfe, bis der Speichel auf die Straße tropft, und spüre die königliche Erleichterung, die es gibt, wenn man immer genau das sagt, was man auch denkt. Denn wenn wir etwas vom König Bubu gelernt haben, dann sicher auch das.

74. GRUND

Weil auch Günter Netzer beinahe für den FC St. Pauli gespielt hätte

Günter Netzer hat schon viele Leben verändert, und vielleicht wäre auch am Millerntor alles ganz anders gekommen, hätte man Netzer 1976, so wie geplant, für den FC St. Pauli gewinnen können.

Für viele war Netzer – und für einige ist er es auch noch heute – so etwas wie ein moderner Heiland. Es sollen nicht wenige gewesen sein, die damals, wurde eins seiner Spiele im Fernsehen übertragen, ganz nah vor dem Bildschirm standen, um diesen mit Körperpartien zu berühren, die krank waren, in der Hoffnung, Netzer wäre fähig, sie durch Telepathie oder was auch immer zu heilen.

Auch in St. Pauli war die Begeisterung für Günter Netzer groß, und man glaubte dort fest daran, dass mit Netzer, diesem Fußballmessias, alles anderes werden würde. Es war die Idee des damaligen Vizepräsidenten Werner Velbinger, Netzer ans Millerntor zu holen. Und Netzer schien, nachdem Velbinger erste Kontakte per Brief hergestellt hatte, tatsächlich auch gar nicht so abgeneigt. Velbinger flog sogar nach Madrid, um Netzer zu treffen. Doch geklappt hat es dann am Ende leider nicht. Netzer ging nach Zürich.

Erst 1978 kam er dann nach Hamburg. Allerdings um Manager des HSV zu werden. Von 1978 bis 1986 übte Netzer dieses Amt aus. In dieser Zeit wurde der HSV drei Mal Deutscher Meister und drei Mal Vizemeister. Und du glaubst, an dem Messias-Verdacht ist nichts dran? Das alles hätte auch dem FC St. Pauli passieren können. Na ja, Schwamm drüber. Immerhin kam 2010 Gerald Asamoah.

75. GRUND

Weil auch Wladimir Klitschko den FC St. Pauli liebt

Oft wird darüber gestritten, was der Vorläufer wovon war, ob das Boxen von Fußball oder Fußball von Boxen. Heute gibt es kaum noch Parallelen zwischen beidem, denn was bei dem einen klein, ist bei dem andern groß, und was bei dem einen flach, ist bei dem anderen hoch. Das einzige verbindende Element ist die kurze Sporthose, die beim Boxen allerdings auch nicht so richtig kurz ist.

Wenn auch äußerlich nicht mehr zu erkennen, so besteht doch oft noch eine emotionale Bindung zwischen diesen beiden Disziplinen, und viele Boxer sind große Fußballfans. Wladimir Klitschko etwa, der nicht nur Bayern München mag, sondern auch den FC St. Pauli liebt. In einem Interview mit der *Mopo* gestand der Boxer, dass er an St. Pauli vor allem die Bodenständigkeit und den speziellen Charme, der sich nur schwer beschreiben ließe, mögen würde. St. Pauli, das sei ein Lebensgefühl, das man spüre, wenn man im Stadion sei.[29] Klitschko sieht man nicht oft im Millerntor-Stadion, aber wenn, dann gut. Meist ist er sofort zu erkennen, denn ganz egal, wo er auch steht, hünenhaft ragt er aus der Masse heraus, und winkt er, so sind die Schatten seiner großen Hände gut auf dem Spielfeld zu sehen, und manch einer denkt, ein Vogelschwarm überflöge das Stadion.

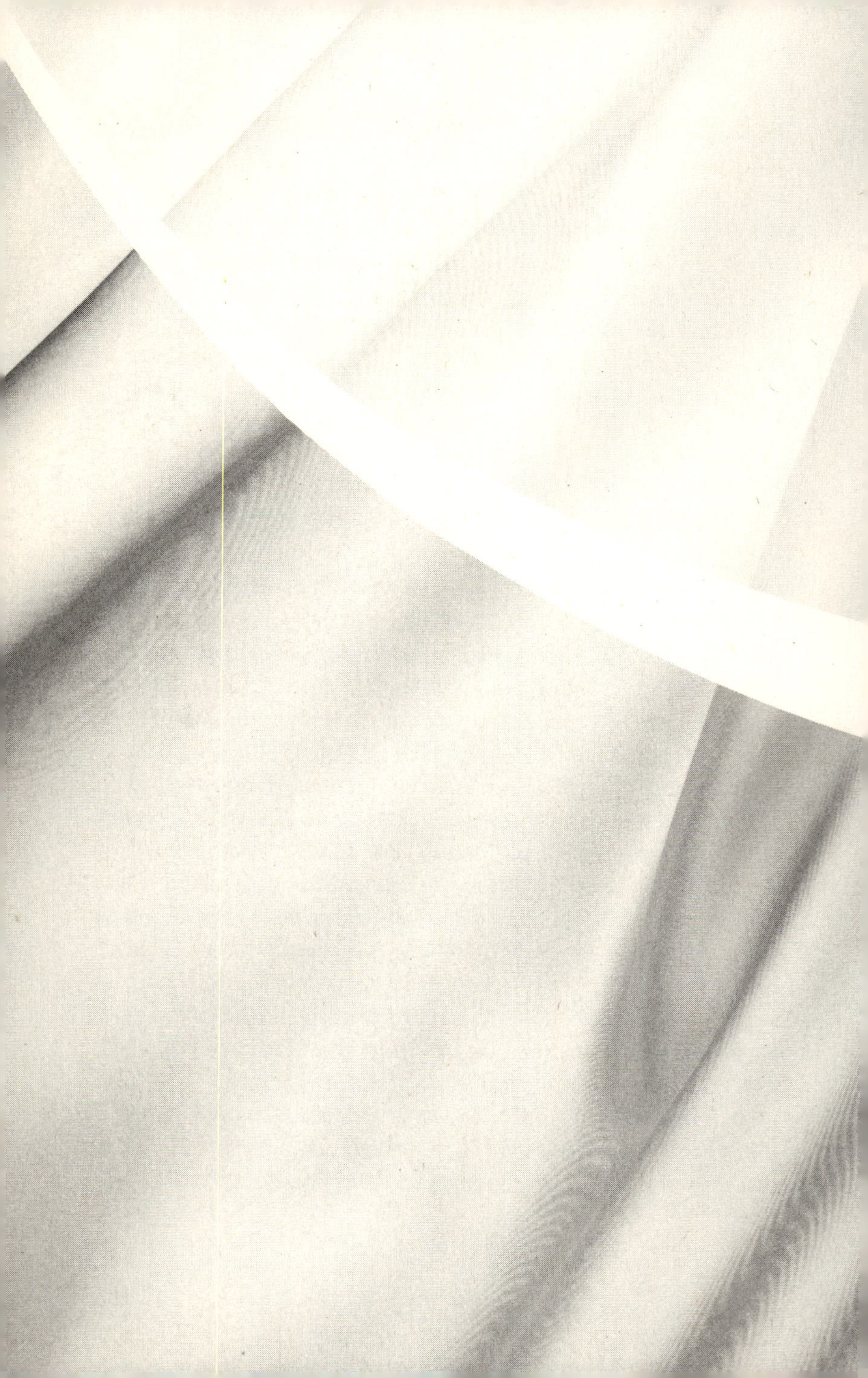

8. KAPITEL

DIE KICKER VOM KIEZ

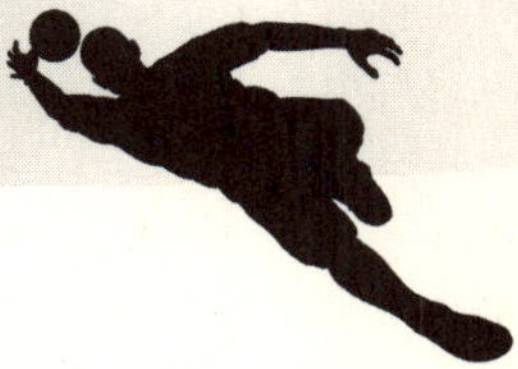

76. GRUND

Weil ein Walter Frosch nur in der A-Mannschaft oder der Weltauswahl spielt

Bitte schließ nun deine Augen und stell dir etwas vor. Bitte. Ich weiß, dir ist das unangenehm. Du sitzt jetzt gerade in der S-Bahn und die Leute werden dich anstarren. Aber heute soll dir einmal egal sein, was die anderen denken. Denn heute ist vielleicht der Tag, an dem nun endlich alles anders wird. Vielleicht ist heute dein Walter-Frosch-Tag. Denn denk mal darüber nach, was Walter Frosch in deiner Situation tun würde! Glaubst du wirklich, er würde zögern, jetzt die Augen zu schließen? Glaubst du, er würde sich darum scheren, was die anderen von ihm denken? Nein, ganz sicher nicht!

Also schließ jetzt bitte deine Augen und denke an Walter Frosch. Stell dir ein Männergesicht vor, dem man ansieht, dass es viel draußen gewesen ist. Auch bei Regen, Schnee und Hagel. Vielleicht gerade dann. Dazu lange, leicht gelockte Haare. Ein mächtiger Schnurrbart, den man auch aus großer Entfernung gut sehen kann und der in der st. paulianischen Mythologie für Stärke und Durchsetzungsvermögen steht.

Vermutlich musst du nun kurz die Augen öffnen, weil dir etwas mulmig geworden ist, so ganz allein mit Walter Frosch in deinem Kopf. Das ist in Ordnung. Öffne die Augen und sieh die Leute in der S-Bahn an, die nun hastig aus dem Fenster zu gucken scheinen, nachdem sie dich zuvor fassungslos angestarrt haben, wie du dagesessen hast, mit geschlossenen Augen, offenem Mund und dem lautem polyp-esken Atmen.

Walter Frosch nennen sie in St. Pauli alle nur »Froschi«. Doch lass dich davon nicht einlullen. Walter Frosch ist alles, nur kein Froschi. Seine Devise war und ist es, niemals aufzugeben, und sein schwerster Gegner, so sagt er selbst, sei immer die Kneipe gewesen. Bis zu

60 Zigaretten soll Frosch am Tag geraucht haben. Wohlgemerkt in seiner aktiven Zeit, und es konnte auch schon mal vorkommen, dass er vor einem Spiel feiern ging. »Bindehautentzündung«, soll dann, laut ndr.de, am nächsten Tag seine lapidare Erklärung für die roten Augen geheißen haben.[30]

Doch nicht nur am Tresen war Frosch nur schwer zu besiegen. Er ist auch ein hervorragender Spieler gewesen, von dem viele behaupten, er habe sich selbst oft im Weg gestanden und hätte noch mehr erreichen können, wäre er in ein paar Nächten vielleicht mal zu Hause geblieben. Oder hätte er sich auf die Zunge gebissen. Legendär ist sein Kommentar zur Einladung Jupp Derwalls, im B-Kader der Nationalmannschaft zu spielen: »Ein Walter Frosch spielt nur in der A-Mannschaft oder in der Weltauswahl.«

Ein solcher Spieler wie Walter Frosch musste früher oder später einmal beim FC St. Pauli landen, denn wo sonst ließe sich die Liebe zum Fußball und zum Tresen besser miteinander kombinieren als hier. Sechs Jahre – nur, muss man fast sagen – spielte Frosch für den FC St. Pauli. Eine Zeit, von der sich im Nachhinein schnell glauben lässt, es wären in Wahrheit 60 Jahre gewesen. Denn Frosch zählt ganz sicher zu den legendärsten Spielern des Vereins, und wann immer vom FC St. Pauli die Rede ist, dauert es nie lange, bis sein Name fällt.

Mit Walter Frosch stieg man 1977 das erste Mal in die 1. Bundesliga auf. Und seinetwegen, so heißt es zumindest, führte der DFB die Regel einer automatischen Spielsperre ein, wenn ein Spieler mehr als vier bzw. heute fünf Gelbe Karten bekommen hat. Denn Frosch erhielt in einer Saison entweder 18, 19, 20, in manchen Quellen heißt es gar 27 Gelbe Karten. Auf alle Fälle waren es rekordverdächtig viele. Rote jedoch sah er nie.

Nach seiner aktiven Zeit als Fußballer betrieb er eine Weile die Victoria Klause, die Vereinsgaststätte des Fußballvereins SC Victoria Hamburg. Fußball und Kneipe sind eben seine größten Leidenschaften.

77. GRUND

Weil Fleisch das Benzin des Fußballers ist

»Meat is the gasoline of the soccer player«, hat ein international bekannter Fußballstar einmal gesagt, und noch heute ist Fleisch das Unterpfand für erfolgreiche Leistung auf dem Fußballplatz. Die meisten Fußballer ernähren sich heute fast ausschließlich von Fleisch, weil Fleisch der Freund des Fußballers ist und weil aus Fleisch meist wieder Fleisch wird.

Heutzutage gibt es mehr Fleisch als Gemüse auf der Welt, sodass man theoretisch ganz auf Letzteres verzichten könnte. Im Grunde gibt es nichts, was sich nicht auch aus Fleisch herstellen ließe. Wir kennen die Versuche etwa von Fleischtomaten oder Fleischkäse, wo nur geübten Gaumen der Unterschied überhaupt auffällt. Und so werden immer wieder Skandale aufgedeckt, bei denen man betrügerischerweise Produkte, die ohne Fleisch sein sollen, aus Fleisch hergestellt hat. Denn unvorstellbarerweise ist Fleisch meist billiger als Gemüse oder Obst.

Doch das war nicht immer so. Jeder kennt die missbilligenden Blicke älterer Mitmenschen, wenn man beim Essen weißes Fleisch von rotem abschneidet, um es dann an den Tellerrand zu schieben. Irgendwer sagt dann meist, dass man gar nicht wüsste, was Hunger sei, und kurz darauf kommen graue, faltige Finger, um sich das weiße Stück in den Mund zu stecken und genüsslich darauf herumzukauen. In der Historie des FC St. Pauli spielt Fleisch eine so große Rolle wie in keinem anderen Verein. Denn Fleisch war dafür verantwortlich, dass man in den Nachkriegsjahren eine Mannschaft zusammenstellte, zu der sogar der spätere Bundestrainer Helmut Schön gehörte. Bei dieser Mannschaft spricht man immer von der »Wunderelf« des FC St. Pauli, denn so viele erstklassige Spieler wie zu jener Zeit, es tut mir leid, vereinte man nur noch selten danach wieder im Kader des FCs.

Der damalige St. Paulianer und spätere Nationalspieler Karl Miller wurde in den Jahren 1941 und 1942 nach Dresden abkommandiert, wo er in dieser Zeit als Gastspieler für den Dresdner SC spielte. Dieser war zur damaligen Zeit sehr erfolgreich und gewann sogar zwei Mal die Deutsche Meisterschaft. Eine Vielzahl an Nationalspielern spielte damals in dem Team. Karl Millers Vater betrieb in jener Zeit in der Hamburger Wexstraße eine Schlachterei. Und anders als heute war nach dem Krieg Geld erst einmal nicht sonderlich interessant, da es anfangs ohnehin nur wenig zu kaufen gab. Die Leute wollten lieber satt als reich werden. Als Karl Miller nun nach seiner Zeit in Dresden und dem Zusammenbruch der NS-Diktatur 1945 nach St. Pauli zurückkehrte, da versprach er seinen früheren Vereinskameraden vom Dresdner SC Fresspakete aus der Schlachterei seines Vaters, wenn diese ihm mit nach St. Pauli folgen würden. Fresspakete, die man sich nach jedem Spiel in der Schlachterei abholen konnte. Und so kam es, dass tatsächlich eine Vielzahl an erstklassigen Spielern vom Dresdner SC nach St. Pauli wechselten, weniger wegen des Vereins, sondern eher wegen des Fleisches.

Auch später versuchte man immer wieder, Spieler mit Hack und Karbonaden ans Millerntor zu locken. Günter Netzer soll man 1976 in rauen Mengen Grützwurst und Hamburger Gekochte angeboten haben. Ohne Erfolg. Auch der Versuch, Gascoigne mit Containern voll Mett und Speck nach St. Pauli zu locken, misslang gründlich.

78. GRUND

Weil der FC St. Pauli immerhin vier Nationalspieler in seinen Reihen hatte

Jogi Löw ist selten im Millerntor-Stadion zu sehen, um dort Talente zu entdecken. Und auch vor ihm waren nur selten Bundestrainer da, um Spieler des FC St. Pauli für ihren Kader zu verpflichten.

Ja, man muss fast ernüchtert feststellen, dass es in der über hundertjährigen Geschichte des Vereins bislang nur vier Spieler in die Nationalmannschaft geschafft haben. Obwohl es ganz sicher mehr verdient hätten und die deutsche Nationalelf mit Spielern wie Holger Stanislawski, André Trulsen oder Thomas Meggle bestimmt schon längst mal wieder Weltmeister geworden wäre.

Der letzte St. Paulianer, der es in die Nationalmannschaft schaffte, war 2002 Christian Rahn. Insgesamt fünf Spiele absolvierte Rahn für Deutschland. Allerdings wechselte er bereits kurz nach seiner Einberufung in die Nationalmannschaft zum HSV, sodass er während seiner Zeit beim FC St. Pauli eigentlich nur zwei Länderspiele absolvierte. Immerhin waren das mehr als Alfred Beck. Denn Beck trat nur bei einem einzigen Spiel für die Nationalmannschaft an, am 1. Dezember 1954 gegen England. Deutschland verlor am Ende mit 1:3. Doch das einzige Tor für Deutschland schoss immerhin Beck.

Auch Ingo Porges, der dritte Nationalspieler in den Reihen des FC St. Pauli, brachte es nur auf ein einziges Spiel für die Nationalmannschaft, und dieses eine Länderspiel war traurigerweise dann auch noch eine Niederlage. Am 11. Mai 1960 verlor man gegen Irland 0:1. Doch Porges wurde in der Presse sehr gelobt, sodass es am Ende verwunderte, dass er nicht häufiger zum Einsatz kam. Porges galt als fairer Spieler, der in seiner gesamten Karriere als Fußballer insgesamt nur zwei Gelbe Karten sah. Vielleicht lag es daran.

Der »Rekordnationalspieler« in den Reihen des FC St. Pauli ist der Schlachtersohn Karl Miller, von dem an anderer Stelle in diesem Buch bereits die Rede war. Dieser hat mit zwölf Einsätzen für die Nationalmannschaft mehr Länderspiele absolviert als die anderen drei zusammen. Seinen Einstieg hatte Miller am 6. April 1941 in dem Spiel gegen Ungarn, das Deutschland am Ende mit 7:0 gewann. Miller war von 1941 bis 1942 Nationalspieler, und um bei der Wahrheit zu bleiben, muss man leider zugeben, dass er in dieser Zeit in Dresden stationiert war und dort als Gastspieler beim Dresdner SC spielte. Aber eigentlich war er St. Paulianer.

79. GRUND

Weil dem FC St. Pauli manche Spieler auch schon Millionen wert sind

Der FC St. Pauli ist nicht gerade dafür bekannt, sehr reich zu sein und hohe Ablösesummen für Spieler zu zahlen. Umso mehr verwunderte es, als man 2001 für Uğur İnceman 2,75 Millionen DM ausgab. İnceman gilt damit als der teuerste Einkauf der Vereinsgeschichte. Der 1981 in Aachen geborene türkischstämmige Spieler kam zum FC St. Pauli, nachdem dieser das vierte Mal in die 1. Bundesliga aufgestiegen war. »Ein Spieler mit Perspektive«, prophezeite Trainer Dietmar Demuth damals gegenüber dem *Hamburger Abendblatt*[31], doch so ganz konnte İnceman anfangs die in ihn gesetzten Erwartungen nicht erfüllen.

Doch damit war er nicht der Einzige. Die ganze Mannschaft enttäuschte in dieser Saison maßlos – und das, obwohl es sich in großen Teilen um dasselbe Team handelte, das in der Saison davor schon für den sensationellen Aufstieg gesorgt hatte. Am Ende der Saison stand der FC St. Pauli mit 22 Punkten auf dem letzten Tabellenplatz und stieg sofort wieder in die 2. Bundesliga ab.

Die Saison 2002/03 begann, wie die Saison davor aufgehört hatte. Im Dezember 2002 hatte St. Pauli in der Hinrunde jämmerliche neun Punkte gewonnen und stand wieder auf dem letzten Tabellenplatz. Franz Gerber wurde Trainer und löste damit Joachim Philippkowski ab, der das Amt des Trainers nach der Entlassung Dietmar Demuths im August 2002 kurzzeitig übernommen hatte. Auch wenn Franz Gerber den Abstieg in die Regionalliga nicht verhindern konnte, so blühte zumindest Uğur İnceman zu wahrer Form auf. Im *Kicker* sagte Gerber über diesen: »Er macht sich gut, tritt selbstsicher und aggressiv auf.«[32]

Nach dem Abstieg in die Regionalliga wechselte İnceman zur SpVgg Greuter Fürth, von wo aus er dann im Januar 2004 zum türkischen Verein Vestel Manisaspor ging, bei dem er bis 2008 spielte. Es folgten der Beşiktaş Istanbul und Antalyaspor. İnceman spielte einmal sogar für die türkische A-Nationalmannschaft und zwar in dem Freundschaftsspiel gegen Dänemark am 18. Februar 2004.

Obwohl damals immer mal wieder Stimmen laut wurden, İnceman wäre ein Fehleinkauf gewesen, war er sehr beliebt bei den Fans. Scheinbar vor allem bei den weiblichen, denn in dem Buch *Forza, St. Pauli* heißt es, dass stets zig Groupies den türkischen Schönling umgarnten, dass dieser aber anzügliche Angebote wohl immer mit einem schüchternen Lächeln abgelehnt haben soll.[33]

80. GRUND

Weil auch Boller dieses Buch lesen wird

Zugegeben, Bücher sehen auf den ersten Blick wirklich langweilig aus. Bücher ohne Fotos sowieso. Ich meine, guck dir doch dieses Buch mal an: Du schlägst es auf, blätterst es durch, und auf jeder Seite sieht es erst mal völlig gleich aus: schwarze Reihen auf weißem Grund. Und natürlich wartet man, bis so ein Buch verfilmt wird, dann kann man sich im Grunde in anderthalb Stunden das zu Gemüte führen, für dessen Rezeption man sonst anderthalb Tage benötigt hätte, mindestens.

Doch erst einmal gibt es natürlich eine Vielzahl an Büchern, die nie verfilmt werden. Machen wir uns nichts vor, ich glaube, dieses Schicksal wird auch dieses Buch ereilen. Was meiner Meinung nach sehr schade ist. Klar, eine Spannungskurve ist nicht wirklich zu erkennen, aber es gibt interessante Figuren, die allesamt schön von Til Schweiger hätten gespielt werden können.

Wo Filme immer noch als äußerst modern gelten, sind Bücher heute etwas verpönt, weil sie an Altbackenheit kaum noch zu überbieten sind und in einer Welt mit Mikrowellen, Bluetooth und iClouds mehr als nur fehl am Platze wirken. Außerdem funktionierten Bücher, bis vor Kurzem zumindest, immer noch ohne Strom, und vermutlich unternimmt man derzeit nur deshalb so große Anstrengung, Bücher mit Strom zu betreiben, damit sie nicht eines Tages ganz aus der Welt verschwinden. Denn unsere Kinder oder Kindeskinder werden sich sicher kaum noch vorstellen können, dass es einmal Dinge gab, die ohne Strom funktionierten. Bald schon wird alles mit Strom betrieben werden: Natur, Tiere, Hunger, Liebe – das ganze Programm.

Ich finde diese Anstrengungen sehr albern. Denn im Grunde war das Buch schon kurz nach seiner Erfindung perfekt und ausgereift. Ich glaube, das muss man einfach mal akzeptieren. Ein Buch wird nicht besser dadurch, dass man es sich downgeloadet hat und auf kleinen elektronischen Buchattrappen ansieht.

Bücher gelten nun einmal als altmodisch. Damit müssen wir uns abfinden, und natürlich geht es in so einer Buchhandlung anders zu als in einem angesagten Szeneclub. Gott sei Dank, wie ich finde.

Einer, der seine Abneigung gegen Bücher schon früh kundtat, war der Stürmer Andreas »Boller« Jeschke, der in der Saison 1992/93 für den FC St. Pauli spielte. In einem Interview gestand er, dass er kein einziges Buch besitzen würde. Woraufhin das Fanzine *Millerntor Roar* unter dem Motto »Bücher für Boller« einen Aufruf startete, Bücher für diesen zu sammeln. Hundert Bücher waren es am Ende, die man diesem zu seinem 26. Geburtstag am 6. September 1992 samt Regal überreichte. Man munkelt, die Aktion habe Wirkung gezeigt, und damals sei die Liebe Jeschkes zum Buch entfacht worden. Er habe sogar einen Großteil dieser Bücher bereits gelesen, sich sogar nach deren Lektüre neue besorgt.

Heute ist Andreas Jeschke Trainer beim Kaltenkirchener TS und sieht eher aus wie jemand, der sehr viel liest. Er trägt eine Brille und hat ein sehr belesenes Gesicht. Im Internet kannst du dich davon selbst überzeugen.

81. GRUND

Weil der FC St. Pauli die großartigsten Spieler hat

Den FC St. Pauli gibt es seit über hundert Jahren, und du kannst dir selbst mal überlegen, wie viele Spieler in dieser Zeit für den FC St. Pauli gespielt haben. Eine solche Vielzahl, dass es unmöglich ist, alle jene, die erwähnenswert wären, hier zu würdigen. Einige wenige finden sich in diesem Buch wieder, und manche haben ein eigenes Kapitel bekommen. Aber eigentlich müssten es viel mehr sein. Und eigentlich müsste dieses Buch *11.111 Gründe, den FC St. Pauli zu lieben* heißen und mehrbändig im Schuber erscheinen. Doch es ist nun mal, wie es ist. Deshalb möchte ich hier wenigstens ein paar der Spieler nennen, die auf alle Fälle in diesem Buch erwähnt werden müssen. Zum Beispiel Horst Haecks oder Jürgen Gronau, Rüdiger Wenzel, André Golke, André Trulsen, Timo Schultz, Ivan Klasnić, Marcel Eger, Nico Patschinski, Markus Lotter, Leonardo Manzi, Marcus Marin, Jens Duve, Buttje Rosenfeld, Dietmar Demuth, Benedikt Pliquett, Deniz Naki, Philipp Tschauner, Daniel Ginczek, Dirk Zander, Marcel Rath, Uwe Mackensen, Fabio Morena und noch Hunderte von anderen Namen, die du gerne nun hier selbst eintragen kannst:

82. GRUND

Weil der FC St. Pauli die Heimat Holger Stanislawskis ist

Viele Spieler sind in den über hundert Jahren Vereinsgeschichte gekommen und gegangen, und viele hat man schnell wieder vergessen. Sei es wegen mangelnder sportlicher Erfolge, oder weil ihre Charaktere wenig prägnant waren. Andere dagegen sind so eng mit dem Verein verknüpft, dass man auch noch beim 200-jährigen

Geburtstag des FC St. Pauli von ihnen sprechen wird. Eine Behauptung, die keiner von uns je wird überprüfen können. Deshalb musst du mir an dieser Stelle einfach mal glauben.

Es wird immer vom Mythos St. Pauli geredet, an dem die Fans meiner Meinung nach den größten Anteil haben. Doch es gibt eben auch Spieler, die das Image des Vereins entscheidend mitgeprägt haben. Einer davon ist ganz sicher Holger Stanislawski.

Stanislawski kommt 1993 zum FC St. Pauli und bestreitet als Spieler insgesamt 275 Partien, darunter auch der legendäre Sieg über Bayern München im Februar 2002. Als er 2004 aufhört, geschieht dies nicht ganz freiwillig, eine Knieverletzung zwingt ihn dazu. 2006 kehrt Holger Stanislawski als Trainer ans Millerntor zurück und bleibt bis 2011. Insgesamt steigt Stanislawski drei Mal mit dem Verein in die 1. Bundesliga auf, zwei Mal als Spieler, 1995 und 2001, und dann noch mal 2010 als Trainer.

Er bezeichnet den FC St. Pauli immer als seine Heimat und seine Familie, und als er dann als Trainer 2011 zum TSG 1899 Hoffenheim wechselt, geht er nur unter Tränen. 15 Hoffenheimer Männer mussten kommen und ihn aus dem Millerntor-Stadion forttragen, so erzählt man sich auf dem Kiez. Mit beiden Händen habe er sich an das Vereinswappen aus Beton vor dem Stadion geklammert. Er habe laut geschrien. Seine Fingerabdrücke sind noch heute auf dem Wappen zu sehen. Tiefe Eindrücke, die ein beliebtes Fotomotiv geworden sind.

Für viele war und bleibt Holger Stanislawski einer der besten Spieler und Trainer, die der FC St. Pauli je gehabt hat. Und selbst als Stanislawski im Februar 2013 mit dem 1. FC Köln, den er bis zum Juni 2013 trainierte, ans Millerntor kam, begrüßte man ihn und seinen Co-Trainer André Trulsen dort herzlich mit Transparenten wie: »Miss you Stani & Truller«. Andere forderten gar: »Stani, bitte komm zurück.« Seit 2014 ist Stanislawski zusammen mit einem ehemaligen HSV-Spieler Geschäftsführer eines Hamburger Supermarkts. Bei der WM 2018 wird er als Experte für das ZDF tätig sein.

83. GRUND

Weil der FC St. Pauli der erste Verein war, bei dem ein schwarzer Fußballer spielte

Vermutlich würde jeder die Frage danach, bei welchem deutschen Fußballverein der erste schwarze Profifußballer gespielt hat, instinktiv richtig beantworten. Denn welcher andere Verein als der weltoffene FC St. Pauli hätte es sein sollen? Eben. Und so war es auch.

1963 kam der damals 21-jährige Kokou Guy Acolatse zum FC St. Pauli und blieb dort für drei Spielzeiten. Er war mit dem damaligen Trainer Otto Westphal, der zuvor die togoische Nationalmannschaft trainiert hatte, zum FC St. Pauli gegangen. Acolatse war der erste schwarze Profispieler im deutschen Fußball, und an manchen Stellen ist zu lesen, dass er auch der erste Schwarze überhaupt in Deutschland gewesen sein soll. Wie auch immer, zumindest war er eine große Sensation. Als Westphal mit ihm am damaligen Wilhelm-Koch-Stadion ankam, war dort ein so großer Menschenauflauf, dass Acolatse glaubte, im Stadion fände ein Spiel statt. Doch die Menschen waren seinetwegen gekommen. Die *Bild*-Zeitung soll dafür gesorgt haben. Diese war ohnehin ganz vernarrt in Acolatse und fand dann auch immer, wie nicht anders zu erwarten, recht bildeske Umschreibungen für diesen. »Der Mann von der Farbe herztötenden Mokkas« hieß es da etwa. Vom »Togo-Neger Guy« wurde da berichtet, und dass Acolatse schussstark sei wie eine Elefantenbüchse. *Bild* halt.

Die Medien brauchten lange, bis sie überhaupt seinen Namen richtig schrieben. Oft war da von »Apokalypse« oder »Eukalyptus« die Rede. Nichtsdestotrotz war er eine Sensation, und die *Bild* soll ihn später sogar angestellt haben, um mit ihm ihr Image zu verbessern, so Acolatse. Auch andere Firmen fragen ihn an, etwa der Otto-Versand oder Avon-Kosmetik, die mit Acolatse Zuschauer zu ihren Verkaufsveranstaltungen locken wollen.[34]

Tatsächlich hatten die meisten Hamburger zur damaligen Zeit noch nie einen Schwarzen gesehen. Und die Menschen begegneten Acolatse mit einer scheuen Bewunderung und auch einer gewissen Angst. So erzählt Acolatse in einem Interview mit der Zeitschrift *ak – analyse & kritik*, wie ein Bekannter ihn mit zu seinen Eltern genommen habe, ohne diesen zuvor mitzuteilen, dass er schwarz sei. Als die Mutter die Tür öffnete, sei sie richtig erschrocken gewesen, so Acolatse. Hinterher soll die Mutter gesagt haben, dass sie gedacht habe, sie habe eine Vision und müsse nun sterben.

Immer wieder wären Leute zum Club gekommen, erzählt Acolatse an selber Stelle, und hätten gefragt, ob sie ihn sich »ausleihen«, so Acolatse wörtlich, könnten, um ihn ihren Freunden zu zeigen. Darunter sollen sich auch solch bekannte Leute wie die damalige Boxlegende Bubi Scholz oder Gunther Sachs befunden haben.[35] Acolatse soll sogar eine Nebenrolle in einem Film mit Ausnahmeschauspielerin Gitte Hænning gespielt haben. Leider war nicht zu ermitteln, um welchen ihrer Filme es sich dabei handelt, ob *Liebesgrüße aus Tirol* oder *… und sowas muß um 8 ins Bett*.

Fußballerisch reichte Acolatse nicht ganz an die Sensation heran, die er außerhalb des Platzes war. In drei Spielzeiten bestritt der Stürmer 43 Regionalligapartien und schoss dabei lediglich sechs Tore. Dass er am Ende so wenig spielte, lag auch mit daran, dass er sich mit den Trainern, die Westphal ablösten, Otto Coors und Kurt Krause, nicht wirklich verstand. Gerade Krause soll ihm gesagt haben, dass er bei ihm keine Chance mehr habe, und tatsächlich absolviert Acolatse in seiner letzten Spielzeit für den FC St. Pauli nur ein einziges Spiel.

Übrigens spielte Acolatse in einem seiner Spiele gegen Franz Beckenbauer, der dabei sein Debüt für Bayern München gab. 1966 wechselte Acolatse dann zum HSV Barmbek-Uhlenhorst, 1980 zog er nach Paris, wo er heute noch leben soll.

84. GRUND

Weil niemand so schön aufsteigt wie der FC St. Pauli

Es gibt einige Spieler des FC St. Pauli, die in den Herzen der Fans einen festen Platz haben. Manche haben sich diesen Platz mühsam erspielt, anderen wieder reichte ein einziges Tor, um sich für den Verein unsterblich zu machen. So etwa der 1977 im türkischen Kemah geborene Deniz Barış, der 1999 zum FC St. Pauli kam und für diesen am 12. Dezember 1999 sein erstes Zweitligaspiel bestritt. Barış schoss in seiner Karriere nur ein einziges Tor für St. Pauli – was ja für einen Verteidiger im Grunde eine ganze Menge ist – doch kaum ein Tor hatte man sehnlicher erwartet als dieses.

Es ist der 20. Mai 2001, der letzte Spieltag der Saison. Nur mit einem Sieg gegen Nürnberg steigt der FC St. Pauli in die 1. Bundesliga auf. St. Pauli hat bereits am 33. Spieltag die Möglichkeit gehabt, im Heimspiel gegen Hannover 96 den Aufstieg perfekt zu machen, doch am Ende ging die Partie nur 2:2 aus.

Bescheiden wie immer stand im Millerntor-Stadion auf einer Werbebande des Vereins: »1954: Das Wunder von Bern – 1966: Das Tor von Wembley – 2001: Der Aufstieg des FC St. Pauli?« Wollte man das Fragezeichen aus dieser Prophezeiung entfernen, so musste man nun in Nürnberg siegen. Denn Waldhof Mannheim war St. Pauli dicht auf den Fersen.

Nicht alle Fans schafften es nach Nürnberg. 5000 reisten mit, der Rest fand sich auf dem Heiligengeistfeld ein, wo man eine Großbildleinwand hatte aufbauen lassen, vor der nun 20.000 gebannt der Partie folgten.

Dann das: Nach zehn Minuten führt Nürnberg mit 1:0. Bange Minuten folgen, bevor dann kurz vor Ende der 1. Halbzeit Dubravko Kolinger den Ausgleich erzielt. Jedoch führte Waldhof zu diesem Zeitpunkt mit 1:0 gegen Mainz, und würde sich an diesem Stand nichts ändern, würde die Mannheimer aufsteigen und nicht der FC St. Pauli.

Immer wieder schießt Marcel Rath, den man beim FC St. Pauli nicht umsonst immer liebevoll das »Kampfschwein« nannte, auf Nürnbergs Tor, doch der ehemalige Nationaltorwart Andi Köpke pariert dessen Schüsse mehrfach. Dann versucht Rath es erneut. Es ist die 76. Spielminute. Diesmal trifft er die Latte, von der der Ball abprallt und kurz zu Boden springt. Doch Deniz Barış, der erst zur 2. Halbzeit eingewechselt worden ist, ist zur richtigen Zeit am richtigen Ort, und es gelingt ihm, den Ball ins Tor zu köpfen. Nun steht es 2:1.

Die letzten Minuten sind kaum auszuhalten. Endlos scheinen sie, bis dann irgendwann der erlösende Schlusspfiff ertönt und endlich Gewissheit bringt: Der FC St. Pauli ist zum vierten Male aufgestiegen. Vermutlich sprach Ivan Klasnić den meisten aus der Seele, der laut der Autoren des Buchs *FC St. Pauli. Das Buch* nach dem Spiel gesagt haben soll: »Ich kann einfach nur sagen: Danke, Deniz Barış, dass du so'n platten Schädel hast – und dass du ihn so eingesetzt hast.«[36] 2002 wechselte Barış nach zum Erstligisten Gençlerbirliği Ankara, mit dem er 2003/2004 das UEFA-Achtelfinale erreichte. 2004 wechselte Barış dann zu Fenerbahçe Istanbul. 2003 spielt er das erste Mal für die türkische A-Nationalmannschaft im Spiel gegen die Ukraine, und absolviert insgesamt 25 Spiele für diese.

85. GRUND

Weil es eigentlich 1000 Gründe gibt, den FC St. Pauli zu lieben

Thomas Meggle war einer der Fußballgötter beim FC St. Pauli, dessen Ikone dann selbstverständlich auch in der St.-Pauli-Kapelle (siehe Grund 24) zu finden ist. 174 Ligaspiele soll Meggle, laut

Hamburger Abendblatt, für St. Pauli absolviert haben, in denen er 44 Tore schoss. Eins davon war das 1:0 in der Partie gegen Bayern München bei dem legendären Weltpokalsiegerbesieger-Spiel am 6. Februar 2002. Und Meggle wählte man dann auch selbstverständlich in die Jahrhundertelf, die man anlässlich des hundertjährigen Bestehen des FC St. Pauli von Fans per Online-Voting wählen ließ. Neben Meggle finden sich in dieser Elf noch Klaus Thomforde, André Trulsen, Walter Frosch, Karl Miller, Dirk Dammann, Michél Mazingu-Dinzey, Jürgen Gronau, Harald Stender, Peter Osterhoff und Franz Gerber.

Als der FC St. Pauli nach dem legendären Aufstieg 2001 in die 1. Bundesliga in der Saison drauf drohte, gleich wieder abzusteigen, und die Fans erfuhren, dass Thomas Meggle in diesem Fall die Möglichkeit hätte, für die feste Ablösesumme von einer halben Million Euro den Verein zu verlassen, riefen sie zu einer ungewöhnlichen Aktion auf. Die Fans sollten Gründe nennen, warum Meggle beim FC St. Pauli bleiben sollte. Am Ende wollte man ihm eine Liste mit tausend Gründen präsentieren, die so einleuchtend und überwältigend sein sollten, dass Meggle einfach gar nicht anders konnte, als zu bleiben. Tatsächlich fand man auch tausend Gründe. Doch Meggle ging trotzdem. Ausgerechnet zu Hansa Rostock, dem Erzrivalen von St. Pauli, wo es ihm Gott sei Dank aber kaum gefiel, sodass er 2005 wieder ans Millerntor zurückkehrte.

Meggle spielte insgesamt neun Jahre für den FC St. Pauli, bevor dann am 30. Juni 2010 sein Vertrag endete. Aber vielleicht haben die 1000 Gründe von damals doch geholfen, denn bis heute ist Thomas Meggle dem Verein erhalten geblieben. Seit dem 1. Juli 2010 ist er als Co-Trainer tätig, zuletzt unter Michael Frontzeck, und zur Saison 2013/14 wurde Meggle neuer Cheftrainer der zweiten Mannschaft des FC St. Pauli. 2014 war er kurz Trainer des Profiteams, bevor er bis 2016 als Sportdirektor für den Verein tätig war.

86. GRUND

Weil Braun-Weiß und Braun die besten Freunde sind

Telefonstreiche waren in Zeiten, in denen es noch kein Internet und damit kein Facebook, kein Skype, ja noch nicht einmal Bildschirmtext gab, oft die einzige Möglichkeit, um mit der Welt in Kontakt zu treten. Das Telefon war der Chatroom der Vergangenheit, hieß aber einfach nur Telefon. In einem großen Buch fand man die Nummern fremder Menschen, die man aber nur selten anrief, kannte man sie nicht. Denn zu jener Zeit noch wurden Kontakte und Freundschaften wohlüberlegt eingegangen und nicht so inflationär wie heutzutage, wo man Hunderte von virtuellen Freunden hat, die seltsame Namen tragen und von denen man die meisten noch nie in seinem Leben gesehen hat.

Es war eine Zeit, in der man fremde Leute, die einen interessanten Namen hatten, zur Belustigung anrief. Man sagte nichts, lachte und legte wieder auf. Früher war Unterhaltung einfach und hieß noch Unterhaltung und nicht Entertainment. Drei Fernsehsender gab es, fast alle Witze waren noch neu und Fips Asmussen ein sehr hell leuchtender Stern am sternarmen Unterhaltungshimmel.

Später dann professionalisierten Firmen den Telefonstreich, und heutzutage beauftragen die meisten Firmen Unterfirmen, die Maschinen haben, die fremde Leute anrufen und dann oft nichts sagen oder einfach wieder auflegen.

Die Ersten, die den Telefonstreich für den europäischen Unterhaltungsmarkt erschlossen, aufbauschten und überhöhten, waren Studio Braun, eine noch heute bestehende Künstlergruppierung um Heinz Strunk, Rocko Schamoni und Jacques Palminger. Diese Grandseigneure des hanseatischen Humors haben mehrere CDs mit Telefonstreichen herausgebracht. Darunter finden sich solch Perlen wie Der lachende Roland, eine Art Unterhaltungskünstler, der die Leute anruft, um sie mit seltsamen Witzen zum Lachen zu bringen. Auch sehr schön der Versuch, sich beim Kaufhaus Quelle über Geschlechtsumwandlungen zu erkundigen.

Ich glaube, insgesamt gab es sechs CDs, sowie ein Best-of, und jetzt wird es auch für dich interessant, es gab sogar eine CD mit dem Titel *1:1:0 am Millerntor*, die Studio Braun gemeinsam mit Spielern sowie dem damaligen Trainer des FC St. Pauli aufgenommen haben. Darauf hört man unter anderem Dietmar Demuth, Marcel Rath, Thomas Meggle oder Nico Patschinski. Auch Brigtte, die damalige Wirtin des Clubheims, ist zu hören. Die CD ist selten, aber teuer. Kaufe sie dir bitte trotzdem.

87. GRUND

Weil Volker die Signale hört

Soviel Punk und linke Gesinnung man dem FC St. Pauli auch seit Anfang der Achtziger nachsagt, auf dem Platz selbst war davon nicht viel zu sehen. Die Fußballspieler des FC St. Pauli sahen aus, wie Fußballspieler zu dieser Zeit eben aussahen, die Haare sind nicht mehr lang, sondern nur noch halblang, und der Schnauzbart erfreut sich großer Beliebtheit. Und auch die Spieler des FC St. Pauli glänzen zu dieser Zeit nicht wirklich durch politisches Engagement, schon gar nicht durch linkes, und so sind es vor allem die Fans, die das Bild des linken freigeistigen FC St. Pauli prägen und weniger die Spieler an sich.

Das soll sich mit Volker Ippig ändern. Ein Spieler, der im Nachhinein fast der Inbegriff für all das zu sein scheint, was man dem FC St. Pauli nachsagt. Einer, der vor dem Spiel die Gegengerade mit der Arbeiterfaust begrüßt und der in der besetzten Hafenstraße lebt – wenngleich auch nur einen Sommer lang – und der auch anders aussieht als die übrigen Profifußballer, oder wie sagt Hans Apel so schön in dem Film *Mythos FC St. Pauli*: »Er fiel natürlich dadurch auf, dass er, sagen wir mal, unkonventionell frisiert war. Und sich auch unkonventionell benahm und redete.«[37]

Ippig kam 1980 und verließ dann 1984 kurz den Verein, um ein halbes Jahr als Entwicklungshelfer in Nicaragua zu arbeiten. Das hat es bis dahin und vermutlich auch danach nicht wieder gegeben, dass ein Profifußballer sich in der Dritten Welt engagiert. Ippig erntete sehr viel Unverständnis seitens der Sportwelt, und als er am 5. November 1988, nachdem der FC St. Pauli gegen Bayern München 0:0 gespielt hatte, ins *Aktuelle Sportstudio* eingeladen wurde, sagte der damalige Moderator Bernd Heller: »Nicaragua, Hafenstraße, Fußball – das passt für mich absolut nicht zusammen.«

Woraufhin Volker Ippig ihn ansah und dann lapidar entgegnete: »Für mich schon.«

Ippig soll wesentlich dazu beigetragen haben, das Image des Vereins zu prägen, und er soll mit dafür gesorgt haben, dass sich noch mehr Fans, gerade aus der linken Szene, zum FC St. Pauli hingezogen fühlten. Die Fans liebten ihn derart, dass sie ihm sogar ein T-Shirt widmeten mit dem schönen Slogan: »Volker hört die Signale.«

Ippig hatte nach dem Aufstieg 1988 einen festen Platz in der Mannschaft und spielte bei den meisten Partien. 1991 musste er dann leider verletzungsbedingt seine Karriere als Fußballer aufgeben. Eine Zeit lang betrieb er eine Torwartschule und arbeitete im Hafen. Heute soll er nur noch im Hafen tätig sein.

88. GRUND

Weil die Polizei unser Freund und Helfer ist

Generell mögen die Fans des FC St. Pauli die Polizei schon, doch wie im richtigen Leben tut Distanz mancher Liebe auch ganz gut. Im Herzen ist eigentlich fast jeder St.-Pauli-Fan auch Polizei-Fan, und wer hat sich nicht schon einmal heimlich eine Uniform übergezogen und ein, zwei Biere verhaftet. Es ist keine einfache Liebe, natürlich, und immer wieder wird sie auf die Probe gestellt. Gerade kürzlich erst, als man überlegte, ob man nicht zusammenziehen sollte, eine große Wohnung in der Gegengeraden, und da war die eine Seite schon verletzt, als die andere nicht wollte.

Man kann es ja auch verstehen. Aber ist es nicht besser, man lässt sich mit so etwas Wichtigem Zeit? Überhastet nichts und drängt den anderen nicht zu Nähe, die man später vielleicht einmal bereut?

Polizisten brauchen die Nähe und den Körperkontakt. Bindungen sind ihnen wichtig, und die Einsamkeit scheint der größte Feind des Polizisten zu sein, denn wann sieht man schon einmal einen Polizisten allein durch sein Revier flanieren oder durch die Gegend fahren? Oft ist der Polizist so einsam, dass er sich an völlig Fremde kettet, einfach nur um nicht allein zu sein.

Nein, der Polizist ist durch und durch ein Gruppenmensch, und er sucht ständig nach neuen Kameraden, die in seiner Gruppe mitmachen wollen, aus der Angst heraus, dass es eines Tages keine Polizisten mehr geben könnte und dass er dann ganz alleine dastehen würde. Der Traum eines jeden Polizisten ist eine Welt voller Polizisten, in der man sich gegenseitig verhaftet und sich in den Streifenwagen eng auf den Sitzen und der Rückbank aneinanderdrückt. Mit zehn anderen Polizisten in einem engen Auto, es gibt kaum etwas Schöneres für einen Polizisten. Höchstens noch mal einen richtigen Bären zu verhaften. Denn die Einsamkeit ist für den Polizisten das größte Verbrechen, und wenn es ginge, dann würde er sie lebenslang wegsperren.

Der Polizist liebt und lebt uns die Gleichheit vor, die andere immer nur mit leeren Worthülsen fordern. Denn jeder Polizist sieht erst einmal gleich aus, deshalb trägt man ja die Uniform, lässt sich einen Schnurrbart stehen wie die anderen, rasiert sich das Haar an den Seiten und lässt sich POLI ZIST auf die Knöchel der Hände tätowieren.

Die Polizei glaubt, dass der Polizist und der FC St. Pauli sich gar nicht so fremd sind. Viele Polizisten lieben den FC St. Pauli. Scherzhaft sollen sie sich deshalb auch gerne »Paulizei« nennen, sind sie allein im Polizeisportverein, und immer wieder bemüht man sich darum, Pauli-Fans für die Polizei zu erwärmen, sodass vielleicht der ein oder andere selbst einmal als Polizist tätig werden möchte. Denn wenn fast jeder Polizist Pauli-Fan ist, dann muss das doch auch umgekehrt denkbar sein, oder nicht?

Seit 2002 ist das Ansehen der Polizei bei den Pauli-Fans enorm gestiegen, denn seit dieser Zeit spielt der Kriminalkommissar Fabian Boll für den Verein und ist dort zu einem der beliebtesten Spieler geworden. Und ob nun gewollt oder ungewollt, aber die Sympathie, die man Boll entgegenbringt, bringt man unterschwellig auch der Polizei entgegen. Und tatsächlich sollen, seit Boll in der Mannschaft ist, viele Pauli-Fans bei der Polizei vorstellig geworden sein, und die Zahlen der Polizisten steigen wieder an. Nicht zuletzt vielleicht auch deshalb, weil man, wie Boll es bereits getan hat, einmal einen richtigen HSV-Fan verhaften kann.

9. KAPITEL

FC ST. PAULI – JETZT HEIZEN WIR DEN MYTHOS AN

89. GRUND

Weil eigentlich so irgendwie jeder den FC St. Pauli liebt – nur viele geben das nicht zu

Höchstgradig wissenschaftliche Untersuchungen von Psychologen und Seelenforschern haben ergeben, dass im Grunde die meisten Menschen den FC St. Pauli lieben. Nur viele wissen es noch nicht oder verheimlichen es vor sich selbst, aus Angst vor den Reaktionen von Familie, Kollegen und Gesellschaft. Denn noch immer wird die Liebe zum FC St. Pauli nicht überall toleriert, und mancherorts werden Anhänger als Zecken beschimpft und geächtet. Der soziale Druck ist hoch. Und so unterdrücken diese Menschen ihre Liebe und versuchen, eine Lüge zu leben – manche sogar ihr Leben lang. So entsteht ein enormer Leidensdruck, an dessen Ende nicht selten Depression, sozialer Abstieg oder aber der Suizid steht. Viele verstellen sich deshalb und ziehen jedes Wochenende in Stadien zu Vereinen, die sie nicht wirklich lieben. Verhüllen sich mit Trikots, Schals, Mützen und Sporthosen, um unter diesem Schutzpanzer ihre wahre Gesinnung möglichst zu verbergen. Oft sind gerade sie es, die im Stadion am lautesten Parolen skandieren und vehement gegen den Gegner hetzen, mit Vorliebe gerade gegen Fans des FC St. Pauli. Sie hoffen, so falle niemandem auf, dass sie sich in Wahrheit zur anderen Seite hingezogen fühlen. Dass ihr Herz für den FC St. Pauli schlägt.

So gut es geht, engagieren sie sich in fremden Fanclubs und spielen dort die Rolle des vereinstreuen Fans. Sie verdrängen ihre wahren Gefühle, bis sie dem Druck irgendwann nicht mehr standhalten können und zusammenbrechen. Meist kommt dieser Zusammenbruch für das Umfeld völlig überraschend. Niemand will etwas bemerkt haben, und oft ist es gerade der Lebenspartner, der aus allen Wolken fällt, weil er all die Jahre nichts von der wahren Neigung des Partners mitbekommen haben will.

Wenn überhaupt, wird die Liebe zum FC St. Pauli heimlich ausgelebt. Nachts im Verborgenen, wenn sie im Schutz der Dunkelheit in brauner Kleidung im Keller sitzen und sich Fotos oder Videos ansehen. DVDs, die sie sorgfältig vor dem Partner oder der Familie versteckt haben.

Gerne halten sie sich auch in der Nähe von wirklichen FC-St.-Pauli-Fans auf, einfach um das Gefühl von Gemeinschaft zu spüren, nach der sie sich in Wahrheit so sehnen. So können sie sich wenigstens der Illusion hingeben, ein Teil dessen zu sein.

Zu Spielen der Mannschaft, deren Fan sie zu sein vorgeben, gegen den FC St. Pauli gehen sie nicht, aus Angst, sie könnten sich verraten und zu jubeln beginnen, wenn Pauli ein Tor schießt. Ihre Euphorie könnte sich dann ihren Weg nach draußen bahnen, ohne dass sie es verhindern können. Sie täuschen Krankheiten vor, Familienfeste und erregen damit nicht selten Misstrauen in ihrem Umfeld. Allmählich zieht sich so die Schlinge um den Hals des Betreffenden immer enger zusammen, bis er es am Ende kaum noch aushält.

Wie viele Menschen dieses Schicksal ertragen, lässt sich nur schwer sagen, doch die Zahl der Betroffenen wird enorm hoch sein. Immer häufiger kommt es vor, dass verzweifelte Seelen in den Fanladen stürmen und dort oft unter Tränen zusammenbrechen. Es ist meist das erste Mal, dass diese Menschen ihre Liebe offenbaren, und oft merken sie, wie erleichternd es ist, das einmal auszusprechen. Wie schön es ist, in brauner Kleidung vor dem Spiegel zu stehen und »Come on you boys in brown« zu skandieren. Und nicht selten reagiert das Umfeld gar nicht so abweisend wie zuvor angenommen. Manche tolerieren die Liebe zum FC St. Pauli, einige befürworten sie sogar.

Die Betroffenen werden die erste Zeit nach dem Outing in sogenannten Fan-Häusern untergebracht, wo man sie von ihrem alten Leben abschirmt. Dort werden sie therapeutisch betreut, und am Wochenende kommen sie raus, um im Stadion den FC St. Pauli spielen zu sehen. Meist keine ganze Partie, sondern anfangs nur ein paar Minuten. Besuche, die man von Mal zu Mal ausdehnt. Die Gefühle sind einfach zu mächtig, und oft stehen die Betroffenen mit Tränen in den Augen da. Fassungslos und euphorisch. Eine Euphorie, die schnell in Hysterie umschlagen kann. Man droht zu hyperventilieren und muss erst einmal aus einer Plastiktüte Normalität atmen.

Also, wenn du das nächste Mal wieder hastig atmende Fans am Millerntor siehst, lache nicht über sie, denn dahinter steckt oft eine lange Leidensgeschichte.

90. GRUND

Weil der FC St. Pauli den Segen des Papstes hat

Für viele ist der FC St. Pauli eine Religion, das Millerntor-Stadion die Kirche, in der man fleht und betet. Im Unterschied zu anderen Religionen gibt es beim Fußball nicht nur einen Gott, es gibt mehrere Fußballgötter. Gerade beim FC St. Pauli gibt es eine Vielzahl derer, und im Gegensatz zum, ich sag mal, richtigen Gott kommen und gehen diese Fußballgötter und sind damit vielleicht eher mit dem Papst zu vergleichen.

Die Kirche des FC St. Pauli ist größer als andere Kirchen, und es kommen auch mehr Gläubige als in eine richtige Kirche. Außerdem riecht es besser, und es dürfen dort Bier und Bratwurst konsumiert werden. Gebete wie das Vaterunser werden hier in einer Art Singsang vorgetragen und heißen etwa »We love Sankt Pauli« oder aber »Nous sommes St. Pauli«. Eine Predigt gibt es auch, nur hört man sie kaum, obwohl sie geschrien wird. Doch der Prediger am Spielfeldrand steht oft so weit weg, dass man nur erahnen kann, worum es geht. Sehr selten sieht es nach Weltfrieden und Harmonie aus.

Manch einer hält Fußball ja für ein Geschenk Gottes, und der Platz wird oft überzogen als der Heilige Rasen bezeichnet. Und wer weiß, wäre Fußball früher erfunden worden, vielleicht hätte auch Jesus Fußball gespielt und alles wäre anders gekommen. Statt mit elf würde man heute mit zwölf Spielern Fußball spielen, in langen Gewändern, und Vergebung wäre ein wichtiger Bestandteil des Spiels. Nach dem Motto »Wenn dich einer auf die linke Backe schlägt, dann halt ihm auch die andere hin« würde man dem Gegner ab und zu absichtlich ein Tor durchgehen lassen. Unentschieden wären an der Tagesordnung.

Wie wir alle wissen, ist es doch anders gekommen. Eine Zeit lang trugen die Fußballer wenigstens die Frisur Jesu Christi auf, zu mehr fehlte den meisten jedoch der Mut.

Wenn auch St. Pauli vielleicht nicht wirklich eine Religion ist, so besitzt der FC zumindest den Segen des Papstes Johannes Paul II. Ein Geschenk Inter Mailands, das der Verein zum Freundschaftsspiel anlässlich des 75. Geburtstags des FC St. Pauli mitbrachte. Ein Dokument, in dem es heißt: »Der Heilige Vater Johannes Paul II spendet wohlwollend einen besonderen Apostolischen Segen [dem] FC St. Pauli von 1910 e.V. als Unterpfand der himmlischen Gnaden.« Man darf es kaum sagen, aber lange schien dies gute Stück im Keller verschollen zu sein, bevor es jemand dort entdeckte, um es dann kurzerhand im Vereinsheim wieder aufzuhängen. Wie es sich gehört hinter dem Tresen.

91. GRUND

Weil nur der FC St. Pauli unter dem Totenkopf segelt

Der bekannteste Pirat der Welt neben Jack Sparrow ist ganz sicher der Freibeuter Klaus Störtebeker, auf den die Hamburger Hanse Jagd machte, die ihn schließlich auch stellte und gefangen nahm.

Störtebeker ist der Lieblingspirat eines jeden Hamburgers, denn Störtebeker nahm nicht nur, er gab auch. So soll er einen Teil seiner Beute stets unter den armen Leuten verteilt haben. Was ihm zu jenem legendären Ruf verhalf, den er auch heute noch hat. Eine Art Robin Hood des Wassers, der gegen die reichen Pfeffersäcke kämpfte, so wird er zumindest gern geschildert. Neben Mut und Unerschrockenheit sagte man Störtebeker auch noch eine überwältigende Trinkfestigkeit nach. Mehrere Liter fassende Behältnisse soll er stets auf ex ausgetrunken haben. Daher rührte auch sein Name, der so viel wie »Stürz den Becher« bedeutet.

Du siehst, Störtebeker hätte ganz gut zum FC St. Pauli gepasst, und viele glauben ja auch, dass der Totenkopf deshalb das Symbol des Vereins ist, weil ebenjener Störtebeker der Sage nach noch an elf Männern vorbeilief, nachdem ihn der Henker enthauptet hatte. Zuvor hatte er sich versichern lassen, dass jeder dieser Männer, an denen er im kopflosen Zustand vorbeilief, freigelassen werden würde. Eine gewisse Verehrung Störtebekers seitens der linken Szene gab es schon immer, und die Band Slime schrieb sogar ein Stück über ihn, das sie bei jedem Live-Auftritt dem FC St. Pauli widmet. »Vor 600 Jahren ward er geboren / Ein großer Pirat zu sein / Er war stark und stolz und hatte Mut / Und er wurde ein zweiter Robin Hood / Er beklaute die Reichen und beschenkte die Armen / Doch die Mächtigen kannten kein Erbarmen – Und er verlor seinen Kopf« heißt es in dem Song *Störtebeker*.

Und doch war es nicht Störtebeker, wegen dem der Totenkopf zum FC St. Pauli kam, sondern Doc Mabuse, der zumindest dem Namen nach ebenso gut ein Pirat hätte sein können wie Störtebeker. Doch Mabuse segelte nicht. Jedenfalls nicht auf einem richtigen Schiff, und vermutlich unternahm er auch keine Raubzüge. Jedenfalls ist nichts dergleichen bekannt. Mabuse entstammt der damaligen Hausbesetzerszene, und er soll es gewesen sein, der im Frühsommer 1987 das erste Mal im Millerntor-Stadion mit einer Piratenflagge auftauchte, die damals schon häufiger aus den besetzten Häusern der Hafenstraße wehte. Eher aus einer Laune heraus als aus berechnendem Kalkül entstand so die heute kommerziell äußerst erfolgreiche Totenkopf-Trademark, mit der der FC St. Pauli sehr viel Geld verdient hat.

92. GRUND

Weil das alte Clubheim des FC St. Pauli eigentlich hätte Weltkulturerbe werden müssen

Das alte Clubheim des FC St. Pauli gehörte einmal zu den schönsten Orten Hamburgs. Und Touristen, die die Hansestadt besuchten, gingen oft als Erstes dorthin, um Fotos von sich vor dem Tresen oder mit der damaligen Wirtin Brigitte im Arm zu machen. Viele blieben dann gleich auch dort und sparten sich Landungsbrücken, Michel, Reeperbahn, Schanzenviertel und den ganzen anderen Tüddelkram. Die meisten kehrten dann auch nur mit diesem einen Foto, das sie im Clubheim zeigt, in die Heimat zurück. Natürlich wurde man dort kritisch beäugt. Wer nur ein Foto geschossen hatte, war nicht wirklich im Urlaub. Denn gerade in Japan oder China muss sich so eine Reise auch an der Anzahl der Aufnahmen messen lassen, die man währenddessen gemacht hat. Und dort ist man der Auffassung, dass alles, was nicht im vierstelligen Bereich liegt, nicht wirklich ein schöner Urlaub gewesen sein kann.

So schön die anderen Sehenswürdigkeiten Hamburgs und Europas auch sind, so viel passiert wie im alten Vereinsheim ist dort sicher nirgendwo. Auch nicht in Rom. Hier im Clubheim traf man sich nach den Spielen und feierte gemeinsam mit den Spielern bei reichlich Bier und Zigaretten die Siege, oder ertränkte seinen Kummer, hatte man ein Spiel mal verloren. Die Fannähe war hier so groß, dass manche Spieler auch schon mal in die winzige, an den Tresenbereich angrenzende Küche flüchteten …

Doch nicht nur an Spieltagen war hier etwas los. Im Grunde war das Clubheim fast immer voll mit Touristen und Einheimischen, und oft fanden hier auch recht legendäre Veranstaltung statt wie etwa das »Punk Rock Karaoke«, wo man endlich einmal seine liebsten Punk-Hits zu Bandbegleitung herausschreien konnte. Legendär auch die jährliche Veranstaltung zugunsten der Kurverwaltung St. Pauli unter dem programmatischen Titel »Betrunkene Autoren lesen vor«.

Als das Clubheim dann abgerissen wurde, sicherten sich die Leute, wie damals bei der Berliner Mauer, Erinnerungsstücke dieses Kultortes. Einer soll sogar mit der Toilettentür abgehauen sein. Für die Bagger gab es kaum noch etwas abzureißen, da die Leute vorher schon fast das komplette Clubheim weggetragen haben. Einige Fans sollen sich so einen Teil des Clubheims zu Hause wieder aufgebaut haben. Und immer wieder berichten Leute, sie hätten schnurrbärtige Männer mit Campingtischen in Stadionnähe beobachtet, die nach dem Prinzip der Berliner Mauer kleine verschweißte Tütchen mit Resten des alten Clubheims verkaufen.

Leider schaffte man es nicht mehr rechtzeitig, diesen Ort unter Denkmalschutz stellen zu lassen. Zumal er dafür im Grunde einfach auch nicht alt genug war. Auch wenn er so aussah. Und auch so roch. Aber in einer besseren Welt wäre das alte Clubheim sicher zum Weltkulturerbe erklärt worden. Mindestens. Denn die Auflagen der UNESCO, dass es sich dabei um Orte handeln muss, die in ihrer Einzigartigkeit und Authentizität weltbedeutend sind, hätte das Clubheim allemal erfüllt.

10. KAPITEL

FC ST. PAULI – THE MOST ROCK'N'ROLL CLUB IN THE WORLD

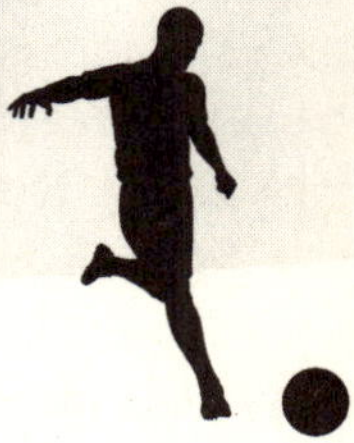

93. GRUND

Weil der FC St. Pauli die beste Einlaufhymne hat

Es gibt im Grunde kaum wen, dem AC/DC nicht gefallen. Für manche sind es die kongenialen Texte, die auch noch selbst kompliziertestes Alltagsgeschehen in einfache Worte zu kleiden wissen, für andere ist es die Musik, die Urinstinkte im Hörer zu wecken scheint. Wie ein Reflex schnellen die Fäuste in die Luft, beginnt der Kopf im Takt zu bangen, und man möchte sich wirbelnd seiner Kleidung entledigen.

Seit der Rückrunde der Saison 2000/2001 läuft im Millerntor-Stadion beim Einlaufen der Mannschaft *Hells Bells* von AC/DC. Es ist der Eröffnungssong, der treffend mit *Back in Black* betitelten LP, die sie nach dem Tod ihres früheren Sängers Bon Scott aufgenommen haben. Dieser war im Februar 1980 tragischerweise an seinem Erbrochenen erstickt. Bereits Ende Februar sollen die beiden Gründer der Band, die Brüder Angus und Malcom Young, sich nach einem neuen Sänger umgesehen haben. Ein Schritt, den sie damit begründeten, dass Bon Scott es so gewollt hätte. Zwei Monate später wurde dann Brian Johnson neuer Sänger der Band – und blieb es bis heute. Im Juli 1980 erschien dann das Album *Back in Black*.

Es gibt einige Momente, in denen ich im Millerntor-Stadion Gänsehaut bekomme, doch der Moment, wenn der erste Glockenschlag von *Hells Bells* ertönt und das ganze Stadion aufschreien lässt, bevor dann die Mannschaften langsam ins Stadion einlaufen, gehört regelmäßig dazu.

Wie schön das Einlaufen zu diesem Song ist, scheinen noch andere Vereine zu wissen, denn auch die Mannschaften des FC Schalke 04 oder aber des Schweizer Vereins FC Winterthur sollen *Hells Bells* als Einlaufhymne haben.

94. GRUND

Weil deine Lieblingsband Napalm Death den FC St. Pauli liebt

Napalm Death ist, wie der Name schon erahnen lässt, eher etwas für die Grobmotoriker unter den Musikliebhabern. Napalm Death gelten als Erfinder des Grindcores und wandten sich später dem Death Metal zu. Solltest du nicht genau wissen, wie diese Musikrichtungen klingen, nun, sie klingen genau so, wie ihre Namen vermuten lassen. Napalm Deaths Debüt hieß *Scum* und enthielt mit dem schönen *You Suffer* das kürzeste bis dahin aufgenommene Musikstück. Eine knappe Sekunde war es lang. Kurzes Gebrüll mit Riff und Schlagzeug. Das war es auch schon.

Auf dem Album finden sich insgesamt 28 Stücke, die meisten sind länger als eine Sekunde, aber auch nicht viel. Das ganze Album kommt auf eine Spielzeit, die nur etwas über einer halben Stunde liegt. Einige Stücke scheinen nach dem Motto »Knüppel aus dem Sack« eingespielt worden zu sein: schnelle Beats, verzerrte Gitarren, dazu tiefe Schreie.

Lange Zeit galten Napalm Death als eine der extremsten Bands, und ihre Platten tragen blumige Titel wie etwa *Fear, Emptiness, Despair*; *Inside the Torn Apart* oder *Words from the Exit Wound.* Auf Pressefotos sieht die Band aus, als habe sie wie Timm Thaler ihr Lächeln verkauft, um sich von dem Geld eine große Portion Hass zu gönnen.

Hör dir Napalm Death an, sieh sie dir an, und dann sage mir, ob du dir vorstellen kannst, dass so eine Band etwas liebt? Und wenn ja, was muss das sein, was so eine Band liebt? Glaubst du nicht, dass es etwas ganz Großartiges, Formidables sein muss? Würden solche Menschen wie Napalm Death leichtfertig und unüberlegt etwas lieben? Würden sie mit ihrer Liebe geradezu verschwenderisch umgehen und sie jedem x-beliebigen Mist entgegenbringen?

Nein, das glaube ich nicht. Und du solltest es auch nicht glauben. Ich glaube, dass eine Band wie Napalm Death ein, zwei, höchstens drei Sachen liebt. Und eine Sache, die Napalm Death definitiv liebt, ist der FC St. Pauli. Du kannst sie gern mal fragen. Wenn du dich traust.

95. GRUND

Weil bad religion good religion is

Platten wie *How Could Hell Be Any Worse?*; *Suffer* oder *No Control* mit Songs wie *Operation Rescue* darauf passen leider Gottes oft nur zu gut zum FC St. Pauli. Und vielleicht hat die kalifornische Band Bad Religion, von der diese Platten stammen, ihnen ja auch mit dem Gedanken an den FC St. Pauli ebendiese Titel gegeben. Denn Hamburg, so schreibt Greg Greffin, der Sänger der Band, in dem Buch *St. Pauli unser*, sei so etwas wie ihr erstes »zweites Zuhause«[38], und Jay Bentley, der Bassist, sagte gegenüber der *Hamburger Morgenpost*, dass sie den FC St. Pauli lieben würden, vor allem die Totenköpfe und die gesamte Einstellung.[39]

Zwischen Musik und Fußball bestand ja schon immer eine enorme Anziehungskraft. Du merkst es ja allein an diesem Buch, von dem sich mehrere Exemplare in der Buchhandlung unter der Rubrik Sport, aber auch unter der Rubrik Musik finden. Natürlich liegt es in den meisten Buchhandlungen gleich am Eingang auf einem großen Stapel aus. Neben dem lebensgroßen Aufsteller von mir, wie ich nur bekleidet mit einem Ball einen Fallrückzieher mache.

Früher war es dann auch, im Gegensatz zu heute, wo fast schon eine gewisse Scheu zu herrschen scheint, keine Seltenheit, dass Fußballer Schallplatten aufnahmen. Und wer damals als Profifußballer nicht mindestens eine Single aufgenommen hatte, der hatte im Grunde nichts in seiner Karriere erreicht.

Bekanntestes Beispiel – man muss hier fast schon von einer Hitsingle sprechen – ist natürlich Franz Beckenbauer mit *Gute Freunde kann niemand trennen* von 1966. Mit dem Song schaffte er es sogar in die Charts. Doch Beckenbauer blieb ein One-Hit-Wonder und musste sich weiter mit Fußball seinen Lebensunterhalt verdienen. Auch Gerd Müller blieb der große musikalische Erfolg leider versagt, obwohl seine Single *Dann macht es bumm* von 1969 mit der dem Titelsong in nichts nachstehenden B-Seite *Wenn das runde Leder rollt* von Musikliebhabern auf der ganzen Welt geschätzt wird und viele noch heute auf ein Album dieses Ausnahmemusikers warten.

Andere wieder trauten sich nur als Team vors Mikro, meist mit der Schützenhilfe Udo Jürgens, der mit der Nationalmannschaft große Erfolge feierte. Schon der erste Titel, noch ohne Udo Jürgens eingespielt, *Fußball ist unser Leben* schaffte es 1974 in die Charts bis auf Platz 27. 1978 erhielt man dann für den Song *Buenos Dias, Argentina*, diesmal mit Udo Jürgens, nach fünf Wochen eine Goldene Schallplatte und nach zwei Monaten eine Platin-Schallplatte. An diesen Erfolg konnte das 1990 aufgenommene *Wir sind schon auf dem Brenner* nicht ganz anknüpfen. Immerhin hielt der Titel sich zwei Wochen in den Charts, allerdings nur auf Platz 75.

Andere ebenfalls hörenswerte Hits der Nationalmannschaft sind das 1982 mit Michael Schanze aufgenommene *Olé España*; *Mexiko, mi amor* von 1986 mit Peter Alexander oder *Far Away in America*, das man 1994 mit The Village People aufnahm. Doch in die Charts schaffte man es damit nicht mehr. Auch das ebenfalls von 1994 stammende *It's Just a Game*, das die Nationalmannschaft mit Gitarrenvirtuosin Nicole aufnahm, war nicht sonderlich erfolgreich, wofür die Sängerin, so sagte sie der Zeitschrift *Stern*, das frühe Ausscheiden der Mannschaft verantwortlich machte, die im Viertelfinale Bulgarien mit 1:2 unterlag.[40]

Andersrum wagen sich Musiker meist nur in irgendwelchen Benefizspielen auf den Platz und mimen den Fußballer. Oft sind dann auch die fußballerischen Leistungen ein Äquivalent zu den musikalischen der Profifußballer, und wer einmal eine Punkband in kurzen Hosen, aus denen dünne, weiße Beine ragen, gesehen hat, wird diesen Anblick so schnell nicht wieder vergessen. Auch Bad Religion wagten sich in Hamburg einmal auf den Fußballplatz. Am Tag nach einem ihrer Konzerte im Stadtpark ließ man sich zu einem Spiel gegen ehemalige Spieler des FC St. Pauli hinreißen. Mit dabei waren Größen wie etwa Volker Ippig oder Jürgen Gronau. Doch schnell zeigte sich, dass 90 Minuten Fußballpartie wohl doch anstrengender sind als 90 Minuten Punkkonzert, denn kaum einer aus der Band spielte länger als zehn Minuten, und so wurde der Bierstand häufiger frequentiert als der gegnerische Strafraum. Aber vermutlich nur, weil die Einnahmen aus dem Bierverkauf einem guten Zweck zugutekamen.

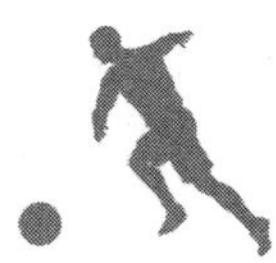

96. GRUND

Weil du Die Ärzte liebst, und Die Ärzte den FC St. Pauli lieben

Manchmal hat man das Gefühl, dass, ganz gleich welcher Generation man auch angehört, es scheint, als habe jeder seine Teenagerzeit mit der Band Die Ärzte verbracht. Manchmal kommt es mir fast so vor, als wenn selbst meine Eltern schon mit der Band groß geworden wären. Vermutlich hätten die Songs dann etwa *2000 Trümmerfrauen* oder *Sweet Sweet Luftbrücke* geheißen.

Es ist ein seltsames Phänomen, und nicht selten frage ich mich, ob Die Ärzte nicht vielleicht auch ähnlich wie die Blue Man Group agieren, wo eine Menge Schauspieler und Musiker so tun, als wären sie nur zu dritt. Was angesichts der Maskerade der Blue Man Group einfach scheint, ist natürlich bei den Ärzten etwas komplizierter, da man ja zumeist völlig unkostümiert auftritt. Jedenfalls meines

Wissens nach. Zumindest Bela B. hat sich über die Jahre hinweg ein wenig verändert und scheint nun eher im dandyhaften Schick zu Hause zu sein als im düster angehauchten Punklook der Anfangstage – was meinen Verdacht bestätigen würde. Ist es wirklich immer derselbe Bela B.? Ebenso wie die Tatsache, dass Bela B. heute, zumindest auf Fotos, oft jünger aussieht als früher. Es könnte der Grund sein, warum in letzter Zeit immer häufiger Illustrationen die Plattencover zieren.

Ein weiteres Indiz für all das ist der Umstand, dass früher noch neben Farin Urlaub ein gewisser Sahni in der Band spielte, der aber Farin Urlaub zum Verwechseln ähnlich sah. Siehe dir hierzu ruhig die Cover der Platten *Im Schatten der Ärzte* und *Debil* an. Es könnte die Band erst auf die Idee gebracht haben. Die Vorteile liegen klar auf der Hand: Eine Band, deren Musiker von immer anderen verkörpert werden, könnte dem Publikum ohne Weiteres ewige Jugend vorgaukeln. Auch ausgiebige Touren und Konzerte gleichzeitig in verschiedenen Städten wären denkbar. Hinzu könnte man, wie bei gewöhnlichen Berufen, Urlaub nehmen und sich krankschreiben lassen, ohne dass dadurch Auftritte ausfallen müssten.

Sahni verließ die Band 1985 und soll laut Wikipedia heute ein Hightech-Unternehmen in Malaysia leiten. Nun ja. Entscheide selbst, wie glaubwürdig dir das vorkommt. Ein Hightech-Unternehmen in Malaysia und eine Herrenboutique in Wuppertal sind meinem Empfinden nach so verschieden nicht.

Ich hoffe, ich habe mit diesem Geplaudere aus dem Nähkästchen nicht etwas in dir zerstört. Deine Liebe zu den Ärzten solltest du trotzdem weiter aufrechterhalten. Und wenn du wieder einmal bei einem Heimspiel im Millerntor-Stadion bist, dann sieh einmal auf der Gegengeraden nach, denn dort sitzt meist Bela B. Oder vielleicht muss man sagen ein Bela B. Ich weiß es nicht. Noch nicht. Denn dieser besitzt übrigens eine Dauerlebenskarte, und sollte er auch noch beim 200-jährigen Bestehen des Vereins dort sitzen, so haben wir beziehungsweise unsere Nachfahren Gewissheit.

97. GRUND

Weil you'll never walk alone

Der gewöhnliche Mann meidet unter normalen Umständen eigentlich das Singen, um nicht als verweichlicht zu gelten. Und nötigt man ihn doch zum Singen, so ist ihm dies oft unangenehm und nicht selten auch den Zuhörern, denn der Mann singt meist mit einer sehr, sehr hohen Kopfstimme, weil er es einfach nicht besser weiß und noch immer dem Irrglauben aufgesessen ist, Gesang müsse sehr hoch sein, sonst tauge er nicht.

Der Mann scheut den Gesang, und wenn irgendwo auch nur entfernt etwas, was aus ihm kommt, Melodie besitzt – ein leises Aufstoßen, Schluckauf, Hüsteln –, so ist ihm dies meist äußerst unangenehm. Selbst bei quietschenden Türen und fiependen Meerschweinchen kann es passieren, dass mancher Mann mit hochrotem Kopf dasteht und nicht weiß, wo er hinblicken soll.

Der Mann hört Musik, wenn überhaupt, deshalb gerne laut. Und am liebsten Musik, die gemeinhin als »hart« bezeichnet wird: verzerrte E-Gitarren, Texte über Hass, Gewalt und Hexenverbrennung, damit ja nicht der Verdacht aufkommt, hier verzärtle jemand zusehends.

Nein, Musik ist für den Mann kein Ausdruck von Gefühlen, sondern eine sportähnliche Aktivität, und ebenso wie beim Zuhören schwitzt der Mann auch beim Singen, und dann ist das alles nicht so schlimm, denn dann geht es als Sport durch. So ist es auch mit dem Tanzen, bei dem wir Männer uns so schnell bewegen, wie wir nur können. Zum einen, um schnell Schweiß zu produzieren und uns der Illusion hinzugeben, es handle sich dabei um Sport. Und dann auch, um vor den Augen des Betrachters zu verschwimmen, damit niemand bemerkt, dass wir in Wahrheit kaum tanzen können.

All das gilt für den nüchternen, einzelnen Mann. Ganz anders ist es in Zusammenhang mit Alkohol und wenn der Mann in einer

Gruppe auftritt – man spricht hier vom »English Men Group Force«. Dann singt der Mann sogar gerne. Möglichst laut. Möglichst lang. Möglichst mit vollem Körpereinsatz. Der Mann hält Chorgesang für Mannschaftssport.

Aber tatsächlich muss man zugeben, so unwahrscheinlich es auch klingt, dass es durchaus sehr ergreifend klingen kann, wenn mehrere Männer völlig falsch gleichzeitig singen. Wirklich nicht zwangsläufig, aber es kann passieren. Ich hätte es auch nie für möglich gehalten, dass ich je Gänsehaut bei solch einem Männerchor bekomme. Ich bin auch kein großer Freund von Musicals, und doch bin ich jedes Mal sehr ergriffen, singen im Millerntor-Stadion über 20.000 Kehlen, darunter auch viele Frauen, doch auch sie klingen seltsamerweise in diesen Momenten nach Männern, *You'll Never Walk Alone*. Es klingt nicht wirklich schön, schön im Sinne von Frank Sinatra oder so, aber es ergreift. Und ist das nicht meist mehr wert? Du solltest es selbst einmal erleben. Vielleicht schließt du kurz die Augen und beginnst, etwas zu summen. Vielleicht holst du deinen Vater hoch, damit er mit einstimmt. Rufst Freunde an oder ihr telefoniert übers Internet und singt zusammen *You'll Never Walk Alone*. Du wirst sehen, es dauert nicht lange und du, beziehungsweise ihr, beginnt zu weinen.

Ohnehin ist Fußball ja manchmal auch seltsam, finde ich, und so robust und hooliganesk sich manch einer im Stadion auch gibt, dann steht man da und singt lauthals und voller Inbrunst ein Lied aus einem Musical mit dem putzigen Namen *Carousel*. Das erste Mal sangen Fans dieses Lied wohl beim FC Liverpool. Dort hatte man gerade die Version von Gerry & The Pacemakers gespielt, die auch für das bekannte Schmusestück *Ferry Cross The Mersey* verantwortlich sind, an das sich bislang noch kein Fußballfan herangewagt hat, als die Anlage ausfiel und die Fans das Lied einfach weitersangen. Über die Fans von Celtic Glasgow, mit denen den FC St. Pauli eine tiefverwurzelte Fanfreundschaft verbindet, gelangte das Lied wohl ans Millerntor.

Lange Zeit lief vor den Spielen des FC St. Pauli die Version der Hamburger Punkband Rubbermaids. Da diese im Laufe der Zeit jedoch kaum noch mitgesungen wurde, beschloss man, dass man eine neue Stadionhymne brauche. Bela B. versuchte sich an einer Neuauflage des Songs und scheiterte kläglich, denn schon nach einer paar Sekunden, nachdem man das erste Mal das Lied spielte, begannen die Fans zu pfeifen. Vermutlich gar nicht mal, oder zumindest nicht nur, weil ihnen der Song nicht gefiel, sondern einfach weil man über ihre Köpfe hinweg etwas entschieden hatte. Das mag man als FC-St.-Pauli-Fan nicht.

Schließlich wurden Umfragebögen ausgegeben, auf denen man darüber abstimmen konnte, ob man *You'll Never Walk Alone* von den Rubbermaids wieder hören wollte oder die Version von Bela B. Oder aber *Das Herz von St. Pauli*, wobei man sich zwischen dem Original von Hans Albers oder der Version der Phantastix entscheiden konnte.

Falls du es nicht schon weißt, später in diesem Buch wirst du erfahren, für welchen Song und welche Version man sich entschieden hat. Uha, ein Cliffhanger!

98. GRUND

Weil das Herz von St. Pauli auch deine Heimat sein könnte

Vor jedem Spiel des FC St. Pauli läuft *Das Herz von St. Pauli* in der Version der Hamburger Punkband Phantastix. Ursprünglich stammt das Lied aus dem gleichnamigen Film von 1957 mit Hans Albers, der auch an dem Text mitschrieb und der dieses Lied eindrucksvoll am Ende des Films gemeinsam mit Hans-Jörg Felmy und Jürgen Wilke zum Besten gibt. Die drei schlendern währenddessen an der Promenade oberhalb des Alten Elbtunnels entlang, die den schönen Namen »Bei der Erholung« trägt. Im Hintergrund sieht man die eindrucksvolle Kulisse der Elbe und der Landungsbrücken vorbeiziehen. Später laufen sie auf der Reeperbahn ein, wo ihnen Hunderte von Menschen zujubeln. Doch trotz der bewegenden Bilder will sich die Gänsehaut nicht so recht einstellen.

Seit 2003 erklingt *Das Herz von St. Pauli* vor Spielbeginn im Millerntor-Stadion. Doch statt der etwas behäbigeren Originalversion von Hans Albers spielt man dort die Version der Phantastix, und das Lied wird von Tausenden Fans lautstark mitgesungen. Gänsehaut stellt sich meist sofort ein.

Für viele ist es kein Zufall, dass ausgerechnet die Phantastix es sind, die eine neue Version dieses Klassikers eingespielt haben. Für viele geschah dies fast schon zwangsläufig, muss man sagen, denn nicht gerade wenige glauben, dass es sich bei deren Sänger Hake um eine Reinkarnation Hans Albers' handele. Handfester Beweis dafür wäre etwa der Umstand, dass Albers am 24. Juli 1960 starb und Hake fast exakt drei Jahre später, nämlich am 18. Juli 1963, zur Welt kam. Drei Jahre, so sagt man in Reinkarnations-Fachkreisen, beträgt die Zeit, die eine Wiedergeburt braucht. So soll Falco etwa am 3. Februar 2001 im Körper des Jonathan Brosenbachers wiedergeboren worden sein, und Lady Di soll heute im Körper der 13-jährigen Merve Brovenstieg die Grundschule in Hamburg-Fuhlsbüttel besuchen. Und wirklich, betrachtet man mit diesem Wissen Hake einmal eingehender, so fallen einem tatsächlich einige Gemeinsamkeiten zwischen den beiden auf. Prägnanteste davon ist ganz sicher der stechend blaue Blick, den schon Albers zu seinem Markenzeichen machte und den man auch bei Hake findet, dem man nie lange in die Augen schauen kann, ohne dass einen Schwindel befällt und man zu torkeln beginnt. Albers, so geht das Gerücht, habe seine Iris mit Möbelpolitur abgerieben, um diesen Blauton in der Farbe der Sehnsucht hinzubekommen. Dazu kommt, dass sowohl Albers wie auch Hake sehr helle, fast schon elfenbeinfarbene Haut haben, die unterhalb des Halses auch gerne leicht behaart daherkommt und durch ihre Bärenhaftigkeit den beiden eine Gutmütigkeit verlieh und verleiht, die meist augenblicklich Sympathie beim Betrachter weckt. Hake scheint das zu wissen. Denn bei Auftritten braucht es nie lange, bis sich dieser eines Teils seiner Kleidung entledigt. Es kommt auch vor, dass er ganz nackt auf der Bühne steht. Doch das ist meist zu viel des Guten. Hamburg ist noch nicht so weit. Und dann kann leicht aus Sympathie betretenes Schweigen werden, auf das der Hanseat mit einem Blick auf seine Fußspitzen reagiert. Oft so lange, bis Hake sich wieder etwas überzieht. Zumindest untenrum. Ob Albers das mit der Nacktheit auch so gehalten hat, ist nicht überliefert.

Des Weiteren eint Hans und Hake der hamburgische Dialekt, den beide nahezu perfekt beherrschten und beherrschen. Hinzu kommt eine Stimme, die fast identisch ist, sodass man mit geschlossenen Augen oft das Gefühl hat, Albers stünde leibhaftig vor einem. Nicht selten kommen alte Damen zu Hake und bitten ihn, etwas zu sagen. Gerne auch Unanständiges, und dann stehen sie da mit feuchten Augen und das Glück rinnt ihnen warm über die Backen. Die Musik der Phantastix wird deshalb gerne auch als Albers-Core bezeichnet.

Ich glaube, keine andere Band hat dem FC St. Pauli so viele Songs gewidmet wie die Phantastix. Denn neben der Cover-Version von *Das Herz von St. Pauli* haben sie noch den Song *Ballfänger* geschrieben, eine Hommage an Torwartidol Klaus Thomforde, und *Spuk am Millerntor*. Hinzu kommt, dass kaum ein anderer Hamburger Musiker in so vielen Bands spielte und spielt wie Hake, der auch mit diesen anderen Bands dem FC St. Pauli Songs widmete. Musikwissenschaftler schätzen, dass sich allein das FC-St.-Pauli-Œvre Hakes auf etwa 800 Songs beläuft, von denen ein Großteil nur auf Vinyl-Singles in kleinen Auflagen erschienen sind, von denen heute die meisten als verschollen gelten. Noch zu bekommen, wenn auch nicht so leicht, ist die durch und durch empfehlenswerte Single von seiner Band Kaphornes, auf der sich das schöne *30.000 Fans* befindet.

Ich hoffe, mit diesem Buch dafür sorgen zu können, dass Hake vielleicht eines Tages einmal die goldene Ehrennadel des FC St. Pauli verliehen bekommt. Fair wäre das schon.

99. GRUND

Weil Prince an allem schuld ist

Geht es um die enorme Lautstärke eines Konzerts, denkt man unweigerlich an Bands wie Motörhead oder aber Manowar, die laut *Guiness Buch der Rekorde* als die lauteste Band der Welt gelten. Bei den Konzerten sollen schon mal 139 Dezibel erreicht werden. Das ist lauter als ein Düsenjäger. Aber natürlich kann eine Band namens Manowar, die sich gern in Leder und auf schweren Motorrädern präsentiert und deren Platten *Kings Of Metal* oder *Battle Hymns* heißen, nicht mit leisen Flöten und Zupfgitarren aufspielen. Und Heavy Metal und enorme Lautstärke passen ja auch ganz gut zusammen.

Seltener denkt man bei solchen Dezibelzahlen an Schmusepop von kleinen Männern. Doch es war Prince, der eines der letzten offiziellen Konzerte im Millerntor-Stadion gab, und damit für ein Verbot von Open-Air-Konzerten im Millerntor-Stadion sorgte – eben weil das Konzert viel zu laut war. Der Meinung waren zumindest einige Hamburger, von denen die, die sich am lautesten beschwerten, noch nicht einmal in der Nähe des Stadions wohnten. Noch nicht einmal annähernd.

Im August 1988 spielte Prince gleich an zwei Tagen im Millerntor-Stadion, und bereits nach dem ersten Konzert gab es großen Protest, da die Lautstärke wohl so laut gewesen sein soll, dass man noch auf der Feldstraße 100 Dezibel gemessen haben will. Die Feldstraße liegt zumindest in unmittelbarer Nähe zum Stadion. Doch es haben sich auch Anwohner aus Stadtteilen wie Fuhlsbüttel und

Alsterdorf beschwert. Für die, die sich in Hamburg nicht so gut auskennen, beide Stadtteile liegen wirklich weit weg vom Millerntor-Stadion. Sehr weit weg. Fast so, als würde man sich in Dortmund beschweren, dass es in Bochum zu laut ist. So ähnlich zumindest.

Seit diesen beiden Konzerten von Prince am 30. und 31. August 1988 im Rahmen seiner *Lovesexy*-Tour verbot man Open-Air-Konzerte im Millerntor und erlaubt diese nur noch zu besonderen Anlässen. So gab es etwa im Rahmen der Retter-Kampagne von 2003 ein Benefiz-Konzert, wie du ja weißt. Und auch zum hundertjährigen Bestehen des Vereins erlaubte man ein großes Open-Air-Konzert. Aber das war's auch fast schon. Ja, lieber Prince, schönen Dank auch. Da hätten wir ja auch lieber Slayer fragen können. Dann hätte es sich wenigstens gelohnt.

100. GRUND

Weil wir alle Sisters of Pauli sind

The Sisters Of Mercy waren vor vielen Jahren mal eine große Sache, und keine Indie-Party kam ohne Hits wie *This Corrosion* oder *Temple Of Love* aus. Wie der Name der Band schon vermuten lässt, handelte es sich bei der Musik der Band nicht gerade um Karnevalsrock, sondern sie ist eher dem düsteren Alternativ-Segment zuzuordnen und nahm im Grunde vor vielen Jahren schon das ganze Gothictum vorweg. Obwohl Andrew Eldritch, der Sänger der Band, nicht gerne hört, dass man seine Band als Gothic bezeichnet.

Wie nicht anders zu erwarten, trug Andrew Eldritch ausschließlich schwarze Kleidung und verbarg seine Augen stets hinter einer großen Spiegelsonnenbrille. Man munkelte, dass außer seiner Mutter noch nie jemand Eldritchs Augen gesehen habe, die er, so heißt es, schon seit frühster Kindheit hinter solch einer großen Spiegelsonnenbrille verbirgt. Allerhand Mythen ranken sich darum, was sich dahinter befindet, ob überhaupt Augen. Es ist ähnlich wie bei dem anderen bekannten Musiker mit der Sonnenbrille, wobei man bei diesem im Gegensatz zu Eldritch auf einigen Plattencovern zumindest erahnen kann, dass es zwar sehr große, aber nicht die schönsten Augen sind, die einem dort entgegenblicken.

Eldritch wohnte eine Zeit lang in St. Pauli in der Nähe des Hamburger Bergs – keinem Berg, sondern einer Straße in der Nähe der Reeperbahn, die einem nur betrunken wie ein Berg vorkommt – und wurde in dieser Zeit häufiger in den hiesigen Kneipen gesichtet. Aus dieser Zeit stammt auch seine Liebe zum FC St. Pauli. Eine Zeit lang waren The Sisters Of Mercy sogar Sponsor und warben auf einer der Banden im Millerntor-Stadion. Eldritch trat 2003 zusammen mit Justin Sullivan von der New Model Army beim Benefiz-Open-Air zugunsten des FC St. Pauli auf.

Heute weiß man kaum noch etwas über Eldritch, wo er lebt und was er tut. Eigentlich ist das schade, und wann immer ich im Millerntor-Stadion bin, suche ich die Zuschauerreihen nach ihm ab, einem schwarz gekleideten Mann mit dunkler Sonnenbrille. Aber bislang habe ich ihn noch nicht entdeckt. Wo ist Andrew jetzt?

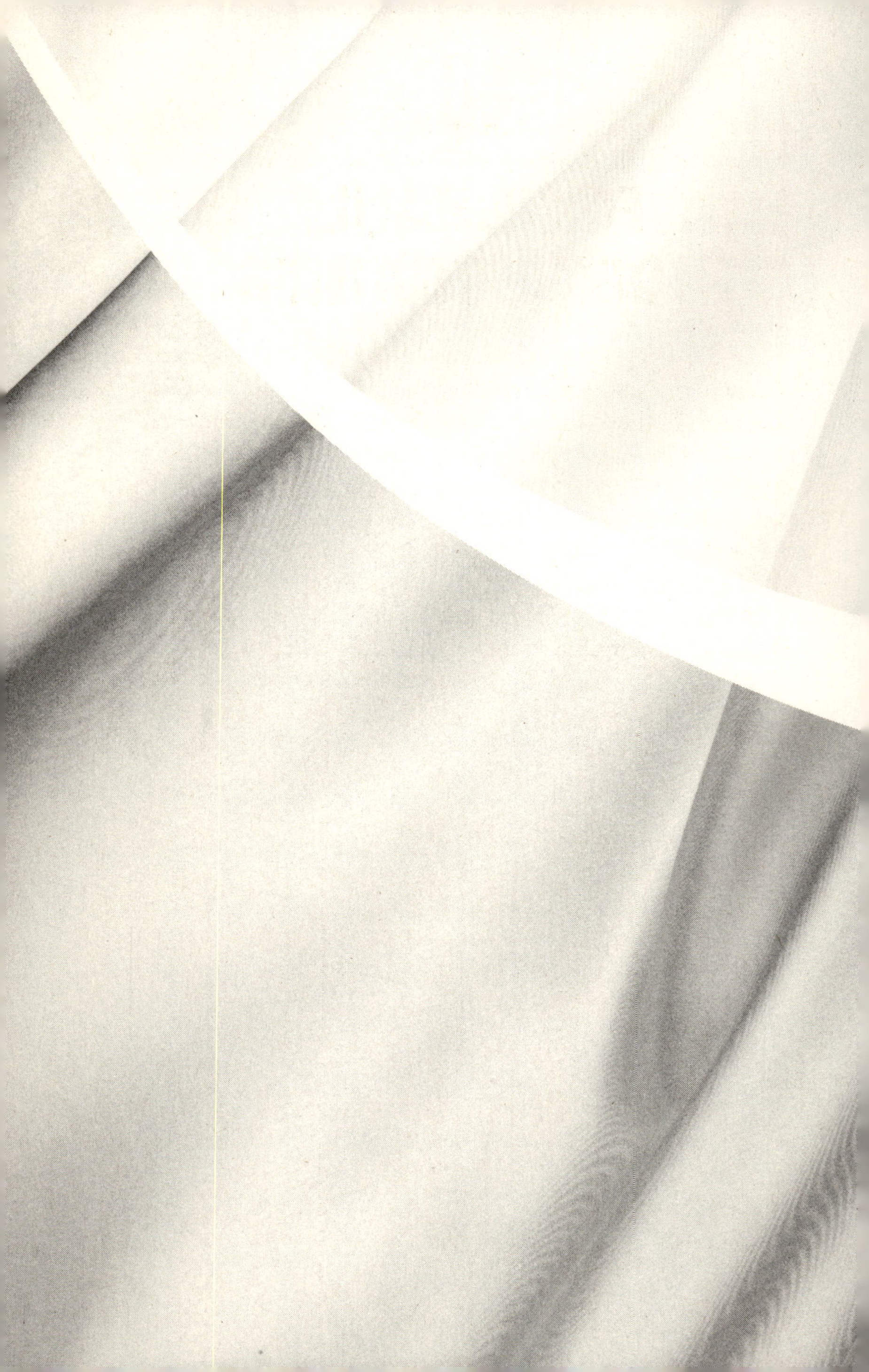

11. KAPITEL

FC ST. PAULI – DEINE TRAINER

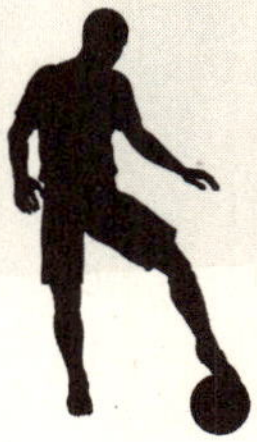

101. GRUND

Weil Bananen den Menschen einfach besser machen

Bananen nennt man nicht umsonst das gelbe Gold des Dschungels, denn Bananen sind gesund und in ihnen steckt im Grunde alles, was wir zum Überleben brauchen. Darüber hinaus sollen Bananen auch glücklich machen, enthalten sie doch die Stoffe Serotonin, Dopamin und Noradrenalin. Serotonin gilt als Glückshormon und soll uns zufrieden und ausgeglichen machen. Darüber hinaus soll es gegen Angst helfen und Schüchternheit und Soziophobie bekämpfen – so munkelt man zumindest in der Medizin. Dopamin löst in uns Freude und Glück aus, das Noradrenalin motiviert und macht uns wach. Bananen galten deshalb in den Sechzigern und frühen Siebzigern neben Pilzen als natürliche Droge, und Absplitterungen der Beat-Bewegung sollen sich eine Zeit lang nur von Bananen ernährt haben, gewissermaßen einen Überkonsum praktiziert haben, um so eine Art günstigen LSD-Ersatz zu schaffen. Erfolge auf diesem Gebiet sind nicht bestätigt. Ebenso wenig wie das Gerücht, dass der Name »Beat« eine Abkürzung von »Banana Eating Teens« ist.

Über 15 Kilogramm Bananen soll jeder Deutsche im Durchschnitt pro Jahr verspeisen. Das sind etwa 100 Bananen im Jahr. Doch auch wenn heutzutage die Banane aus deutschen Mundhöhlen nicht mehr wegzudenken ist, so ganz einfach war der Anfang nicht. Erst einmal stand man dieser etwas anrüchig aussehenden Frucht skeptisch gegenüber. Zumal krumm und ungenormt nun einmal nicht die Lieblingstugenden des Deutschen sind. Es brauchte etwas, bis wir uns mit der Banane anfreunden konnten, und dass die Banane letztendlich doch zu einer der Lieblingsfrüchte der Deutschen geworden ist, liegt ganz sicher auch an Vorbildern wie Helmut Schulte, die uns ein Leben mit der Banane vorgelebt haben.

Helmut Schulte galt schon früh als Bananenfreund, und er entwickelte sich im Laufe der Geschichte der Banane in eine wahre

Bananen-Propaganda-Maschine. Denn Schulte wusste die Medien geschickt zu nutzen, um die Popularität der Banane zu steigern. So trat er sogar im *ZDF Sportstudio* mit einem Bananen-Button auf, um so Werbung für diese damals noch immer obskure Frucht zu machen.

Schulte war der Auffassung und vertrat diese auch lautstark, dass Bananen den Menschen besser machen würden. Kurz nachdem er das geäußert hatte, warfen ihm die Fans regelmäßig Bananen bei den Spielen zu, und Schulte warf gleichermaßen zurück. Ob dadurch oder generell, auf alle Fälle stieg der Bananenkonsum seit dieser Zeit in Deutschland an. Und vielleicht ist wirklich was dran an der Banane, denn mit Schulte als Trainer stieg der FC St. Pauli 1988 das zweite Mal in die 1. Bundesliga auf. Der Banane sei Dank!

102. GRUND

Weil man den Gegner durch permanentes Toreschießen zermürben muss

Fußball gilt gemeinhin als äußerst komplizierter Sport. Immerhin umfasst das Regelwerk des Deutschen Fußballbundes fast 120 Seiten. Fußball wird deshalb auch gerne als »körperliches Schach« bezeichnet, denn wie beim Schach entscheidet oft auch hier die richtige Taktik über Sieg oder Niederlage.

Doch wo man beim Fußball versucht, Regelwerk und Taktik in kurzen Sprüchen wie etwa »Der Ball ist rund« und »Das Spiel dauert 90 Minuten« zusammenzufassen, kennt man Sprüche wie »Der Alte muss fallen« oder »Das Holz ist schwarz und schweiß« vom Schach kaum. Dieser Umstand lässt sich darauf zurückführen, dass sich die Schachszene gerne etwas elitärer gibt, um die Außenwelt so möglichst abzuschirmen. Man umgibt sich absichtlich mit einer Aura des Biederen und des Außenseitertums, trägt Kleidung aus dem Bundfalten- und Pullunderbereich, um die Normalsterblichen erst einmal abzuschrecken. Denn man will ja gar nicht, dass jeder Hinz und Kunz Schach spielt. Die Schachszene bleibt gerne unter sich. Es ist ähnlich wie beim Golf, wo man durch horrende Preise für Clubbeitrag und Ausrüstung einen Großteil der Menschheit davon fernhält. Beim Schach geschieht dies durch ein Regelwerk, das sich komplex und vielschichtig gibt, und mit fremdartigen Fachbegriffen wie etwa »en passant«, »Rochade« oder »Gambit«, die dem Laien Angst einjagen sollen.

Fußball dagegen will ganz bewusst Massensport sein. Man will niemanden abschrecken. Ganz im Gegenteil, man will möglichst viele davon begeistern. Jedes Wochenende wieder sind die meisten Stadien voll – und das müssen sie auch sein. Denn ohne Fans kein Geld, und ohne Geld kein Fußball. Denn so eine Mannschaft ist teuer, dazu der Rasen und die ganze Wäsche. So ein Schachbrett kostet nix, hält ewig und muss auch nicht gepflegt werden. Klar, dass man da nicht groß auf Eintrittsgelder angewiesen ist. Zumal kaum wer vom Schachspielen leben kann und die meisten Schachspieler noch richtige Berufe ausüben. Beim Fußball ist das nicht so. Ein Fußballer spielt meist nur Fußball und muss in kurzer Zeit so viel Geld verdienen, dass das fürs ganze Leben reicht. Deshalb ist man beim Fußball darauf bedacht, mögliche Abschreckungen abzuschwächen. Und das üppige Regelwerk wird nicht selten kleingeredet, mit einem Lächeln abgetan und Generationen von Trainern haben sich darum bemüht, diese Bibel des Fußballgläubigen in möglichst knappen Sätzen zusammenzufassen. Allen voran natürlich Sepp Herberger, den man in diesem Kontext fast als den Adam der Fußballtrainer bezeichnen möchte. Von ihm stammen die oben bereits erwähnten Zitate wie »Der Ball ist rund« oder »Das Spiel dauert 90 Minuten«. Aussagen, die im Grunde alles beinhalten, was man über Fußball wissen muss. Und auch Ratschläge wie »Das Runde muss ins Eckige« oder »Wer siegen will, muss Tore schießen« umschließen doch im Grunde die ganze

Genialität einer Fußballpartie und fassen taktische Überlegungen simpel zusammen.

Auch Dietmar Demuth, der im Januar 1999 und dann noch einmal von 2000 bis 2002 Trainer beim FC St. Pauli war, verstand es, taktische Finesse der Mannschaft einfach und plausibel näher zu bringen. Legendär sein Zitat »Man muss den Gegner durch permanentes Toreschießen zermürben«, das gleichzeitig Konzept und Parole ist, aber auch Anfeuerung und taktischer Unterbau für spielerische Finesse.

Fußballtrainer scheinen ohnehin die Philosophen der Moderne geworden zu sein, die mit ihren Aphorismen und Bonmots oft zum Nachdenken anregen. Und so möchte ich gerne dieses Kapitel mit einem Ausspruch Berti Vogts' beenden, der einmal sagte: »Hass gehört nicht ins Stadion. Solche Gefühle soll man gemeinsam mit seiner Frau daheim im Wohnzimmer ausleben.«

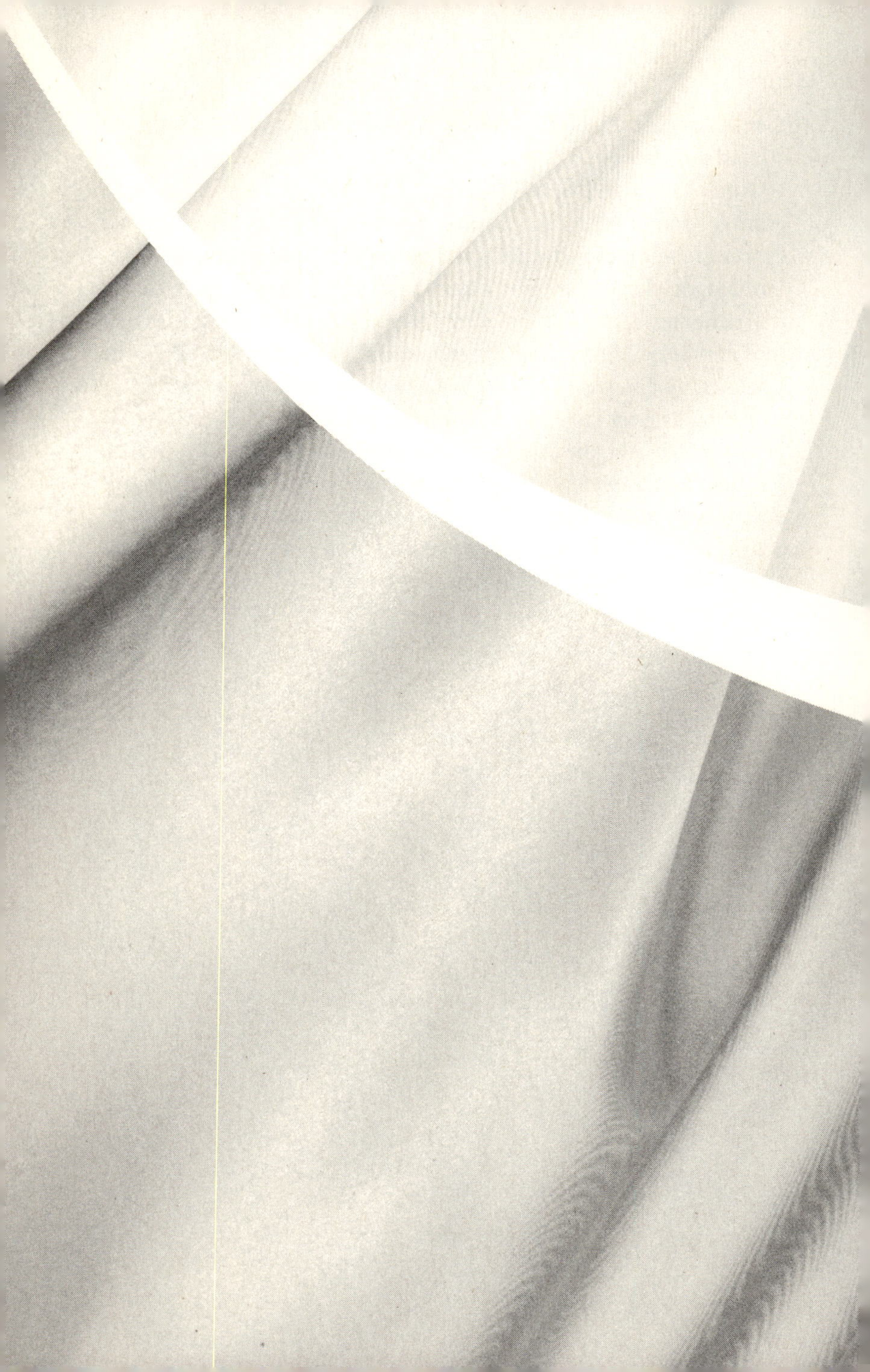

12. KAPITEL

ICH UND DU UND DER FC

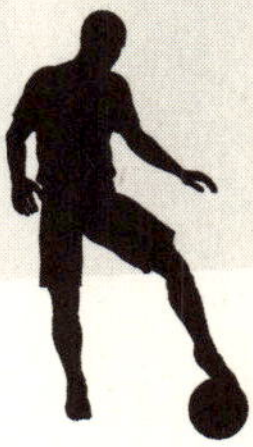

103. GRUND

Weil meine Eltern das so wollen

Meine Eltern drängten mich schon früh zum FC St. Pauli. Nicht belegt ist die Geschichte, dass ich am 2. August 1972 beim Ligapokal-Vorrundenspiel gegen den HSV im Wilhelm-Koch-Stadion zur Welt gekommen sein soll. In der Halbzeitpause habe sie mich, mit einem Bier in der einen und einer Bratwurst in der anderen Hand, breitbeinig in der Gegengeraden zur Welt gebracht, wie meine Mutter nicht müde wird zu erzählen. Lange wäre deshalb auch im Gespräch gewesen, mich Franz zu nennen. Eben weil es Franz Gerber war, der in diesem Spiel das einzige Tor für St. Pauli schoss, in einer Partie, die wir am Ende mit 1:4 verloren haben.

Mein Vater soll mich in der zweiten Halbzeit hoch über seinen Kopf gehalten haben, wo ich der Sage nach lauthals den FC St. Pauli anfeuerte. Einmal durch die ganze Gegengerade soll ich anschließend getragen worden sein. Liebevoll hat man mich währenddessen mit Bier getauft und mit Bratwurst beschenkt, was meine heutigen Vorlieben für Bier und Gegrilltes erklären würde. Ein wenig war es wohl wie bei Jesus, zu dem die Heiligen Drei Könige kamen, nur dass es bei mir mehr waren, und sie brachten Bier, Wurst und ein Tor.

Schon früh lief ich in braunen Trikots und kurzen Hosen rum, und kaum konnte ich laufen, war das Erste, was mein Vater tat, mit mir Fußball zu spielen. Er war wie besessen davon. Vermutlich auch, weil er nie Fußballer geworden war. Einfach, man kann es heute ruhig mal zugeben, weil die Familie Amtsberg kein großes Talent dafür besitzt. Wir sind nicht gut in Dingen, bei denen man ins Schwitzen kommt, und so ist es leider auch bei mir. Noch lange träumte mein Vater davon, dass ich eines Tages beim FC St. Pauli spielen könnte. Immer wieder trainierte er mit mir Tricks. Wir sahen uns alte Aufzeichnungen von Fußballspielen an, und mit meinen Meerschweinchen Buschi und Pümpel stellte er die bedeutendsten Begegnungen der letzten 75 Jahre nach. Doch am Ende musste man sagen, dass alles, was mich für den FC St. Pauli qualifiziert hätte, die Tatsache war, dass mir Braun sehr gut steht. Aufgrund dieser Qualifikation fing ich Jahre später bei einem bekannten Paketdienst an. Einmal habe ich ein Päckchen Schlüpfer an den FC St. Pauli liefern müssen und mich bei dieser Gelegenheit mit dem Empfänger des Pakets, einem grauhaarigen Mann im Anzug, von dem ich nicht weiß, wer es war, den ich aber dazu nötigen konnte, Trikot und kurze Hose anzuziehen, fotografieren lassen. Als ich das Bild meinem Vater zum Geburtstag schenkte, hat er geweint. Es hängt noch heute großformatig im Herrenhaus meiner Eltern.

104. GRUND

Weil so wunderbare Menschen wie Paul Paulischkoweit Fans des FC St. Pauli sind

Paul heißt eigentlich Heiko, doch alle müssen ihn Paul nennen. Seine Freundin nennt ihn Pauli. Heiko ist großer Fan des FC St. Pauli und im Grunde recht sympathisch. Sympathisch im Sinne von Klassensprecher und so. Aber mit dem FC St. Pauli, da hat er sich in etwas verrannt. Anfangs war er ein Fan wie andere auch – T-Shirts und Schals, bei Heimspielen im Stadion, ansonsten unauffällig. Doch dann irgendwann wollte er mehr. Ich glaube, sein Zugehörigkeitsgefühl war derart stark, dass er das irgendwie ausleben wollte. Eine Verbindung schaffen. Er war recht enttäuscht, dass er nichts vom Verein hörte, nachdem er Geld, kleinere Beträge, gespendet hatte. Er hatte gedacht, Spieler würden mit Blumensträußen vorbeikommen oder Corny Littmann würde mit ihm ins Theater gehen. Doch es kam niemand. Wie gesagt, es waren wirklich nur kleine Beträge.

Dann fing es an, dass wir ihn Paul nennen mussten, und immer wieder ließ er beim Schlüsseldienst kleine Messingplaketten anfertigen, die er im Stadion anbrachte. Darauf stand: »Der FC St. Pauli dankt der Familie Paulischkoweit.« Denn Heiko erzählt gerne, dass der Onkel seines Großvaters den FC St. Pauli gegründet hätte. Deshalb würde es überhaupt Pauli heißen, abgeleitet von Paulischkoweit. Das stimmt nicht. Aber Heiko erzählt es trotzdem. Und dass die Tante seines Großvaters die ersten Trikots für den Verein nähte. Damals noch aus Leder. Daher auch die braune Farbe. Sie wären viel im Wald gewesen, um Ledertiere, so Heiko, zu jagen. Aber da die Jagd damals noch ein schwieriges Unterfangen war, spielte der FC St. Pauli anfangs nur mit vier, später dann mit fünf Spielern. Eben weil man nicht genug Tiere schoss für neue Trikots. So erzählt er es zumindest.

Glaubt man Heiko, gründete sich der FC St. Pauli auch schon 1887 und wäre somit der älteste noch bestehende Fußballverein Deutschlands. Und nicht wie fälschlicherweise angenommen der bekannte BFC Germania 1888, der sich eben 1888 gründete und ebenfalls noch besteht.

Fußball habe damals auch eher im Privaten stattgefunden, in Wohnzimmern und Stuben, so Heiko, der mir immer wieder gern alte Fotos zeigt, auf denen schwitzende Spieler in Ledertrikots in leer geräumten Wohnzimmern zu sehen sind, die gestelzt in die Kamera lächeln. Alle haben eine auffällige Ähnlichkeit mit Heiko und mit Heikos Schwester, die eher wie sein Bruder aussieht. Fußball, so sagt er, habe früher mehr mit Taktik als mit Ausdauer zu tun gehabt, und in diesen Räumen hätte man halt zusehen müssen, wie man das Ding in das Tor des Gegners bekäme.

Manchmal zeigt er mir das Bild des Onkels seines Großvaters, das im Millerntor-Stadion hing und nun auch wieder im neuen Millerntor-Stadion hängt. Ich vermute, dass niemand von offizieller Seite davon weiß, denn es hängt gut versteckt im Bauch der Gegengeraden. Ich nehme an, Heiko hat es dort hingehängt. Das gerahmte

Foto eines Mannes mit braunem, großem Bart, der einen ernst ansieht. Jedes Mal, wenn wir im Stadion sind, gehen wir dorthin, um es zu berühren, und Heiko bekommt dann immer feuchte Augen. »Ohne uns gäbe es das alles nicht«, schreit er, stehen wir betrunken in der Gegengeraden. Und sehen ihn dann die anderen Fans seltsam an, lallt er: »Die erkennen mich. Die erkennen mich.«

105. GRUND

Weil es dieses Buch gibt

Noch stehst du diesem Machwerk eher skeptisch gegenüber. Ein Buch, das fachmännisch daherkommen möchte, aber auch ein wenig kumpelesk. Ein Buch, das den Arm um deine Schultern legt und dir vermeintliche Fakten ins Ohr säuselt. Fakten, die du natürlich allesamt schon kennst. Schließlich hast du auf deinem Rücken die Zahlen 1977, 1988, 1995, 2001 und 2010 tätowiert und darunter noch sehr viel Platz gelassen.

Doch dieses Buch möchte dich gar nicht belehren. Ganz im Gegenteil, wir wollen eine Win-win-Situation schaffen. Erst erzähle ich dir 111 Gründe, dann du mir. Schreib sie in das Buch an die Stellen, an denen noch Platz ist. Streiche Gründe von mir, mit denen du nicht einverstanden bist, ersetze sie durch deine. Mach aus meinem Buch dein Buch. Du bist überhaupt kein FC-St.-Pauli-Fan? Ganz im Gegenteil? Deine Mutter hat dir dieses Buch geschenkt, weil sie gedacht hat, sie würde dir damit eine Freude machen. In Wahrheit gehst du aber zu Altona 93. Dann streiche auf dem Titel das »FC St. Pauli« und ersetze es durch »Altona 93« und formuliere die Gründe um oder finde andere Gründe, warum man Altona 93 lieben sollte. Lasse so aus diesem Buch ein ganz anderes werden, mache es zu deinem Buch. Kaufe 100 Exemplare von diesem und arbeite sie nach deinen Vorstellungen um. Organisiere Lesungen, gehe auf Tournee samt Tour-Shirts, Baseballkappen, Feuerzeugen, das ganze Programm halt.

Vielleicht bist du überhaupt kein Fußballfan, sondern interessierst dich für Leichtathletik. Kein Problem, ersetze das »FC St. Pauli« auf dem Titel durch »Leichtathletik«. Du suchst nach einem Geschenk für deine Freundin, deine Mutter? Dann ersetze das »FC St. Pauli« durch den Namen deiner Freundin oder Mutter. »111 Gründe, Muddi zu lieben«. Sie wird sich freuen. Ganz sicher.

Dieses Buch soll wie Ton in deinen Händen sein. Es ist nur ein Vorschlag von mir, mit dem du arbeiten kannst. Ein Potpourri aus Papier, etwas Leim und Buchstaben, die du ausschneiden und nach Belieben wieder zusammensetzen kannst. Dieses Buch soll an dir wachsen, so wie du an diesem Buch wachsen sollst. Ihr sollt wie Brüder werden. Wie Terence Hill und Bud Spencer.

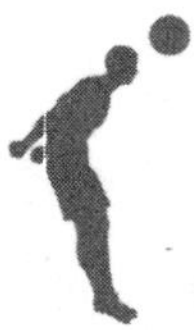

106. GRUND

Weil hier in St. Pauli selbst der Rasen Paten hat

Am 2. August 2004 kam mein Großvater mit einem Stückchen Rasen nach Hause, das er mir mit zitternden Händen präsentierte. Es war eine unsauber ausgeschnittene Raute, die an einigen Stellen nicht geschnitten, sondern herausgerissen worden zu sein schien. Sie war sehr sandig, und insgesamt sah das Stück Rasen recht unansehnlich aus. Es roch auch etwas nach Fuß.

»Ich bin Rasenpate«, sagte er, und es war ihm anzuhören, dass es spät war. Großvater hatte zwei braune Flecken an den Knien, und seine Hände waren schwarz. Das graue Haar hing ihm lang und strähnig herunter, wie es das sonst nur tat, war Großvater in Regen geraten und das Wasser hatte das Haarspray aus seinem Haar gelöst. Großvater hatte eine Halbglatze, doch er verstand es, das verbliebene Haar, das ihm im offenen Zustand bis zum Bauchnabel reichte, der sich seinerseits auf Höhe der Oberschenkel befand, mit Haarspray so kunstvoll auf dem Kopf aufzutoupieren, dass es aussah, als besäße er noch volles Haar.

Er legte das Stückchen Rasen auf den Fußboden, kniete sich davor. Dann drehte er den Kopf zu mir und sah mich sehr lange an. Mit jenem Blick, bei dem man selbst ins Taumeln geriet und den er oft hatte, wenn er betrunken war. Großvaters Augen waren dann wie die gekochter Fische. Meine Großmutter war der festen Überzeugung, mit diesem Blick würde Großvater seine Betrunkenheit auf denjenigen übertragen, der ihn ansah, und auf diese Art nüchtere er augenblicklich aus. Ich hatte erhebliche Zweifel an dieser These. Zweifel, die sich nun bestätigen sollten.

»Ich bin Rasenpate«, sagte er noch, bevor er dann der Länge nach hinschlug. Den Kopf auf den Rasen gebettet, schlief er bis zum Morgen dort. Wässerte das Stückchen mit Speichel, die Halme flatterten bei jedem Atemzug.

Die Rasenpaten-Kampagne war eine weitere kreative Aktion des Vereins, Geld aufzutreiben. Als Rasenpate konnte man gegen einen Geldbetrag von 35 Euro die Patenschaft für ein 0,083 Quadratmeter großes Stück Fußballplatz übernehmen. Wenngleich das auch nicht bedeutete, dass jeder Pate sein Stück mit nach Hause nahm, um es dort in den heimischen Wänden zu pflegen und zu hegen und dann zu den Spieltagen wieder ins Stadion mitzubringen, wo man das ganze Rasenpatenpuzzle wieder zu einem Platz zusammenlegte. Mein Großvater hatte da etwas falsch verstanden. Es war nicht das erste Mal, dass das vorkam. Ich glaube, man konnte sein Stückchen Rasen noch nicht einmal berühren. Und ich weiß auch nicht einmal, ob jedem Rasenpaten überhaupt klar war, welches Stückchen des Rasens ihm gehörte, sodass er es Freunden stolz hätte zeigen können. Vielleicht wäre es ja ein Rasenstück, von dem aus bedeutende Tore geschossen worden waren? Oder hatten berühmte Knie dieses Stückchen Rasen in der Vergangenheit bereits berührt?

Mein Großvater brachte das Stückchen Rasen in der nächsten Nacht wieder zurück. Ich glaube, beim FC St. Pauli hat man nie etwas davon bemerkt, dass wir uns kurz ein Stückchen des Grüns ausgeliehen hatten. Nur widerwillig brachte Großvater es zurück. Großmutter hatte wieder einmal gedroht, ihn zu verlassen, wie sie es immer tat, zeigte Großvater sich stur. Zuvor machte er noch ein Foto von seinem Stückchen Rasen, das er vergrößern ließ und das lange über dem Sofa meiner Großeltern hing.

»Das ist mein Rasen«, sagte Großvater oft, und es schien, dass er mit der Zeit diesem Stückchen Rasen tatsächlich ähnliche Gefühle entgegenbrachte wie andere Paten ihren Patenkindern. Er nannte das Stückchen Rasen Bruno. Und am Ende schrieb er oft lange Briefe an den Rasen Bruno, in denen er vom Krieg erzählte und von Großmutter. Und Furunkeln. Und vielleicht lag es an Großvaters Briefen – gerne will ich mir vorstellen, dass Corny Littmann jeden einzelnen dem Stückchen Rasen vorgelesen hat –, dass dieser am Ende ganz braun geworden ist.

107. GRUND
Weil du nun an dieser Stelle ein Teil des Ganzen werden kannst

Das Buches ist nun fast zu Ende. Und ich möchte, dass nun etwas Bewegung in die Sache kommt. Mit Betonung auf »Bewegung«. Ich möchte, dass du das Buch nun mal beiseitelegst und mal raus an die frische Luft gehst. Du siehst blass aus und riechst nach Buch.

Eindringlich habe ich bereits geschildert, dass der FC St. Pauli dringend Geld benötigt. Immer. Viel. Auch jetzt. Deshalb möchte ich, dass du dich jetzt einmal engagierst. Zieh los und beschaffe etwas Geld. Bitte. Es reicht ein kleiner Betrag. Überleg dir etwas: Drückerkolonne, Kettenbrief, Blutspenden. Deiner Kreativität sind keine Grenzen gesetzt. Vielleicht nähst du dir auch ein lustiges Tierkostüm und probierst dich an kleinen Kunststücken, die du dann hinter einem Hut in der Fußgängerzone deines Ortes vollführst. Vielleicht versuchst du auch, Fußballspieler zu imitieren, oder wagst dich in den Bereich des Bodypaintings vor. Auch die Pantomime ist noch immer ein Kleinkunstsegment, in dem sich recht schnell sehr viel Geld verdienen lässt. Gerade nachts in Bars und Clubs. Probiere es bitte aus. Verwirkliche dich nun bitte selbst.

108. GRUND

Weil nur das Merchandise des FC St. Pauli mit dir mitaltert

Betrachtet man nur einmal die Palette an Merchandising-Artikeln des FC St. Pauli, so muss man glauben, der Verein wäre ein ganz, ganz großer. Denn in puncto Vermarktung steht der Verein anderen Vereinen wie etwa dem FC Bayern München oder Borussia Dortmund in nichts nach. Es gibt im Grunde kaum etwas, was man nicht mit dem Logo des FC St. Pauli darauf kaufen kann. Beschränkte man sich früher auf T-Shirts und Aschenbecher, so hat man das Gefühl, das Sortiment wäre über die Jahre mit den alternden Fans mitgewachsen und hätte sich deren veränderten Ansprüchen angepasst. Denn heute finden sich sogar Waffeleisen, dieses Lieblingsküchenuntensil eines jeden Hausbesetzers, im Katalog wieder, ebenso wie Geschirrhandtücher, Toaster, Tannenbaumkugeln, Müslischalen und Frühstücksbrettchen oder aber Zahnbürsten. Es scheint also fast, deutet man den Katalog richtig, dass auch Punks älter und häuslicher werden, und ja, wenn ich mich jetzt recht entsinne, dann ist es auch mir schon aufgefallen, bei einer meiner Spritztouren durch die Fertighaussiedlungen der Hamburger Vororte, dass man dort ständig und überall alte Punks sieht, die mit lichtem Irokesen und St.-Pauli-Schürzen hinter doppelverglasten Fenstern Waffeln backen und Marmelade einmachen. Oder alte Männer mit bunten Haaren, die in Lederjacken, auf deren Rücken das A im Kreis kaum noch zu erkennen ist, auf Sitzrasenmähern das Gras des üppigen Vorgartens stutzen. An dem Neuwagen in der Garagenauffahrt prangt ordentlich ein Aufkleber, auf dem das für viele in der Siedlung kryptische »A.C.A.B.« steht. »Achtung Chihuahua an Bord« würde es heißen, wird man nicht müde zu erklären.

Auch heute noch trinkt man Dosenbier. Am Wochenende sogar, wenn es hell ist. Dosenbier, das, anders als früher, meist schon angefangen im Kühlschrank steht. Verschlossen mit einem praktischen St.-Pauli-Bierdosenöffnungsverschließer, weil man einfach nicht mehr eine ganze Dose auf einmal schafft. Blähungen und die Kinder, die bald schon zum Mittagessen aus der Schule kommen. Es gibt FC-St.-Pauli-Nudeln mit brauner Soße. Mit Ende 40 ist es manchmal schwer, dieses Punkgefühl von damals aufrechtzuerhalten, und wenn doch, es dann auch auszuleben. Das weißt du genauso gut wie ich. Hier, in dieser komischen Siedlung, in der du dich auch noch nach vielen Jahren des Dortlebens verläufst. Denn alles sieht gleich aus. »Gelebter Kommunismus«, hat der Makler erklärt und den elektrischen Garagentoröffner betätigt. Für teures Geld hast du einen Fahnenmast in deinem Vorgarten aufstellen lassen. Daran weht nun die Fahne des FC St. Pauli. Die große Fahne, damit du auch betrunken dein Haus findest.

Irgendwann hatte die Familie ein Einsehen, und nun hast du unten im Hobbykeller wenigstens einen kleinen Raum bekommen, an dessen Tür ein Schild hängt, auf dem »Punk« steht. Du hast es im Baumarkt anfertigen lassen. Dort riecht es nun nach altem Bier, Hasch und Hund, so wie du es früher immer gerne hattest. Dort stehen sie auch noch, deine alten Schallplatten von Toxoplasma, Discharge und den Dead Kennedys. Im Kleiderschrank hängt auf einem FC-St.-Pauli-Kleiderhaken deine alte Lederjacke, die Hose mit dem Schottenmuster, dazu die alten T-Shirts, deren Stoff so dünn geworden ist wie der von Damenstrumpfhosen. Sie wirken durchsichtig, ziehst du sie an. Was aber auch daran liegen kann, dass sie sehr eng geworden sind und spannen. Mit 16 hast du aufgehört zu wachsen, mit 36 hast du wieder angefangen.

Dort unten sitzt du am Wochenende oder abends, wenn du müde aus dem Büro kommst, hörst Punk in Zimmerlautstärke und trinkst, so schnell du kannst, ein halbes schales Dosenbier. Manchmal noch hörst du dir das einzige Demo deiner einzigen Band an. Du hörst dich schreien: »I hate Schule, I hate Staat, / shit shit shit«. Leise singst du es mit. Dann löschst du das Licht und gehst wieder nach oben, um mit dem Hund rauszugehen. Früher hieß der Ratte, heute heißt er Stupps.

109. GRUND

Weil hier im Grunde noch so viele Gründe fehlen

So ein Buch hat auch immer ein wenig etwas Endgültiges, und kaum ist das Manuskript abgegeben, fällt einem etwas ein, was noch fehlt. Wenn das Buch dann erscheint, haben sich die Dinge angehäuft, die eigentlich noch unbedingt mit hineingemusst hätten. Auch mit diesem Buch wird es aller Voraussicht nach nicht anders sein. Und jetzt, während du das hier liest, würde ich dich gern anrufen, um dir ein Paar Sachen zu diktieren, neue Kapitel, die du bitte hinten anfügst. Drucke dazu Seiten in der entsprechenden Größe aus und klebe sie hinten ein.

Aber natürlich ist es nicht so einfach. Erst einmal kennen wir uns überhaupt nicht, und würde ich dich anrufen, du würdest misstrauisch werden, auflegen oder laut in die Perversen-Trillerpfeife blasen, bis ich taub werde. In diesen Zeiten, in denen man sich verdächtig macht, wenn man den Schutzgraben der Anonymität verlässt und Kontakt zu anderen Menschen sucht, funktioniert so etwas nicht. Deshalb musst du selbst ein paar Dinge ergänzen, die dir auffallen oder einfallen. Und natürlich 111 Gründe sind viel, gerade wenn man so ein Buch zu schreiben anfängt, doch dann geht es rasant, und mit viel Wein und Aufputschmitteln schreibt sich so ein Buch dann von selbst. 212 Gründe hatte ich, wir haben viel rausschmeißen müssen, um es in das enge Konzeptkorsett pressen zu können. Und doch es fehlt noch viel. Etwa die ganzen Präsidenten oder was ist mit Dirk Jora, dem Sänger von Slime?

Dieses Buch will Mut zur Lücke beweisen. Es will dir bewusst Raum lassen für deine Fantasie. Deshalb folgt jetzt gleich ein Doppelpunkt, der für dich Aufforderung ist, selbst Gründe einzutragen. Was fehlt deiner Meinung nach noch? Nenne bitte mindestens 80 Gründe. Dein Grund 1: Weil …

110. GRUND

Weil du auf deine innere Stimme hören solltest

Wer schon seit Längerem regelmäßig ins Millerntor-Stadion geht, dem wird es längst aufgefallen sein, dass sich im Laufe der Zeit die Stimme, mit der dein Unterbewusstsein zu dir spricht, verändert hat. Bei manchen stellt es sich erst nach ein paar Jahren ein, bei anderen schon nach einigen Wochen, dass die Stimme mit einem Mal klingt wie die Rainer Wulffs, des langjährigen Stadionsprechers des FC St. Pauli. Nicht jedem fällt es gleich auf.

Mit einem Mal ist es in dir wie im Stadion, und wenn du deine inneren Zweikämpfe führst, hast du manchmal das Gefühl, die Umstehenden könnten daran teilhaben und würden dich deshalb so seltsam ansehen. Oft erklärt dir deine innere Stimme nun auf einmal Dinge, wo sie früher immer nur Fragen gestellt hat. Nun erzählt sie dir, mit Wulffs Stimme, wie oft du in den vergangenen Tagen geweint, wie oft an feuchte Eisbären gedacht hast, oder wann du das letzte Mal ausgelassen warst. Statistiken deines Wohlbefindens, Eckdaten deiner Psyche. Triffst du Bekannte, ruft dein Innerstes den Vornamen, woraufhin du versucht bist, laut den Nachnamen desjenigen, der dir da begegnet ist, auszurufen. Ein, zwei Mal schon ist das wirklich passiert. Du hast die betreffende Person seitdem nicht mehr gesehen. Seit 1986 ist Rainer Wulff Sprecher im Millerntor-Stadion, länger, als so mancher Fan überhaupt auf der Welt ist. Tausende kennen nur seine Stimme, kaum wer weiß, wie er überhaupt aussieht. Und einige meinen, es wäre eine Maschine, die dort irgendwo in den Tiefen des Stadions sitzt und das Spielgeschehen kommentiert. Neulich aber war Rainer Wulff Telefonjoker bei Günther Jauch, als Thomas Koeppe, Mitgliederbetreuer des FC St. Pauli und Sänger der Band Molotow Soda, dort als Kandidat saß. Dort sah man sogar ein Foto Wulffs. Es scheint ihn also wirklich zu geben. Die richtige Antwort wusste er aber leider nicht. Es war »Tischtennis«.

111. GRUND

Weil braune Liebe für alle da ist

Noch ist es nicht ganz spruchreif. Aber für das nächste, vielleicht auch erst übernächste Jahr planen wir hier auf St. Pauli etwas ganz Großes, für das wir noch nach geeigneten Leuten suchen. Ich und einige Mitstreiter wollen eine Art Sekte gründen. Aber nichts von diesem verkniffenen Scientology-Zeug, sondern eher eine Sekte auf sympathisch mit Bier und Bratwurst und eben Fußball. In einer Art brauner Laube wollen wir zusammen mit 80 bis 90 Leuten leben, und eine Art Kult zelebrieren, in dessen Mittelpunkt, wie bei Sekten nun einmal üblich, ein Guru steht. Wir verhandeln gerade mit jemandem, der uns für den Posten geeignet scheint. Nach dem Vorbild der Shaolin-Mönche wollen wir statt Kung-Fu kleine Fußballkunststücke, anfangs in der Elmshorner, später in der Hamburger

Innenstadt vollführen, um uns mit ausreichend Geld zu versorgen und so eventuell auch neue Mitglieder zu rekrutieren. Wir wollen nichts außer braunen Kutten tragen. Jeden Morgen werden wir zusammen zur Elbe gehen, die Kutte ablegen und uns dort gründlich waschen. Die Haare wollen wir tragen wie Volker Ippig, den Bart wie Walter Frosch, und Gestik und Mimik soll eine Hommage an Klaus Thomforde werden.

Das sind bislang die groben Richtlinien, die wir in der Gruppe erarbeitet haben. Noch sind wir wenig, noch haben wir Plätze frei. Bislang zugesagt haben ich und meine Eltern, die auch die Anfangsräumlichkeiten zur Verfügung stellen werden, das Bastelzimmer meiner Mutter, in dem wir uns etwas Platz machen können.

»Braune Liebe« wollen wir heißen. Den Schriftzug habe ich bereits mit einer Laubsäge aus Holz ausgesägt und ans Fenster geklebt. In weiser Voraussicht haben wir hundert Goldketten mit Anhängern daran, auf denen *Braune Liebe* steht, sowie Fuß- und Armkettchen anfertigen lassen. Wunderschön, sage ich dir.

Doch noch ist unser Glaube nicht bis ins letzte Detail ausgearbeitet. Wichtige Dinge fehlen noch. Was ist mit Gebeten? Was dürfen wir und was nicht? Stichwort: Gebote. Was ist das Alleinstellungsmerkmal unserer kleinen Sekte, was ist die Geschichte dahinter? Und woran wollen wir überhaupt glauben?

Das interessiert dich? Das ist das, wonach du immer gesucht hast? Gut, dann komm zu uns. Wir stehen jeden Tag ab zwölf Uhr vor der U-Bahn-Haltestelle Feldstraße. Dort warten wir auf dich. Geh einfach rum und sprich die Menschen an, von denen du glaubst, es könnte sich bei ihnen um mich oder meine Eltern handeln. Raune ihnen zu: »Braune Liebe? Braune Liebe?« Wir werden uns finden, ganz sicher. Bis gleich.

13. KAPITEL

DIE BONUSGRÜNDE

WAS SEITDEM GESCHAH

BONUSGRUND 1

Weil beim FC St. Pauli der große Traum eines jeden Torwarts in Erfüllung gehen kann

Es bleibt natürlich vollkommen spekulativ, was wohl besser ist und einen mehr erfüllt: ein Tor zu halten oder eins zu schießen. Doch vermutlich würden die meisten von uns sich dafür entscheiden, eins zu schießen. Denn wer träumt nicht nachts manchmal davon, per Fallrückzieher aus einigen Metern Entfernung mit wehendem, vollem Haar ein Traumtor erzielt zu haben, und eine Horde verschwitzter Männer schmeißt sich auf einen oder trägt einen auf den Händen durch das vollbesetzte Stadion. Wer hat nicht schon einmal auf dem Balkon einen Rückwärtssalto geübt oder im Garten das dann doch meist sehr schmerzhafte Rutschen auf den Knien über den spröden eigenen Rasen – nur um dann am Ende doch dazu überzugehen, einfach nur mit freiem Oberkörper zwischen den Rabatten umherzulaufen, während man dabei rhythmisch über dem Kopf in die Hände klatscht.

Eher nüchtern fällt im Gegensatz dazu meist die Begeisterung aus, wird ein Tor gehalten. Da wird einem vielleicht mal auf die Schulter geklopft, oder jemand zeigt einem den verschwitzten Daumen. Aber das war es dann meist doch auch schon. Niemand will einen unter sich begraben, geschweige denn herumtragen. Und dass der Torwart nach einem gehaltenen Ball umherläuft, sich des Trikots entledigt oder einfach nur auf den Knien herumrutscht, ist nicht nur selten, sondern auch meist verpönt und kommt seit Oliver Kahn eigentlich kaum noch vor. All das wird höchstens noch beim Elfmeterschießen toleriert.

Es verwundert daher also nicht, dass es manch einen Torwart dann doch immer wieder zum Ende des Spiels hin aus dem Tor zieht, er sich aus dem engen Kasten befreit und hinausstürmt aufs Grün, zu den anderen, um sich eben dort den Traum, ein Tor zu schießen, zu erfüllen.

So auch Ausnahmetorwart Philipp Tschauner, der von 2011 bis 2015 für den FC St. Pauli spielte und später dann auch, als erster Torwart überhaupt, einmal über diesen tief verwurzelten Wunsch eines Keepers, ein Tor zu schießen, sprach. »Als Torwart überlegt man immer, wie es denn wohl ist, wenn man ein Tor erzielt. Jetzt weiß ich es. Ich habe das erste Mal überhaupt in meinem Leben getroffen. Ich habe Tränen in den Augen«[41], sagte er gegenüber dem *Hamburger Abendblatt*.

Tschauner erfüllte sich seinen Wunsch am Ostermontag 2013. Es ist kurz vor Schluss des Spiels. Der FC St. Pauli liegt mit 2:1 gegen Paderborn zurück. Sollte man dieses Heimspiel verlieren, würde es bedeuten, dass man sich im schon oft gekämpften Abstiegskampf wiederfindet. Außerdem geht es ja auch um die Ehre, denn, knick-knack, niemand siegt am Millerntor, oder?! Zuvor hat Tschauner einen Schuss – ausgerechnet auch noch von Deniz Naki – zwar pariert, aber so, dass der Ball abprallt, unglücklicherweise direkt zu Mahir Sağlık – auch dieser hat wie Naki zuvor für den FC St. Pauli gespielt –, der dadurch Paderborn in der 84. Spielminute mit 2:1 in Führung bringen kann.

Vermutlich ist es eben die Mischung aus dem Wunsch, ein Tor zu schießen, und dem Drang, diesen Fehler wieder wettzumachen, die Tschauner an diesem Abend losstürmen lässt, als Dennis Daube sich kurz vor Ende des Spiels anschickt, einen Eckstoß auszuführen. Wir befinden uns bereits in der Nachspielzeit, und St. Pauli droht eine Niederlage. Doch dann passiert das Unglaubliche: Daube bringt den Ball rein, und es ist ausgerechnet Tschauner, der die Kugel ins Tor köpft und so den Ausgleich erzielt. Augenblicklich erklingen Sprechgesänge mit »Philipp Tschauner Fußballgott«, und das *Hamburger Abendblatt* titelt am nächsten Tag: »Tor für die Ewigkeit: Tschauner schreibt Fußball-Geschichte«[42].

Schnell munkelt man, dass das in der 2. Liga noch nie passiert sei, ein Torwart, der ein Tor erzielt. Doch das geschätzte *Hamburger Abendblatt* weiß, dass das nicht stimmt, so erzielte wohl als erster

Torwart in der 2. Liga überhaupt Wilhelm Huxhorn im April 1985 ein Tor – per Abschlag aus 102 Meter Entfernung.[43] So, nun weißt du Bescheid.

BONUSGRUND 2

Weil kein Fußball auch keine Lösung ist

Das Millerntor-Stadion ist das beste Stadion der Welt. Das weiß eigentlich jeder, und das ist an anderer Stelle in diesem Machwerk schon einmal eingehend ausgeführt worden. Und natürlich: Jeder will mindestens einmal in seinem Leben dort spielen. Der Ort macht etwas mit einem, das munkelt man ja schon lange, und es heißt, dass viele Vereine nur deshalb in die 2. Liga absteigen, um eben an diesem Ort einmal spielen zu können. Zugegeben – das kann ein Gerücht sein, aber vermutlich ist es das nicht.

Kein Wunder also, dass 2014 die deutsche Nationalelf zur Vorbereitung auf die WM in Brasilien im Millerntor-Stadion trainieren will. Man erhofft sich offenbar, etwas von der Magie dieses Ortes mitzunehmen und daraus Kraft zu schöpfen. Was ja auch gelingt – nur dass am Ende für den FC St. Pauli kaum noch Magie und Kraft vorhanden ist, nach der Hinrunde stehen wir auf dem letzten Platz und können uns nur dank Heilsbringer Lienen zum Ende der Saison gerade so auf einen Nichtabstiegsplatz retten – doch dazu später mehr. Aber für Deutschland geht der Plan letztendlich auf, wie du sicher schon gehört hast, Weltmeister und so, nicht nur der Herzen, sondern diesmal ganz in echt. Und wenn man so will, wurde damit ja auch das Millerntor-Stadion Weltmeister und ja, so irgendwie dann doch auch der FC St. Pauli. Aber all das munkelt man natürlich nur, und das auch noch hinter vorgehaltener Hand, und das würde man sicher nie laut sagen – oder gar irgendwo schreiben.

Das alles wäre ja ganz schön und gut, allerdings prangt seit Jahren an der Gegengerade in großen Lettern der Schriftzug »KEIN FUSSBALL DEN FASCHISTEN«. Ein deutliches Statement gegen Rassismus und Nazis, von dem man annehmen würde, dass auch der DFB es so unterstützen würde, zumal es ja auch von dessen Seite immer wieder Aktionen gegen Rassismus gibt. Doch dann passiert das Unglaubliche – der DFB lässt einen Teil ebendieses Statements überhängen. Immerhin nicht den ersten Teil. Trotzdem ist das Unverständnis groß. Was heißt Unverständnis – eher Entsetzen. Zumal keiner wirklich die Gründe dafür versteht. Es dauert dann auch nicht lange, bis das folgt, was man heute neudeutsch wohl Shitstorm nennt, Fäkaliensturm.

Der DFB begründete sein Vorgehen damit, dass es eine Stadion-Muster-Ordnung gebe, die vorsehe, dass jedes Stadion frei von Werbung und politischen Äußerungen sein müsse.[44] Und auf Twitter schrieb man dazu: »Das Millerntor wurde neutralisiert. Das heißt, dass es frei von Werbung gemacht wird, aber auch von politischen Äußerungen.«[45]

Wie auch immer, einen Gefallen hat man sich damit jedenfalls nicht getan. Und äußerst skurril wirken dann auch die Fotos, auf denen man die sich warm machende Nationalmannschaft vor dem Schriftzug »KEIN FUSSBALL« sieht.

Zwei Tage nach der Aktion entschuldigte man sich schließlich und gestand ein, einen Fehler gemacht zu haben.[46] Und als sich die Nationalelf zwei Jahre später erneut im Millerntor-Stadion vorbereitete, diesmal auf das Qualifikationsspiel gegen Tschechien, da wurde dann auch nichts überhängt.

BONUSGRUND 3

Weil es nur beim FC St. Pauli Dauerkarten für die Ewigkeit gibt

Modelleisenbahnen und gerade Modelleisenbahnbauern haftete lange immer die Aura des Seltsamen an, des Verschrobenen. Männer, die stundenlang allein in muffigen Räumen, oft bezeichnenderweise im Keller – dem Untenrum des Hauses – sitzen und auf kleine phallusartige Züge starren, die umherfahren und wieder und wieder in bewachsenen Tunneln verschwinden. Da glaubte man, dass das Starren auf Züge nicht das einzige wäre, was diese Männer da tun würden – die Schwielen an den Händen und dann überall dieser ganze Bastelleim. Kurzum: Der Modelleisenbahner war lange Zeit etwas in Verruf geraten, und das, was er da tat, hatte sich von einem seriösen Hobby von älteren Herren zu einer Art Nischendasein entwickelt, dem fast schon etwas Anrüchiges anhaftete. So glaube ich zumindest.

Modelleisenbahnbau schien auf das Abstellgleis geraten zu sein, und niemand hätte vermutlich zu dieser Zeit geahnt, zu was für einem Publikumsmagnet der Modelleisenbahnbau eines Tages werden würde – praktisch die Shakira unter den Freizeitbeschäftigungen, wenn man so will.

Denn 2011 eröffnete in der Speicherstadt Hamburg das Miniaturwunderland, das seitdem weit über 15 Millionen Besucher angelockt hat.[47] Es ist die größte Modelleisenbahnanlage der Welt, in der man unter anderem Las Vegas, den Harz und natürlich Hamburg in Miniaturgröße bewundern kann. Und was wäre Hamburg, egal ob in groß oder klein, ohne das Millerntor-Stadion? Ganz genau: nichts. Gar nichts.

Das Besondere ist allerdings, dass man sich auch für dieses Miniatur-Millerntor-Stadion eine Dauerkarte sichern kann. Es wird dann eine kleine Figur von dir angefertigt, die eben auch dort im kleinen Stadion steht, wo du sonst im großen stehst. Vielleicht mit kleiner Bratwurst und kleinem Bier. Zumindest ist es eine Dauerkarte, die ihren Namen wirklich mal verdient. Ein Hauch von Ewigkeit umweht sie, und die Vorstellung, dass, was auch immer geschieht, ein Teil von einem für immer im Millerntor-Stadion stehen wird, hat doch etwas äußerst Berauschendes. Und das für nur 38 Euro. Und jetzt kommst du.

BONUSGRUND 4

Weil am Ende alle Fußballstars beim FC St. Pauli landen – zumindest gerüchteweise

Würde ich dich, lieber Leser, der du dieses wunderschöne Buch von der Freundin eines Halbbruders deines Onkel Manfreds geschenkt bekommen hast und der du nun auf dem Klo sitzt und darin schmökerst, dazu nötigen, die Augen zu schließen und dir einen Fußballer vorzustellen, keinen konkreten, sondern so ganz allgemein irgendeinen, den typischen Fußballer sozusagen, vermutlich käme eine Mischung aus Wayne Rooney, Marco Reus und Manfred Kaltz heraus, vielleicht noch mit einer Prise David Beckham. Zumindest käme alles Mögliche dabei heraus, aber ganz sicher niemand, der so ähnlich aussieht wie Philipp Lahm.

Philipp Lahm kann man sich eher als Informatiker vorstellen oder als Verkäufer in einem Technik-Markt, wo er einem die Vorzüge von elektrischen Saftpressen und Nasenhaarschneidern erläutert. Allein schon die Stimme weckt im Gegenüber ja oft den Beschützerinstinkt, gefolgt vom instinktiven Abtasten der Taschen nach Hustenbonbons. Aber dass jener sympathische, noch immer junge Mann Fußballer ist, wäre ganz sicher nicht der erste Gedanke, der einem bei seinem Anblick käme. Denn niemand könnte wohl kaum weiter entfernt sein vom Klischee des Vokuhila tragenden, mit unzähligen Tribals übersäten und Witze über Untenrum machenden Fußballers als Philipp Lahm.

Und doch war – und vermutlich ist er es auch immer noch – Philipp Lahm ein überragender Fußballer und einer der Sympathieträger des FC Bayern München. Und wenn schon jemand von dort zu uns kommen sollte – und es als wahrscheinlich gilt, dass Mehmet Scholl nicht mehr zurückkommt –, dann würde man sich doch Philipp Lahm wünschen, der sich sicher gut am Millerntor machen würde.

Das dachte man sich beim FC St. Pauli tatsächlich und machte Lahm nach dessen Karriereende im Sommer 2017 ein verlockendes Angebot. Sogar ein Trikot legte man der Offerte bei, wollte dann aber wohl auch einen Leistungsnachweis mit Laktatwerten haben. Lahm soll sich sehr über das Angebot gefreut haben – lehnte es am Ende dann aber doch leider ab.[48]

Es ist nicht das einzig skurrile Angebot in der Geschichte des FC St. Pauli. Schon in den Siebzigern wollte man Günter Netzer verpflichten, und 2003 hieß es dann ernsthaft, Paul Gascoigne käme ans Millerntor. Doch am Ende kam – leider – niemand der Genannten. Aber es bleibt abzuwarten, wann das nächste Gerücht aufkommt. Ronaldo, kannst du uns hören?

BONUSGRUND 5

Weil nur beim FC St. Pauli der Trainer einen eigenen Honig hat

Natürlich, Sympathieträger gab es schon eine ganze Reihe beim FC St. Pauli – der ganze Klub ist ja im Grunde Fußballverein gewordene Sympathie, und man hat leicht das Gefühl, dass die meisten Sympathieträger des Fußballs hier am Millerntor vereint sind. Und doch gibt es zwischen all diesen Menschen immer wieder welche, die alle anderen dann doch noch etwas überstrahlen. Wie bei einem Weihnachtsbaum, wo manche Kerze heller leuchtet als die andere, oder wie Sterne am Himmel, wobei der FC St. Pauli der Himmel ist. Ich weiß, das habe ich schön gesagt.

Eben so ein Sympathieträger ist Ewald Lienen, der gefühlt eigentlich schon immer zum FC St. Pauli hätte gehören müssen, sodass man sich fragt, warum es so lange gedauert hat, bis er endlich bei uns landete. Griechenland, Teneriffa, Rumänien und noch allerlei andere Stationen – es sind weite Umwege, die Lienen genommen hat, bis er endlich zu Hause, so muss man es doch nennen, ankam.

Doch 2014 – zufällig am Geburtstag meiner Mutter – war er dann endlich da, um den damals mal wieder abstiegsbedrohten Verein zu retten. Der FC St. Pauli stand zu diesem Zeitpunkt mit 13 Punkten auf dem letzten Tabellenplatz, und es sah alles andere als gut aus.

In der Rückrunde erzielte man dann fast doppelt so viele Punkte wie bis zu Lienens Einstieg, sodass es am Ende der Saison immerhin noch für den 15. Platz reichte. Doch schon in der darauffolgenden Saison führte Ewald Lienen den FC St. Pauli dann tatsächlich am Ende bis auf den vierten Tabellenplatz, und es gab Momente, in denen man kurz mal wieder vom Aufstieg träumen konnte.

Ewald Lienen ist der Schriftsteller unter den Fußballtrainern, niemand schreibt so viel wie er, schon gar nicht während eines Spiels. Notizen über Notizen macht er sich am Spielfeldrand stehend, und so brauchte es natürlich nicht lange, bis er seinen Spitznamen weghatte: »Zettel-Ewald«. Das war schon lange, bevor er beim FC St. Pauli landete.

Lienen ist ein Mann der klaren Worte, nicht nur geschrieben, auch gesprochen, er ist einer, der stets Haltung bezieht. So sah man Lienen etwa im Mai 2017 gegen den G20-Gipfel demonstrieren, vorneweg mit dem Transparent: »EMPÖRT EUCH – GEGEN G20! ENGAGIERT EUCH!«

Und Lienens klaren Worte kann man seit August 2017 nun auch beim Fernsehsender Sky lauschen. Etwa wenn er sich über José Mourinho, den Trainer von Manchester United, aufregt, nachdem dieser zuvor versuchte, ein schlechtes Spiel schönzureden: »Wenn ich als Trainer so eine Scheiße erzählen würde, dann würde ich lieber aufhören. Das ist eine Beleidigung für alle, die den Fußball lieben. (...) Wenn er genug Geld hat und keinen Bock mehr, dann soll er aufhören.«[49]

Und vermutlich ist Ewald Lienen der einzige Trainer, der seinen eigenen Honig hat – den bald sicher schon weltbekannten Ewald-Bienen-Honig.

Im Mai 2017 ist Lienen als Trainer zurückgetreten, um fortan als Sportdirektor für den FC St. Pauli tätig zu sein. Und wir wollen hoffen, dass er dem Verein noch lange erhalten bleibt.

BONUSGRUND 6

Weil 50+1 dann doch manchmal mehr ist als bloß die Summe seiner Teile

Die Kommerzialisierung ist im Fußball ja kaum noch aufzuhalten und wird vermutlich nirgendwo sonst so kritisch beäugt wie beim FC St. Pauli – wo man natürlich aber auch nicht ganz dagegen gefeit ist. Anfang 2018 stand zur Debatte, die 50+1-Regel zu kippen, eine Vorschrift der Deutschen Fußball-Liga, die verhindert, dass private Investoren die Stimmenmehrheit bei Fußballvereinen übernehmen.

Es war vor allem FC St. Pauli-Geschäftsführer Andreas Rettig, der sich mit Unterstützung von Präsident Oke Göttlich und noch ein paar anderen dafür engagierte, ebendiese Regel beizubehalten. Andere hätten sie gerne gekippt, so etwa Karl-Heinz Rummenige, der Vorstandschef von du weißt schon wem.

Schließlich reichte der FC St. Pauli bei der Mitgliederversammlung der DFL einen entsprechenden Antrag ein, nämlich für einen »Prozess zur Verbesserung der Rechtssicherheit sowie weitere Überlegungen hinsichtlich geänderter Rahmenbedingungen unter Beibehaltung der 50+1-Regel«[50], der dann tatsächlich mit 18 von 34 Stimmen angenommen wurde – neun enthielten sich, zwei Vereine waren überhaupt nicht da.

Rummenigge äußerte sich später etwas angesäuert gegenüber dem *kicker*: »Es befremdet mich, dass ein Zweitligist, der noch nie in einem internationalen Wettbewerb mitgespielt hat, auf einmal nicht nur eine so prominente, sondern auch dominierende Rolle einnimmt.«[51]

Woraufhin Rettig nur lapidar via Twitter entgegnete: »Rummenigge war ein erstklassiger Stürmer.«

BONUSGRUND 7

Weil ganz sicher bald auch ein Spieler des FC St. Pauli das Tor des Jahres schießt

Überhaupt ein Tor zu schießen ist ja oft schon schwer genug. Davon kann man – leider – auch am Millerntor ein Lied singen. Und meist ist einem ja vollkommen egal, wie es geschossen wird, ob nun ästhetisch ansprechend, künstlerisch wertvoll oder aber spielerisch vollendet, Hauptsache: Tor.

Für den Fan ist ja jedes Tor des FC St. Pauli gefühlt irgendwie Tor des Monats, und ginge es nach uns, hätten schon viel, viel mehr unserer Spieler diese Auszeichnungen erhalten. Doch das scheint man nicht überall so zu sehen, denn bislang haben Spieler des FC St. Pauli nur äußerst selten diese Wahl der *ARD Sportschau* gewonnen. Viermal um genau sein, allerdings zweimal nach dem erstmaligen Erscheinen dieses Buches. Ein Zeichen?

1989 war Rüdiger Wenzel der erste und lange Zeit auch einzige Spieler des FC St. Pauli, der die Wahl zum Tor des Monats gewann. Das gelang erst wieder im Dezember 2005 mit dem Treffer von Felix Luz: Im DFB-Pokal-Achtelfinale gegen Hertha BSC erzielte er mit einem Kopfball kurz vor Ende der regulären Spielzeit den Ausgleich, es ging in die Verlängerung, am Ende gewann der FC St. Pauli mit 4:3. So schön und wichtig dieses Tor des Monats auch war, lange brauchte es, bis es wieder einmal so weit war. Im Januar 2015 wurde ein Treffer von Julian Koch zum Tor des Monats gewählt, eins der schnellsten Tore der Fußballgeschichte. Im Testspiel gegen den FC Winterthur fällt es in der ersten Minute, Koch schießt aus 45 Metern. Am Ende gewinnt der FC St. Pauli mit 2:0.

Knapp zwei Jahre später dann fällt die Wahl des Tor des Monats schon wieder, muss man fast sagen, auf einen Spieler des FC St. Pauli. Ein Lupfer über den Torwart in der 90. Spielminute von Cenk Şahin, nach dem dieser einen 60 Meter-Sprint zurücklegte. Şahin erzielte so dass 2:0 gegen Fürth.

Das war im Dezember 2016. Also im Grunde erst vor Kurzem. Die Abstände werden immer kürzer, und irgendwann wird sicher jedes Jahr mindestens einer unserer Spieler für das Tor des Monats gewählt, und dann braucht es nicht mehr lange, bis endlich das Tor des Jahres unser ist. Ich glaube fest daran.

BONUSGRUND 8

Weil der FC St. Pauli irgendwann so reich sein wird, dass wir uns alle Spieler der Welt leisten können

Finanziell lief es nicht immer nur rund, wie auch in diesem Buch an einigen Stellen bereits zaghaft angedeutet wurde, und doch möchte ich mich nun hier, in diesem Bonusgrund, dazu hinreißen lassen, eine gewagte Prognose zu formulieren, die vielleicht auf tönernen

Füßen steht, aber im Grunde, wenn es so weitergeht, durchaus denkbar ist: Nämlich die, dass der FC St. Pauli schätzungsweise in hundert Jahren – nagle mich nicht darauf fest – finanziell gesehen in etwa so reich sein könnte wie Bayern München heute.

Die Spieler des FC St. Pauli sind die besten, das sieht man eigentlich meist gleich, und nur manchmal versuchen sie es ein wenig zu kaschieren, um nicht den Neid und die Missgunst anderer Vereine zu erwecken. Begehrlichkeiten, denn kaum einer möchte St. Pauli wieder verlassen. So ist unter den Spielern die Angst natürlich groß, ein anderer Verein könne ein derart lukratives Angebot machen, dem man beim FC St. Pauli einfach nicht widerstehen kann, und dann wird der Spieler verkauft und kommt in eine andere fußballerische Pflegefamilie – so schön wie am Millerntor wird es sicher nirgends.

So ergangen ist es dem späteren Nationalspieler Marcel Halstenberg, den man im August 2015 für eine Rekordablösesumme von 3,5 Millionen Euro an RB Leipzig verkaufte.[52] So viel hatte man bis dahin noch für niemanden bekommen.

Seitdem ist die Angst, verkauft zu werden, natürlich noch gewachsen. Und vermutlich ist es auch nur noch eine Frage der Zeit, bis Real Madrid und ähnliche Kaliber direkt ans Millerntor zum Spieler-Einkauf kommen. (Wie war das noch: »Real kauft bei uns, wir kaufen bei real«, oder so ähnlich.)

Und wenn es so weitergeht, dann ist es durchaus denkbar, dass der FC St. Pauli eines Tages der reichste Verein Deutschlands ist. Dann mit Champagner-Duschen nach jedem Tor und Crevetten-Cocktails und Aal in Gelee satt und lau für jeden Stadion-Besucher. Aber noch ist es ja Gott sei Dank nicht soweit.

BONUSGRUND 9

Weil es doch ein Leben nach dem FC St. Pauli gibt

Das Leben eines Fußballprofis ist aufregend und intensiv – und im Grunde früh vorbei. Nicht das richtige Leben, aber das als Profi. Danach beginnt vielleicht, im besten Falle, eine zweite Karriere als Trainer oder Spielerberater oder etwas Ähnliches im Dunstkreis des Profifußballs. Sollte das alles nicht funktionieren, so hat man vielleicht in der aktiven Zeit Geld angespart, mit dem man dann eine Kneipe, einen Supermarkt oder aber eine Hundeboutique eröffnet. Oder aber den obligatorischen Toto-Lotto-Laden. Natürlich: So richtig lässig ist Sparen nie gewesen, haftet dem doch immer etwas Spießiges an, und wer spart, der gesteht sich auch immer ein, nicht daran zu glauben, dass es so erfolgreich weitergeht und immer noch mehr Geld kommt. Und was wären schon Zitate wie das von George Best, wenn es hieße: Ich habe viel von meinem Geld für Alkohol, Weiber und schnelle Autos ausgegeben. Den Rest habe ich einfach gespart.

Und dann gibt es Nico Patschinski, jene Legende des FC St. Pauli, der 2002 beim Sieg gegen Bayern München das 2:0 erzielte. Patschinski – oder Patsche, wie wir ihn liebevoll nennen – zeigt seit Jahren eindrucksvoll, welch breites Spektrum an beruflichen Möglichkeiten sich einem ehemaligen Profifußballer nach der aktiven Zeit bietet. So arbeitete er eine Zeit lang hier in Hamburg für einen Paketdienst, sodass man mit viel Glück ein Paket von Patschinski – ich erspare mir an dieser Stelle Wortspielereien – bekam. Mir selbst ist es leider nie passiert, aber ich kenne welche. Manch einer soll sich zu dieser Zeit vermehrt selbst Pakete geschickt haben in der Hoffnung, so seinem früheren Idol zu begegnen und sich vielleicht das Paket mit dem Katzenstreu oder der Penispumpe von Patschinski unterschreiben zu lassen.

Dann wurden die Pakete größer und waren aus Holz – ein paar Jahre arbeitete er als Bestatter. Einen guten Eindruck davon bekommt man in der Dokumentation *Nachspielzeit* von Reinhold Beckmann und Andreas Kramer, die ihn bei ebendieser Tätigkeit begleitet. Auch da bestand natürlich die Möglichkeit, als Fan seinem Idol noch mal ganz nahe zu kommen – wenngleich man vermutlich nicht mehr so viel davon mitbekommen hätte.

Nun ab 2018 wird Patschinski als Busfahrer im Hamburger Raum arbeiten. Neben der Dauerkarte wird es also vielleicht Zeit für eine HVV-Jahreskarte, und dann können wir hinter Patsche sitzen und mit ihm im besten Falle durch St. Pauli fahren und über früher reden und über heute und über Gott und die Welt und Demuth.

BONUSGRUND 10

Weil es beim FC St. Pauli wieder Kopfballungeheuer gibt

Kopfballungeheuer gibt es heute kaum noch. Sie stammen aus Zeiten, als die ersten Bananenflanken auftauchten. Es ist ein Phänomen, das oft in Hamburg beobachtet wurde. Das Kopfballungeheuer an sich hat einen großen Kopf mit platter Stirn und bringt oft komplexe Zusammenhänge mit einfachen Worten auf den Punkt. Etwa: »Manni Flanke, ich Kopf, Tor!«

Seine Blütezeit hatte das Kopfballungeheuer Ende der Siebziger, Anfang der Achtziger. Danach tauchte es nicht mehr so oft hier in Hamburg auf. Lange Zeit glaubte man, Kopfballungeheuer wären nun ausgestorben, und trotzdem kamen, ähnlich wie bei Loch Ness, immer noch Tausende Schaulustige und hofften, doch noch das ein der andere Exemplar zu sichten. Aber lange Zeit wurden sie enttäuscht. Und es schien, als wären die Kopfballungeheuer tatsächlich ausgestorben und nur noch ein Mythos.

Doch schließlich sichtete man wieder eins, Ende 2014, als schon niemand mehr daran glaubte. Kein ganz großes zwar, aber doch äußerst torgefährlich.

Es ist Marc Rzatkowski, der bis dahin auf den liebevollen Kampfnamen Ratsche hört, der im November 2014 im Spiel gegen Nürnberg nach 45 Sekunden jenes legendäre Kopfballtor erzielt, von dem auch er selbst überrascht zu sein scheint. »Ich musste auch einen Moment überlegen, wann ich davor zuletzt ein Kopfballtor erzielt habe. Es war noch für den VfL Bochum im DFB-Pokal gegen den TSV Havelse«[53], wird er später zitiert. Seine ungeahnte Kopfballstärke bringt ihm natürlich sofort einen neuen Spitznamen ein. »Wir nennen Ratsche jetzt Horst«[54], sagt der damalige Trainer Thomas Meggle, und sofort ist er wieder da – der Mythos vom Kopfballungeheuer. Und er lebt.

BONUSGRUND 11

Weil es mit dem FC St. Pauli doch immer spannend bleibt

Lieber FC St. Pauli, wären wir verheiratet – was wir ja vielleicht doch irgendwie sind –, so könnte man, um es positiv zu formulieren, sagen, dass es nie Alltagstrott mit dir gibt. Kein Jahr ist wie das andere. Mal läuft es gut, dann wieder überhaupt nicht. Angst und Hoffnung sind stetige Begleiter, und vermutlich macht gerade das unser Verhältnis so leidenschaftlich. Das ist oft schön, manchmal aber auch kaum auszuhalten.

Seit Erscheinen der ersten Auflage dieses Werkes 2013 ist viel passiert. Mal drohte der Abstieg, mal träumten wir, wenn auch nur ganz kurz, vom Aufstieg, mal war alles nur Mittelmaß.

Auch wenn vielleicht nicht immer auf die spielerischen Fähigkeiten beziehungsweise Erfolge Verlass ist, so kann man sich doch sicher sein, lieber FC St. Pauli, dass es mit dir nie, aber auch wirklich nie langweilig wird. Das zeigten auch die letzten fünf Jahre wieder. Man braucht Leidenschaft und Leidensfähigkeit, um all das einigermaßen aushalten zu können. Zur Zeit so sehr wie lange nicht mehr. Es ist Anfang Mai 2018, und wir müssen nun wieder um den Klassenerhalt bangen. Aber es sieht ganz gut aus.

ANMERKUNGEN

1 *SPIEGEL ONLINE: »Bundesliga-Saisonstart. Die Erfindung des Einwurftors«. http://einestages.spiegel.de/external/ShowTopicAlbumBackground/a2563/l12/l0/F.html* (30. September 2013)
2 Vgl. *Hamburger Abendblatt: »Die Werbekampagne des FC St. Pauli. Vom Mythos zur Marke«*, S. 27, 21. Mai 1999
3 Vgl. *KIEZKICKER.DE: »Rettet den FC St. Pauli – Die Bilanz«. www.kiezkicker.de/kiezkicker/2003/rettet_den_fc_st_pauli_-_die_bilanz/* (30. September 2013)
4 ebd.
5 Vgl. Ronny Galczynski und Bernd Carstensen: *FC St. Pauli Vereinsenzyklopädie*, Verlag Die Werkstatt, Göttingen 2009, S. 119
6 Vgl. Christoph Nagel und Michael Pahl: *FC St. Pauli. Das Buch. Der Verein und sein Viertel.* Hoffmann und Campe, Hamburg 2009, S. 210
7 *FCSTPAULI.COM: »2009 bis 2013. Rückkehr ins Fußballoberhaus. 2009/2010 – Der Aufstieg in die 1. Bundesliga«. www.fcstpauli.com/home/verein/historie/vereinsgeschichte#2009%20bis%202013* (30. September 2013)
8 *NDR.DE: »Pokal-Geschichte: St. Pauli besiegt St. Pauli«. www.ndr.de/sport/sportmomente/pauli828.html* (30.September 2013)
9 Vgl. Lutz Wöckener: *»Ich würde es genauso wieder machen«. Interview mit einem geschichtsträchtigen Unparteiischen*, in: *Forza St. Pauli. 100 Jahre Klub, Kultur und liebenswertes Chaos*, hg. von Claus Strunz, *Hamburger Abendblatt* 2010, S. 123
10 *Hamburger Morgenpost: »Heiraten in der Millerntor-Kapelle. Sankt Pauli macht's möglich«*, 4. Dezember 2008
11 Tim Jürgens und Jens Kirschneck: *Die Kinder der Revolution. Die Legende vom FC St. Pauli*, in: *11 FREUNDE*, 30. Januar 2008
12 *FCSTPAULI.COM: »FC St. Pauli – Stadionordnung«. www.fcstpauli.com/home/stadion/millerntor/stadionordung* (30. September 2013)
13 Tobias Müller: *Totenköpfe in Den Haag. St.-Pauli-Fankneipe in den Niederlanden*, in: *taz*, 16. November 2011
14 ebd.
15 *MillernTor-Magazin*, 27. Oktober 1989
16 Patrick Gensing und Kristopher Sell: *Mythos FC St. Pauli*
17 *Ox: »Vom Punkrocker zum Sicher-*

heitsbeauftragten des FC St. Pauli«, 10/11 2010

18 *AKTIVE-FANS.DE: »Wer ist BAFF? Und was machen wir so…«. http://aktive-fans.de/index.php?option=com_content&view=article&id=50&Itemid=41* (30. September 2013)

19 *STPAULI-FANLADEN.DE: »Der Fanladen St. Pauli«. www.stpauli-fanladen.de/wir-bieten* (30. September 2013)

20 *FCSTPAULI.COM: »St. Pauli setzt Zeichen gegen Homophobie«. www.fcstpauli.com/data/news/verein/home_page/zeichen_gegen_homophobie* (30. September 2013)

21 Daniel Ryser: *Kein Fußball den Faschisten!*, in: *WOZ – Die Wochenzeitung*, 17/2010

22 Patrick Gensing und Kristopher Sell: *Mythos FC St. Pauli*

23 Vgl. Ronny Galczynski und Bernd Carstensen: *FC St. Pauli Vereinsenzyklopädie*, Verlag Die Werkstatt, Göttingen 2009, S. 202

24 Laura Brauer: *Star-Geiger Nigel Kennedy säuft und lästert*, in: *Hamburger Morgenpost*, 1. März 2013

25 Vgl. Patrick Gensing und Kristopher Sell: *Mythos FC St. Pauli*

26 Benjamin Apitius und Andreas Bock: *»Wir sind wie Manchester City«. Mando Diao über Staubsauger, Drogen und Roxette*, in: *11 FREUNDE*, 9. Januar 2009

27 Vgl. Christian Dittloff: *Schweden-Rocker mit Glanz und »Gloria«. Mando Diao in der Color Line Arena*, in: *Hamburger Abendblatt*, 27. Oktober 2009

28 *Hamburger Morgenpost*: *St. Paulis Ex-Kult-Zeugwart. »Bubu« hat 'nen neuen Job und schwärmt von Stani*, 6. Juni 2012

29 *Hamburger Morgenpost*, Wladimir Klitschko: *»Der Totenkopf ist genial«. FC St. Pauli wird 100!*, 12. Mai 2010

30 *NDR.DE*, Matthias Heidrich: *»Walter Frosch – Leben als steter Zweikampf«. www.ndr.de/sport/legenden/frosch152.html* (30. September 2013)

31 *Hamburger Abendblatt*: *2,75 Millionen: İnceman kommt*, S. 35, 16. Juni 2001

32 *KICKER ONLINE*, Christoph Jäger: *»Uğur İnceman zahlt mit Leistung zurück«. www.kicker.de/news/fussball/2bundesliga/startseite/artikel/279993* (30. September 2013)

33 Vgl. Strunz, Claus (Hg.): *Forza St. Pauli. 100 Jahre Klub, Kultur und liebenswertes Chaos*, S. 127, *Hamburger Abendblatt* 2010

34 Vgl. Gabi Bauer und Peter Piro: *Die hatten noch nie einen Schwarzen gesehen. Ein Gespräch mit Guy Kokou Acolatse, der 1963 zum FC*

St. Pauli kam, in: *ak – analyse & kritik – zeitung für linke Debatte und Praxis* / Nr. 551

35 ebd.

36 Christoph Nagel und Michael Pahl: *FC St. Pauli. Das Buch. Der Verein und sein Viertel.* Hoffmann und Campe, Hamburg 2009, S. 320

37 Patrick Gensing und Kristopher Sell: *Mythos FC St. Pauli*

38 Vgl. Greg Graffin: *Punk trifft Fußball*, in: *St. Pauli Unser*, hg. von Julia Suchorski, Rowohlt, Reinbek 2010

39 Vgl. David Siems: *Punks gegen Paulianer*, in: *Hamburger Morgenpost*, 2. September 2000

40 Vgl. *STERN.DE: »Nicole brachte Deutschland den einzigen Sieg«. http://www.stern.de/kultur/musik/triumph-nicole-brachte-deutschland-den-einzigen-sieg-504363.html* (30. September 2013)

41 *Hamburger Abendblatt*, 02.04.2013

42 ebd.

43 ebd.

44 *Süddeutsche Zeitung*, 15.05.2014

45 *Die Welt*, 05.10.2016

46 ebd.

47 wikipedia.de

48 *Hamburger Abendblatt*, 23.08.2017

49 *Die Welt*, 22.02.2018

50 dfl.de, 22.03.2018

51 kicker.de, 25.03.2018

52 *Hamburger Abendblatt*, 04.11.2017

53 *Hamburger Abendblatt*, 03.11.2014

54 ebd.

QUELLENVERZEICHNIS

Bücher

Galczynski, Ronny/Carstensen, Bernd: *FC St. Pauli Vereinsenzyklopädie.* Göttingen: Die Werkstatt, 2008.

Nagel, Christoph/Pahl, Michael: *FC St. Pauli. Alles drin.* Hamburg: Hoffmann und Campe, 2010.

Nagel, Christoph/Pahl, Michael: *FC St. Pauli. Das Buch. Der Verein und sein Viertel.* Hamburg: Hoffmann und Campe, 2009.

Strunz, Claus (Hg.): *Forza St. Pauli. 100 Jahre Klub, Kultur und liebenswertes Chaos.* Hamburg: Hamburger Abendblatt, 2010.

Suchorski, Julia (Hg.): *St. Pauli Unser.* Reinbek: Rowohlt-Verlag, 2010.

Zeitungen

taz, Hamburger Abendblatt, Hamburger Morgenpost, ak – analyse & kritik – zeitung für linke Debatte und Praxis, WOZ – Die Wochenzeitung, Die Welt, Ox, Stern, MillernTor-Magazin, FourFourTwo

Filme

Gensing, Patrick/Sell, Kristopher. *Mythos FC St. Pauli. 2010.*

Bornemann, Joachim. *Sankt Pauli! Rausgehen – Warmmachen – Weghauen.* 2008.

Internet

fcstpauli.com
11freunde.de
kiezkicker.de
vivaconagua.org
spiegel.de
stern.de
weltfussball.de
ndr.de
wikipedia.de
punkfoto.de
stpauli-fanladen.de
aktive-fans.de
fanclubsprecherrat.de
kicker.de

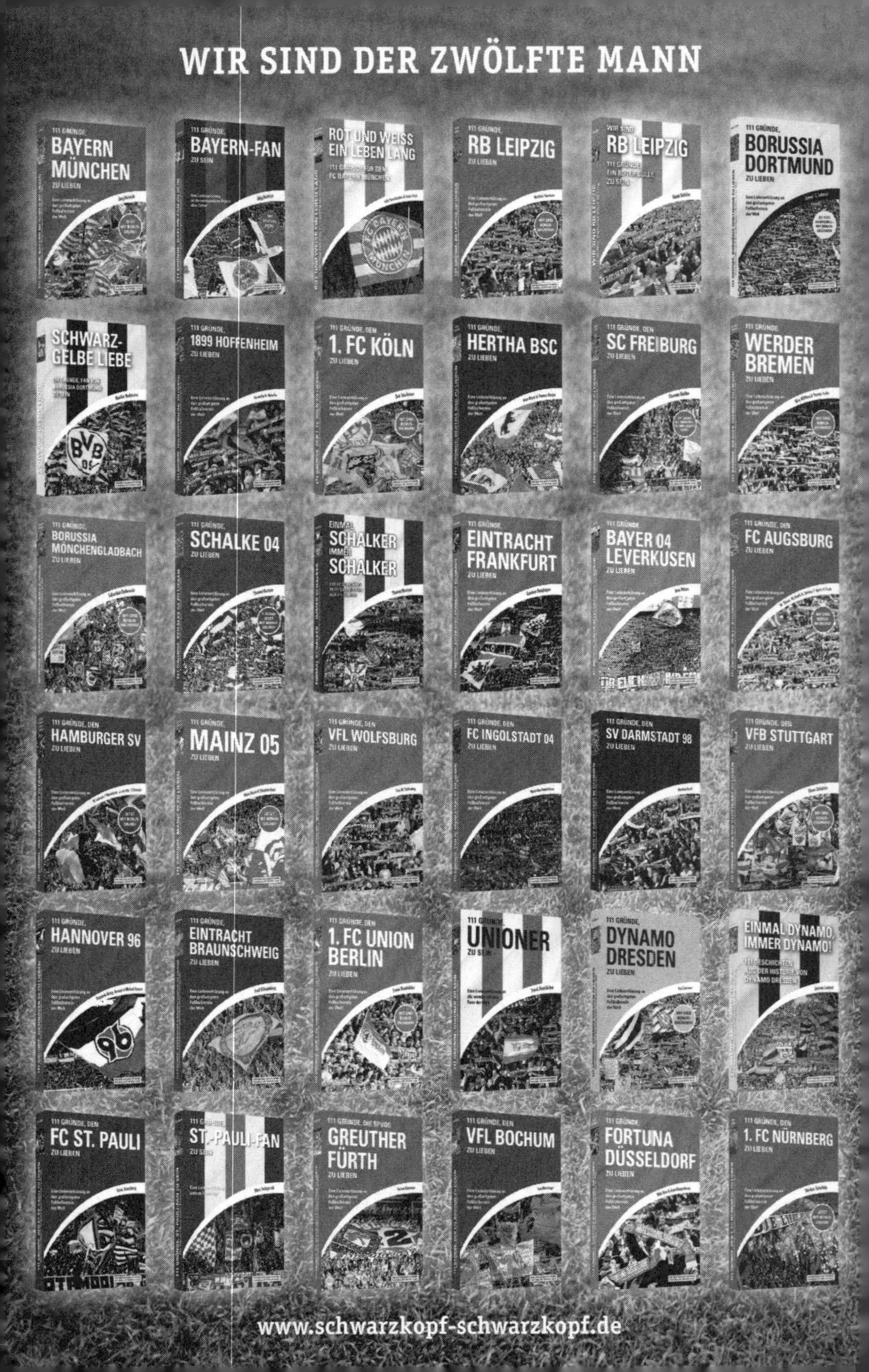
WIR SIND DER ZWÖLFTE MANN
111 GRÜNDE, BAYERN MÜNCHEN ZU LIEBEN
111 GRÜNDE, BAYERN-FAN ZU SEIN
ROT UND WEISS EIN LEBEN LANG
111 GRÜNDE, RB LEIPZIG ZU LIEBEN
WIR SIND RB LEIPZIG
111 GRÜNDE, BORUSSIA DORTMUND ZU LIEBEN
SCHWARZ-GELBE LIEBE
111 GRÜNDE, 1899 HOFFENHEIM ZU LIEBEN
111 GRÜNDE, DEN 1. FC KÖLN ZU LIEBEN
111 GRÜNDE, HERTHA BSC ZU LIEBEN
111 GRÜNDE, DEN SC FREIBURG ZU LIEBEN
111 GRÜNDE, WERDER BREMEN ZU LIEBEN
111 GRÜNDE, BORUSSIA MÖNCHENGLADBACH ZU LIEBEN
111 GRÜNDE, SCHALKE 04 ZU LIEBEN
EINMAL SCHALKER IMMER SCHALKER
111 GRÜNDE, EINTRACHT FRANKFURT ZU LIEBEN
111 GRÜNDE, BAYER 04 LEVERKUSEN ZU LIEBEN
111 GRÜNDE, DEN FC AUGSBURG ZU LIEBEN
111 GRÜNDE, DEN HAMBURGER SV ZU LIEBEN
111 GRÜNDE, MAINZ 05 ZU LIEBEN
111 GRÜNDE, DEN VFL WOLFSBURG ZU LIEBEN
111 GRÜNDE, DEN FC INGOLSTADT 04 ZU LIEBEN
111 GRÜNDE, DEN SV DARMSTADT 98 ZU LIEBEN
111 GRÜNDE, DEN VFB STUTTGART ZU LIEBEN
111 GRÜNDE, HANNOVER 96 ZU LIEBEN
111 GRÜNDE, EINTRACHT BRAUNSCHWEIG ZU LIEBEN
111 GRÜNDE, DEN 1. FC UNION BERLIN ZU LIEBEN
111 GRÜNDE, UNIONER ZU SEIN
111 GRÜNDE, DYNAMO DRESDEN ZU LIEBEN
EINMAL DYNAMO, IMMER DYNAMO!
111 GRÜNDE, DEN FC ST. PAULI ZU LIEBEN
111 GRÜNDE, ST.-PAULI-FAN ZU SEIN
111 GRÜNDE, DIE SPVGG GREUTHER FÜRTH ZU LIEBEN
111 GRÜNDE, DEN VFL BOCHUM ZU LIEBEN
111 GRÜNDE, FORTUNA DÜSSELDORF ZU LIEBEN
111 GRÜNDE, DEN 1. FC NÜRNBERG ZU LIEBEN
www.schwarzkopf-schwarzkopf.de

DER AUTOR

SVEN AMTSBERG (*1972) lebt in Hamburg. Er ist Autor sowie Veranstalter und Moderator diverser Entertainmentformate. Er hat einige Preise gewonnen und ein paar Bücher veröffentlicht. Und sollte Sven Amtsberg sich jemals das Gesicht in den Farben eines Fußballvereins tätowieren, dann ganz sicher in Braun und Weiß.

Sven Amtsberg
111 GRÜNDE, DEN FC ST. PAULI ZU LIEBEN
Eine Liebeserklärung an den großartigsten Fußballverein der Welt
Aktualisierte und erweiterte Neuausgabe mit elf Bonusgründen

ISBN 978-3-86265-738-4
ZWÖLFTER MANN – Das Programm für Fußballfans von Schwarzkopf & Schwarzkopf | Die Reihe ZWÖLFTER MANN wird von Martin Brinkmann und Oliver Schwarzkopf herausgegeben | Aktualisierte und erweiterte Neuausgabe |

VERLAG
Schwarzkopf & Schwarzkopf Verlag GmbH
Kastanienallee 32, 10435 Berlin
Telefon: 030 – 44 33 63 00
Fax: 030 – 44 33 63 044

INTERNET | E-MAIL
www.zwoelftermann.de
www.schwarzkopf-schwarzkopf.de
www.facebook.com/schwarzkopfverlag
info@schwarzkopf-schwarzkopf.de